CH. NUITTER ET ER. THOINAN

LES ORIGINES

DE

L'OPÉRA FRANÇAIS

D'APRÈS

LES MINUTES DES NOTAIRES, LES REGISTRES DE LA CONCIERGERIE
ET LES DOCUMENTS ORIGINAUX
CONSERVÉS AUX ARCHIVES NATIONALES, A LA COMÉDIE FRANÇAISE
ET DANS DIVERSES COLLECTIONS PUBLIQUES
ET PARTICULIÈRES

Ouvrage accompagné de trois plans

PARIS
LIBRAIRIE PLON
E. PLON, NOURRIT ET Cie, IMPRIMEURS-ÉDITEURS
RUE GARANCIÈRE, 10
—
1886
Tous droits réservés

Il a été tiré de cet ouvrage :

60 exemplaires numérotés sur papier de Hollande.

LES ORIGINES

DE

L'OPÉRA FRANÇAIS

Les auteurs et les éditeurs déclarent réserver leurs droits de traduction et de reproduction à l'étranger.

Ce volume a été déposé au ministère de l'intérieur (section de la librairie) en juillet 1886.

PARIS. TYPOGRAPHIE E. PLON, NOURRIT ET Cⁱᵉ, RUE GARANCIÈRE, 8.

CH. NUITTER ET ER. THOINAN

LES ORIGINES

DE

L'OPÉRA FRANÇAIS

D'APRÈS

LES MINUTES DES NOTAIRES, LES REGISTRES DE LA CONCIERGERIE
ET LES DOCUMENTS ORIGINAUX
CONSERVÉS AUX ARCHIVES NATIONALES, A LA COMÉDIE FRANÇAISE
ET DANS DIVERSES COLLECTIONS PUBLIQUES
ET PARTICULIÈRES

Ouvrage accompagné de trois plans

PARIS

LIBRAIRIE PLON

E. PLON, NOURRIT ET Cie, IMPRIMEURS-ÉDITEURS
RUE GARANCIÈRE, 10

1886

Tous droits réservés

PRÉFACE

Les origines de l'Opéra ont été l'objet de nombreuses études. C'est un des chapitres les plus brillants de l'histoire du théâtre, et il n'y a pas lieu de s'étonner que ce sujet ait tenté divers écrivains, qui l'ont traité sur un ton plus ou moins sérieux, suivant la nature de leur esprit.

Voulant à notre tour parler des mêmes événements, nous nous sommes fait une règle de ne nous appuyer que sur des pièces authentiques. De là de scrupuleuses recherches à la suite desquelles nous avons été assez heureux pour découvrir un ensemble de documents dont nos devanciers n'avaient pas eu connaissance.

Ce sont les actes mêmes, les titres origi-

naux, les minutes des arrêts, qui nous ont fourni les principaux éléments de notre récit, et nous ont permis de ne rien avancer sans être à même de le prouver. L'histoire littéraire, souvent écrite un peu légèrement, ne peut que gagner à cette méthode. Beffara, familiarisé par sa profession avec les enquêtes rigoureuses, l'a mise en pratique il y a un demi-siècle; Eudore Soulié lui a dû ses plus intéressantes découvertes sur Molière. Plus on fera de recherches, mieux on saura interroger le passé; et il y a ceci de remarquable que les preuves deviennent parfois plus accessibles, à mesure que les faits sont plus lointains. Il est certain que du vivant de Perrin, de Cambert, de Lully, leurs notaires, fidèles au devoir professionnel, se seraient refusés à toute communication des actes qui concernaient leurs clients. Il n'eût pas été plus facile de feuilleter les registres du Secrétariat de la Maison du Roi et des Princes, ceux du Parlement, de la Conciergerie, etc.

Tout cela est possible à présent.

On savait que Pierre Perrin avait été en prison pour dettes : nous avons retrouvé aux Archives de la Préfecture de police les registres de la Conciergerie et les mentions des écrous relatifs à Pierre Perrin. Ces écrous donnaient la date des arrêts du Parlement en vertu desquels le débiteur avait été incarcéré : nous avons retrouvé de même ces arrêts aux Archives nationales, et ils nous ont mis à leur tour sur la trace des actes notariés qu'invoquaient les plaideurs, et qu'il nous a été loisible de consulter chez les successeurs des notaires d'alors.

Il n'y a pas à Paris moins de cent vingt études dont les minutes remontent au dix-septième siècle. Cette dernière source d'informations est vraiment admirable et par le nombre et par la certitude. Rien ne pourrait la remplacer; aussi devons-nous les plus vifs remercîments à ceux de MM. les notaires chez qui nous nous sommes présentés avec l'assentiment de M. le Président de leur Chambre, et qui ont mis le plus grand empressement à nous communiquer leurs répertoires et leurs minutes.

Enfin, quand nous avions presque fini, le hasard nous a servis à souhait en mettant à notre disposition une série de factums, de mémoires rédigés en vue de procès, et où les parties, dans leur désir de tout dire, avaient consigné une foule de détails que nous aurions vainement cherchés ailleurs. Nous ne les aurions surtout pas cherchés où ils se trouvaient, si M. Monval, l'érudit archiviste de la Comédie française, ayant appris que nous achevions une étude sur les origines de l'Opéra, n'avait été le premier à nous dire qu'il possédait des pièces relatives à notre sujet. Grâce à lui, notre travail s'est enrichi, du jour au lendemain, de nombreux renseignements dont nos lecteurs ne manqueront pas d'apprécier l'importance.

Sans doute, il reste encore des points secondaires à éclaircir; quelques rares preuves ont échappé à nos recherches, d'autres ont péri par accident, ou ont disparu par les soins des intéressés eux-mêmes. A une époque, en effet, où il fallait si peu de chose pour donner lieu à un procès, on avait la prudente habitude de détruire les pièces d'un compte quand il avait été réglé. Il peut ainsi se rencontrer quelques lacunes dans notre récit; mais si de nouvelles découvertes venaient les combler, elles ne sauraient rien changer aux faits que nous avons établis.

L'histoire des ballets de cour, ainsi que celle des opéras italiens représentés en France pendant le commencement du dix-septième siècle, est indispensable à connaître pour bien comprendre les hésitations et les difficultés qui ont retardé l'établissement de l'Opéra français. Nous avons résumé cette histoire jusqu'ici à peu près ignorée, et elle forme ainsi la préface naturelle de notre livre.

D'un autre côté, nous avons cru devoir dire tout ce que nous savions sur la biographie des fondateurs de l'Académie de musique. Les événements de la vie de Pierre Perrin, surtout, ont d'autant plus d'importance qu'ils peuvent seuls nous faire apprécier les difficultés par lesquelles lui et Robert Cambert eurent à passer. N'y trouve-t-on pas en même temps l'explication de ce fait singulier, longtemps incompris, qu'une fois le succès obtenu et leur œuvre achevée, ils se virent obligés de l'abandonner pour en laisser à d'autres l'honneur et le profit?

LES
BALLETS DU ROI
ET LES
OPÉRAS ITALIENS
REPRÉSENTÉS A LA COUR AVANT L'ÉTABLISSEMENT DE L'OPÉRA FRANÇAIS.

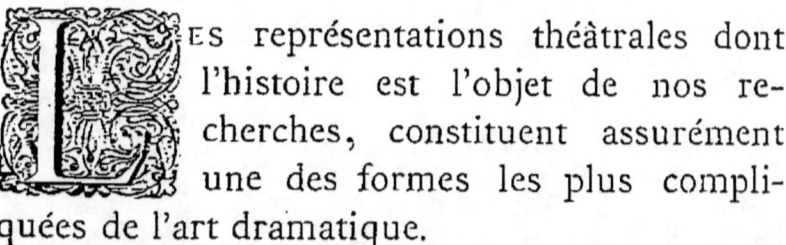ES représentations théâtrales dont l'histoire est l'objet de nos recherches, constituent assurément une des formes les plus compliquées de l'art dramatique.

Faire chanter des acteurs au lieu de les faire parler; accompagner d'une symphonie leur voix ou leur silence; régler leurs pas, leurs gestes sur la mesure des instruments; mêler à l'action les divinités de la fable ou les fées de l'Arioste; revêtir les dieux et les héros, les princes et les bergers de panaches, de broderies, de lambrequins, et, sous un costume qui n'est d'aucun pays ni d'aucune époque, conduire ces étranges personnages au milieu de décors de l'invention la plus splendide, paraissant et disparaissant au sifflet du machiniste, n'est-ce pas accumuler comme à plaisir toutes les invraisemblances, mais aussi toutes les difficultés? C'est ce qu'on a appelé l'œuvre par excellence : l'*Opéra!*

Ce genre de spectacle ne parvint que difficilement à s'introduire en France, bien qu'on y eût été déjà préparé par plusieurs divertissements analogues, imaginés surtout en vue de la musique et de la danse. L'essai en réussit même à diverses reprises avec assez d'éclat pour qu'on fût tenté d'y revenir, et parfois à de courts intervalles; cependant il n'en fallut pas moins de longues années, et une certaine persévérance de la part de quelques esprits novateurs, pour en faire admettre le principe par les auteurs et par le public.

Si, pour la comédie et pour la tragédie, l'influence espagnole fut considérable, ici ce fut l'influence italienne qui triompha. Sans doute le Ballet de Cour, si en faveur auprès des amateurs d'alors, était composé de poésie, de musique, de danse, et relevé souvent par un luxueux apparat de costumes et de décors; mais il y manquait cet élément essentiel au théâtre qui, plus tard, devait faire donner la préférence aux opéras d'Italie et assurer leur succès : une action suivie.

L'année 1581 dans laquelle fut représenté à la Cour le fameux *Balet comique de la Royne*, est une date dans l'histoire de la musique théâtrale en France. Le déploiement des moyens mis en œuvre fut excessif pour l'époque. Depuis certains grands mystères, on n'avait plus revu de décorations et de machines si ingénieuses, de costumes si riches et si variés. Les vers récités ou chantés, les chœurs ou les morceaux symphoniques alternant avec les danses, ne se rattachaient pas à l'action par une suite logique; les scènes allégoriques ou d'actualité se mêlaient à la fable de Circé, sans y avoir grand rapport; mais alors on n'en demandait pas davantage, et longtemps encore on devait s'en contenter.

Baltazarini, dit Beaujoyeux, fut l'inventeur de ce ballet; les vers étaient de la Chesnaye, aumônier de Henri III, la musique de Girard de Beaulieu et de Jacques Salmon, musiciens de la Cour, et les décorations, comme les dessins des costumes, de Jacques Patin, peintre du Roi (1).

C'était donc bien une œuvre française, car si Beaujoyeux était d'origine italienne, il habitait

---

(1) *Balet comique de la Royne, faict aux nopces de Monsieur le duc de Joyeuse et Madamoyselle de Vaudemont sa sœur, par Baltasar de Beauioyeulx, valet de chambre du Roy, et de la Royne sa mère*. A Paris, par Adrian le Roy, Robert Ballard et Mamert Patisson, imprimeurs du Roy, 1582, avec privilége, in-4°. — M. J. B. Weckerlin a publié récemment ce ballet, *reconstitué et réduit pour piano et chant*, grand in-8°.

la France depuis vingt-quatre ans environ, lorsque la Reine le chargea de présider à la composition de ce ballet (1).

Il n'y eut plus, à la Cour, pendant les années qui suivirent, de représentations accompagnées d'autant de luxe, et dont l'exécution fût aussi compliquée; mais le goût des ballets, soit préparés à l'avance, soit improvisés en quelques jours, s'y maintint sous les règnes de Henri IV et de Louis XIII. Ces pièces présentaient encore le même mélange de scènes informes, mal liées les unes aux autres; l'invention, rarement ingénieuse, était presque toujours sans grand intérêt, et la bizarrerie la plus imprévue, alliée à un esprit de plaisanterie d'un goût douteux, ne

---

(1) Il y vint vers 1557. Voici ce que Brantôme raconte à ce sujet : « Le maréchal de Brissac, gouverneur du Piémont, avoit sa bande de violons, la meilleure qui fust en toute l'Italie, où il estoit curieux de l'envoyer rechercher et la très-bien appointer; desquels en ayant esté faict grand cas au feu roy Henri II et à la Reyne, les envoyèrent demander à M. le Maréchal pour apprendre les leurs qui ne valoient rien et ne sentoient que petits rebecs d'Écosse au prix d'eux; à quoy il ne faillit de les leur envoyer : dont Jacques Maryo et Baltazarini estoient les chefs de la bande; et Baltazarini depuis fust vallet de chambre de la Reyne et l'appeloit-on M. de Beaujoyeux. »

Nous l'avons, en effet, trouvé porté sur les comptes de la Cour de 1560 et années suivantes, comme exerçant tour à tour ou même simultanément les fonctions de valet de chambre de Catherine de Médicis, de Marie Stuart, de Charles IX, de François, duc d'Alençon, et de Henri III. Quant à Maryo, son nom n'est pas mentionné dans les états de la Cour de cette époque, du moins dans ceux que nous avons été à même de consulter.

reculait ni devant le mot libre ni devant l'allusion transparente.

Ces divertissements étaient une occasion toute naturelle pour chanter les louanges du Souverain, et dans ces fêtes de Cour, que l'on appelait aussi, à cause de cela, des *Comédies de respect,* le prologue, les intermèdes, et souvent la pièce elle-même, n'étaient qu'un tissu d'éloges et de compliments à l'adresse des princes, habitués par état à recevoir en face ces sortes de choses.

En consacrant leurs rimes à des œuvres de ce genre, les poëtes Imbert, Lestoile, Gombaud, Guillaume Colletet, Durand, Bordier, et tant d'autres, ne travaillaient le plus souvent que sur des sujets indiqués par les princes et les grands personnages de la Cour. Louis XIII lui-même ne se borna pas à donner des conseils, il fit œuvre d'artiste quelquefois. La *Gazette* de 1635 parle du ballet de la *Merlaison* dansé à Chantilly et à Royaumont, au mois de mars de cette année, et elle en fait une assez longue description :

1635.

« On y a tout admiré, mais principalement la promptitude telle que le Roy n'a guère plus employé d'heures que l'on fait ordinairement de jouer à composer un ballet (dont le sujet estoit la chasse du merle à laquelle Sa Majesté se plaist si fort en hyver) et à inventer les pas, les airs, et la façon des habits, car tout a esté de l'invention de Sa Majesté. »

Il est vrai que le journaliste eut le soin d'ajouter que :

« Ce qui n'estoit pas le moins merveilleux, c'est que toutes ces réjouissances ne faisoient pas perdre à Sa Majesté un conseil ny une occasion de veiller à la conservation de l'honneur de la couronne. »

Suivant les circonstances, la mise en scène était ou dénuée d'apprêts ou très-luxueuse; mais alors ce luxe ne pouvait porter que sur les costumes. En effet, on exécutait ces ballets soit au milieu, soit au fond d'une grande salle, les invités étant rangés autour des acteurs ou en étant séparés par des tapisseries. Il n'y avait donc pas de décorations comme sur un théâtre. Le livret lui-même, quand il y en avait un, ne portait que rarement l'indication des lieux où se passait l'action. Il y eut cependant des exceptions, et plusieurs fois, sous le règne de Louis XIII, on joua des ballets pour l'exécution desquels une certaine mise en scène était nécessaire. Par exemple, le *Ballet du Roy,* dansé le 29 janvier 1617, donna lieu à des préparatifs assez compliqués; les dessins des décorations, des costumes et des accessoires divers reproduits par la gravure, témoignent autant de l'importance des moyens employés que de la bizarrerie de l'imagination des auteurs qui collaborèrent à cette œuvre singulière (1).

---

(1) *Discours au vray du Ballet du Roy, dansé par le Roy le*

La musique de ces ballets, composée d'airs détachés de chant et de danse, était confiée à plusieurs musiciens qui se partageaient la tâche. Pour les petits ballets à peu près improvisés et qui ne se jouaient guère qu'une fois, un seul compositeur suffisait; mais dans ce cas, il ne s'agissait que d'un travail d'arrangement dans lequel le musicien faisait entrer des morceaux déjà exécutés en d'autres occasions.

Ces compositions, qu'il est assez difficile de retrouver autrement qu'à l'état de fragments, n'offrent qu'un intérêt médiocre; elles ne peuvent servir qu'à constater la faiblesse d'invention des musiciens de cette époque, et le peu d'exigence de ceux qui les entendaient et y prenaient plaisir. C'est à peine si l'on découvre çà et là quelques phrases d'un rhythme un peu accentué et d'un tour mélodique agréable; il faut même chercher longtemps pour rencontrer, de loin en loin, un air franc d'allure ou empreint de ce charme naïf dans lequel on se complaît cependant à voir un des caractères de la musique d'autrefois.

Les artistes le plus fréquemment choisis pour écrire la musique des ballets de cour, à la fin du seizième siècle et dans les quinze premières

---

29 janvier 1617, *composé par Durand, contrôleur provincial des guerres,* Guedron et Bordier, *et mis en musique par le même* Guedron et Mauduit. Bibliothèque nationale, Y. 5981, in-4°.

années du dix-septième, furent Claude Expilly, Francisque, Mauduit, Richaine, de Bonnières, surintendant de la musique de Henri IV, Chevalier, le plus fécond peut-être de tous ses confrères, Dugap, Lefèvre, Grandrue, Boyer, Béthune jeune, Vincent, Le Bret dit la Jambe de bois et Savorny. Mais plus tard et jusqu'à la fin du règne de Louis XIII, on eut recours à des musiciens dont les noms sont moins ignorés, à Antoine Boesset, Paul Auger, Bailly, Guedron, Gabriel Bataille, Pierre de la Barre et Étienne Moulinier.

Pendant que l'on se contentait à la cour de France de ce genre de divertissements, les Italiens avaient créé des ouvrages plus habilement combinés, très-supérieurs de tout point, et qui, une fois connus, devaient s'imposer comme les meilleurs modèles à suivre.

Quelle en avait été l'origine?

Pour l'expliquer, nous ne pouvons mieux faire que d'emprunter quelques détails à un document contemporain, qui résume avec précision cet important événement.

Voici la traduction d'un passage de la préface de l'*Aretusa* de Vitali, représentée à Rome le 8 février 1620 :

« Le genre de cet ouvrage est un genre nouveau, puisqu'il est né à Florence, il y a peu d'années, dans la noble intelligence du seigneur Ottavio Rinuccini, lequel étant chèrement aimé des Muses et doué de talents particuliers pour exprimer les passions, voulut que la musique en s'unissant à la poésie, accrut sa force plutot que de la diminuer. Il en parla au Sig. Jacopo Corsi, Mécène de tous les mérites et amateur très-éclairé de musique, lui démontrant que le rôle de la musique s'unissant à la poésie, devait être non-seulement de ne pas étouffer les paroles sous le bruit, mais de les aider à exprimer les passions d'une manière plus éloquente. Le Sig. Corsi fit venir à lui le Sig. Jacopo Perri et le Sig. Giulio Caccini, éminents professeurs de chant et de contre-point, et après avoir raisonné ensemble à ce sujet, ils crurent avoir trouvé le moyen d'atteindre au but souhaité. Ils ne se trompèrent pas. C'est dans ce nouveau style musical que fut alors composée la fable de *Dafne*, poésie du Sig. Ottavio Rinuccini, qui fut représentée à Florence, chez le Sig. Jacopo Corsi, en présence de l'ill. cardinal del Monte a Montalto (1) et des sérénissimes Grand-Duc (2) et Grande-Duchesse de Toscane. Cet ouvrage leur plut à tel point qu'ils en demeurèrent étourdis d'étonnement (*attoniti di stupore*). Ce genre de musique acquit encore un grand nombre de beautés nouvelles dans l'*Eurydice,* œuvre des mêmes auteurs, puis dans l'*Ariane* du Signor Claudio Monteverde, aujourd'hui maître de chapelle à Venise (3). »

Le cardinal Mazarin, qui se souvenait de la magnificence des représentations musicales

1645.

---

(1) Petit-neveu de Sixte-Quint, créé par lui cardinal à quatorze ans en 1585, et qui était en 1620 légat de Bologne.

(2) Ferdinand Ier, fait cardinal en 1562, déposa le chapeau en 1589, pour épouser Christine, fille de Charles II, duc de Lorraine, et mourut en 1629.

(3) Nous devons cette très-intéressante communication à l'obligeance de M. Camille du Locle, qui, chargé à Rome d'une mission du gouvernement français, a été assez heureux pour découvrir dans la Bibliothèque Barberini la partition de l'*Aretusa*.

auxquelles il avait assisté en Italie, ne pouvait tenir nos ballets de Cour qu'en très-faible estime. Dans son amour éclairé pour les lettres et les arts, il voulut essayer d'introduire en France un genre théâtral qui depuis près de cinquante ans était en si grande faveur dans son pays. Conseillée par lui, la reine Anne d'Autriche s'adressa au duc de Parme, qui lui envoya Giacomo Torelli (1), décorateur machiniste d'un grand talent, accompagné de toute une troupe italienne.

Par l'entremise du même prince, on obtint du grand-duc de Toscane qu'il consentît à céder son maître de ballets, Giovanni Battista Balbi, lequel quitta même Florence en poste, pour arriver le plus promptement possible en France.

Les deux maîtres italiens auxquels on n'accorda que peu de temps, et qui réclamèrent pour cette raison l'indulgence du public, organisèrent sans retard une représentation entièrement conforme au système des *Feste teatrali,* adopté dans les cours d'Italie.

On choisit, pour la circonstance, la *Finta Pazza* de Giulio Strozzi, musique de Francesco Sacrati. A l'exception de plusieurs chœurs, de quelques morceaux de chant et des airs de danse

---

(1) Il était fils de « Messire Gandolfo, chevalier Torelli, noble de la ville de Fano », et petit-fils de Lelio Torelli, le célèbre éditeur des *Pandectes Florentines.*

pour les ballets, la plus grande partie de cette pièce était déclamée. C'était la fable d'Achille caché sous des habits de femme, à Scyros, d'où il veut partir sans épouser Deidamie, la fille du Roi qu'il a séduite, et qui en feignant la folie parvient à attendrir son amant infidèle.

Torelli imagina des décors magnifiques et des jeux de machines jusqu'alors inconnus en France. Dans son décor du départ de Scyros, il représenta le pont Neuf, la statue de Henri IV, l'entrée de la place Dauphine avec les tours de Notre-Dame et la Sainte-Chapelle dans le lointain, en un mot la pointe de la Cité vue du Louvre. Malgré le succès, Torelli crut devoir reconnaître l'anachronisme dont il s'était rendu coupable et s'en excusa par l'effet merveilleux qu'il avait obtenu.

Quant à Balbi, il eut à s'occuper d'adapter à cette comédie des scènes de ballets pouvant plaire au jeune Roi, qui n'était alors âgé que de sept ans. « J'essayai nommément, dit-il, de rencontrer le goust du Roy, qui, comme petit, vraysemblablement demande des choses proportionnées à son âge. »

Étant donné le système théâtral d'alors et le but qu'on se proposait d'atteindre, les scènes imaginées par le maître de ballets toscan n'avaient rien d'étrange et ne méritent certainement pas l'ironie des historiens mal informés qui s'en sont moqués. En introduisant dans ses ballets des ours, des singes, des autruches et des perroquets, Balbi eut d'ailleurs le soin de justifier leur apparition sur la scène, et il le fit sans trop de gaucherie.

Ce sont des hommes évidemment qui se revêtirent de peaux d'ours, tandis que des enfants se transformèrent en singes. En effet, le maître italien, ne parlant pas français, se plaint de la difficulté qu'il avait à se faire comprendre de ces derniers, lorsqu'il leur expliquait ce qu'ils avaient à faire. Il est probable que ce sont aussi des enfants qui représentèrent les autruches : la marche embarrassée et les poses grotesques de ces bipèdes produisaient déjà un effet comique, mais les mouvements divers de leurs longs cous, dus à un mécanisme ingénieux, en constituaient la principale singularité. Quant aux perroquets dansant et voltigeant dans les airs, ils figuraient dans le ballet des *Indiens,* et des fils invisibles attachés aux bâtons que ceux-ci tenaient dans chaque main, servaient à faire mouvoir ces faux volatiles, et à les élever de terre... « *Sollevandosi in aria li animali, mostrono che l'arte non ha le penne men tarde di quelle se l'habbi la natura medema!* » (Livret de la *Finta Pazza*.)

Par sa bizarrerie et son ingéniosité, ce spectacle, imaginé spécialement pour le jeune Roi, excita sa curiosité et le divertit sans que le public, suffisamment prévenu, s'étonnât beaucoup de l'introduction sur la scène de tous ces animaux, habitué qu'il était à marcher de surprise en surprise sans y être toujours aussi bien préparé.

Enfin, les cantatrices Margherita Bartolotti, Lodovica Gabrielli Locatelli dite Lucilla, et Giulia Gabrielli dite Diana (1), qui chantèrent dans la *Finta Pazza,* ainsi que les autres acteurs dont nous n'avons pu retrouver les noms, n'eurent pas moins de succès que les magnifiques décors de Torelli, que les ours, les singes, les perroquets volant artificiellement, et les autruches dont les longs cous se baissaient pour boire à la fontaine.

Le poëte Maynard, dans un de ses derniers sonnets, qu'il adressa à Mazarin, exprima toute son admiration pour cette mise en scène si nouvelle et ces changements à vue exécutés avec tant de précision :

Jules, nos curieux ne peuvent concevoir
Les subits changements de la nouvelle scène.
Sans efforts et sans temps, l'art qui l'a fait mouvoir,
D'un bois fait une ville et d'un mont une plène.

---

(1) C'est d'après le livret imprimé à Paris que nous appelons la première de ces cantatrices Bartolotti, tandis que plusieurs auteurs la nomment Bertolazzi. N'ayant pu vérifier où était la vérité, nous suivrons donc, jusqu'à preuve contraire, le dire du livret, lequel, nous devons le reconnaître, contient quelques fautes d'impression.

Il change un antre obscur en un palais doré;
Où les poissons nageoient, il fait naître les roзes!
Quel siècle fabuleux a jamais admiré
En si peu de moments tant de métamorphôзes?

Ces diverses beautés sont les charmes des yeux.
Elles ont puissamment touché nos demy-Dieux,
Et le peuple surpris s'en est fait idolâtre.

Mais si par tes conseils tu ramènes la paix
Et que cette Déesse honore le Théâtre,
Fay qu'il demeure ferme, et ne change jamais.

Voiture, lui aussi, célébra par un sonnet le succès des *Feste teatrali* et en fit également gloire au Cardinal :

Quelle docte Circé, quelle nouvelle Armide
Fait paroistre à nos yeux ces miracles divers?
Et depuis quand les corps par le vague des airs
Sçavent-ils s'élever d'un mouvement rapide?

Où l'on voyoit l'aзur de la campagne humide,
Naissent des fleurs sans nombre et des ombrages verts,
Des globes estoilleз les palais sont ouverts
Et les gouffres profonds de l'empire liquide.

Dedans un mesme temps nous voyons mille lieux,
Des ports, des ponts, des tours, des jardins spacieux,
Et dans un mesme lieu, cent scènes différentes.

Quels honneurs te sont deus, grand et divin Prélat,
Qui fais que désormais tant de faces changeantes
Sont dessus le théâtre et non pas dans l'Estat (1)!

---

(1) On a cru, à tort, que ces deux sonnets avaient trait à *l'Orfeo*, représenté en 1647, alors qu'ils s'appliquent bien aux *Feste teatrali*, de 1645. En effet, Maynard, mort en 1646, ne pouvait parler d'une pièce jouée quand il avait cessé de vivre;

ET LES OPÉRAS ITALIENS.   XXVII

On publia la *Finta Pazza* en l'accompagnant d'une description de la représentation par Giulio Cesare Bianchi de Turin, avec des planches dessinées pour cette publication par Stefano la Bella, et gravées par N. Cochin. Les ballets de Balbi passent pour avoir été aussi dessinés par la Bella, mais ce fut un Italien, Valerio Spada, qui interpréta, de sa pointe fine et spirituelle, les compositions attribuées au grand artiste son compatriote (1).

Encouragé par une telle réussite, le ministre d'Anne d'Autriche se décida, dès l'année suivante, à s'occuper d'une nouvelle tentative du même genre. Il s'adressa à Florence au marquis Bentivoglio, et à Rome, à Elpidio Benedetti, en leur donnant mission de lui envoyer à Paris des musiciens capables, et recommanda à l'inten-

---

de plus, rien dans le sonnet de Voiture ne vise l'*Orfeo*, tandis que le troisième, le sixième et surtout le dixième de ses vers se rapportent parfaitement aux machines et aux décorations de la *Finta pazza*.

(1) Voici les titres de ces deux publications : *Feste teatrali per la Finta pazza, drama del Signor Giulio Strozzi, rapresentate nel piccolo Borbone in Parigi quest anno MDCXLV, e da Giacomo Torelli da Fano Inventore. Dedicate ad Anna d'Austria Regina di Francia Regnante.* — In-folio, cinq planches et le frontispice. L'exemplaire de la Bibliothèque nationale (Y. 3840) vient de Gaston d'Orléans et est complet, tandis que celui du Conservatoire, aux armes de Condé, est incomplet du frontispice et des planches. — *Baletti d'invenzione nella Finta pazza da Gio. Bat^a Balbi*, in-8º oblong. Dix-huit planches accompagnées d'un texte français, plus un frontispice aux armes d'Anne d'Autriche et dans lequel figurent les personnages et les animaux du ballet.

dant de l'armée d'Italie : « que l'on profitât du « retour de l'armée navale pour les amener en « France, et qu'avant tout ils fussent bien trai- « tés (1). »

1647. C'est le samedi 2 mars 1647, au Palais-Royal, dans la salle où Richelieu avait fait jouer sa tragédie de *Mirame,* que fut représenté *le Mariage d'Orphée et Euridice, Tragi-comédie en musique et vers italiens, avec changements de théâtre et autres inventions jusqu'alors inconnus en France.*

Les paroles étaient de l'abbé Francesco Buti, la musique de Luigi Rossi, et les machines et décorations de Torelli, désormais fixé à Paris (2).

---

(1) Archives du ministère des Affaires étrangères, t. XXII du *Recueil des lettres de Mazarin,* f° 177-178. Lettre du cardinal au sieur Brachet, intendant de l'armée d'Italie. Se trouve dans le t. II des *Lettres du cardinal Mazarin,* Imp. nat., 1879, p. 815.

(2) On lit dans la *Muze historique de Loret,* à la date du 6 décembre 1653 :

>   Ce poëte de Rome party
>   Est le mesme monsieur Bouty
>   Dont l'esprit s'acquit main trophée,
>   Dans l'excellent poème d'Orphée,
>   Qui fut devant Sa Majesté
>   En musique représenté
>   Avec plusieurs machines telles
>   Qu'on n'en vid jamais de si belles.

D'autre part, Dassoucy adressa à *Monsieur de Luiggy* un sonnet élogieux dans lequel il lui disait :

>   Je ne m'estonne point de voir à tes beaux airs
>   Soumettre les démons, les monstres, les enfers,
>   Ny de leur fier tyran l'implacable furie.

>   Le chantre Tracien dans ces lieux pleins d'effroy,
>   Jadis en fit autant, mais de charmer l'envie,
>   Luiggy, c'est un art qui n'appartient qu'à toy.

Cette pièce, dont le titre italien était *l'Orfeo,* se composait, suivant un chroniqueur du temps :

« D'entrées magnifiques et d'une continuelle musique d'instruments et de voix, où tous les personnages chantoyent avec un perpétuel ravyssement des auditeurs, ne sçachant lequel admirer le plus, ou la beauté des inventions, ou la grâce et la voix de ceux qui les récitoient, ou la magnificence de leurs habits : car, par la variété des scènes, les divers ornements du théâtre et la nouveauté des machines, ils passoient toute admiration. »

Il s'agissait bien, cette fois, d'un opéra dans toute l'acception du mot. On n'y avait intercalé aucun intermède, aucun mélange de scènes étrangères à la marche de l'action. Les effets scéniques, les danses, les décorations et les jeux de machines avaient logiquement leur raison d'être; tout, en un mot, concourait à l'ensemble. Le prologue seul n'avait aucun rapport avec la fable d'Orphée qu'on allait représenter; mais il ressemblait à tous les prologues passés et futurs, aussi bien en ceci qu'en sa conclusion. Celle-ci était, du reste, autant en l'honneur de la vaillance française qu'à la louange du Roi et de la Reine mère. Le préambule représentant le siége d'une ville prise d'assaut par les Français faisait allusion aux récents succès de nos armes.

Si le poëme et la musique de l'*Orfeo* ne peuvent être consultés, ni l'un ni l'autre n'ayant été conservés (1), il nous reste heureusement un document authentique et d'autant plus précieux, qu'il reflète absolument l'effet que cet opéra produisit sur le plus grand nombre des spectateurs. Ce document, auquel nous avons emprunté la citation précédente, n'est autre qu'un long article de la *Gazette* de Renaudot dans lequel la pièce est racontée minutieusement, scène par scène et dans tous ses détails. Il paraît écrit de très-bonne foi et, malgré sa phraséologie naïve, avec une grande justesse; aussi croyons-nous ne pouvoir mieux faire que d'en citer ici les passages les plus caractéristiques :

« Ces airs (ceux d'Aristhée et d'un satyre; l'un gai, l'autre mélancolique) estans si mélodieusement chantez, qu'encor que comme je vous ay dit au commencement les beaux vers italiens, desquels toute la pièce estoit composée, fussent continuellement chantez, la musique en estoit si fort diversifiée et ravissoit tellement les

---

(1) On ne trouve aucune trace bibliographique indiquant que les paroles italiennes de cet Opéra aient été imprimées; on n'édita vraisemblablement que l'argument de la pièce, publication qui toutefois a échappé à toutes nos recherches. Quant à la partition, à la musique de Luigi Rossi, elle formait le quarante et unième volume de la partie de la collection Philidor appartenant au Conservatoire de Paris. Ce volume fut épargné par le nommé Hottin, employé subalterne de l'établissement, lorsqu'il fit disparaître un certain nombre de volumes philidoriens. En effet, Fétis, en racontant ce méfait dans sa *Revue musicale* d'août 1827, déclarait que l'*Orfeo* de Rossi était heureusement resté à sa place. Cependant lorsque Bottée de Toulmon entra au Conservatoire comme bibliothécaire, succédant à Fétis, il constata la disparition de cette précieuse partition, qui ne s'est plus retrouvée depuis.

oreilles que sa variété donnoit autant de divers transports aux esprits qu'il se trouvoit de matières différentes : tant s'en faut que cette conformité de chants qui lassent les esprits se rencontrast en aucun des chefs-d'œuvre de cet excellent art de musique : aussi l'artifice en estoit si admirable et si peu imitable par aucun autre que par celuy qui en est l'autheur, que le ton se trouvoit toujours accordant avec son sujet, soit qu'il fust plaintif ou joyeux, ou qu'il exprimast quelque autre passion : de sorte que ce n'a pas esté la moindre merveille de cette action, que tout y estant récité en chantant, qui est le signe ordinaire de l'allégresse, la musique y estoit si bien appropriée aux choses, qu'elle n'exprimoit pas moins que les vers toutes les affections de ceux qui les récitoient...

« La première scène du second acte représentoit de beaux palais avec des hautes colonnes et autres plus majestueux ornemens de l'architecture, auxquels la précédente fust changée en un instant, comme la pluspart des autres. Changement qui surprenoit et ravissoit de telle sorte tous les spectateurs qu'ils doutoient s'ils ne changeoient pas eux-mêmes de place, ou s'ils n'estoient pas dans ce théâtre versatile de Pompée, l'une des merveilles de l'antiquité, etc...

« La douziesme scène qui représentoit les palais du Soleil fut remplie des regrets d'Apollon pour n'estre pas descendu assez tost du Ciel au secours d'Eurydice, meslez avec ceux des nymphes de la pauvre défunte, qui pleuroient si amèrement sa perte, que leurs larmes furent accompagnées d'une grande partie de celles des spectateurs, auxquels cette triste aventure ne sembloit plus une fable, et eust encore été plainte davantage tant estoit puissant et propre à porter du costé qu'elle vouloit les mouvemens et inclinations de l'esprit et du corps, la force de cette musique vocale jointe à celle des instruments, qui tiroyent l'âme par les oreilles de tous les auditeurs, sans le Soleil qui ainsi descendu des cieux dans son char flamboyant parcourant les signes du Zodiaque et venant illuminer les agréables parterres et les allées à perte de veue de son spacieux jardin excitoit un doux murmure d'acclamation dans tout l'amphithéâtre rempli de Leurs Majestez, des Princes, Princesses et grands Seigneurs et Dames de cette cour et des principales personnes des Corps et Compagnies souveraines de cette ville : nul ne pouvoit assez admirer à son gré la belle disposition de tant d'or, d'escarboucles et de brillants dont ce char lumineux estoit éclairé : l'artifice de la machine qui le faisoit en même temps descendre du Ciel et biaiser par ses douze maisons, rendant croyable ce que l'antiquité romaine nous raconte de ce Ciel de Marcus Scaurus, dans lequel il voyoit lever sur sa teste et coucher sous ses pieds le soleil...

« Voilà bien, en attendant qu'une muze héroïque l'habille même à la françoise, le fidelle rapport de ce qui s'est passé en cette action ; mais le principal y manque, qui est de voir ce sujet animé par l'organe de ses acteurs et par leurs gestes, qui l'exprimoient si parfaitement, qu'ils se pouvoient faire entendre à ceux qui n'avoient aucune connaissance de leur langue. Le Roy y apporta aussi tant d'attention, qu'encore que Sa Majesté l'eust déjà veue deux fois, elle y voulut encore assister à cette troisiesme, n'ayant donné aucun témoignage de s'y ennuyer, bien qu'elle deust estre fatiguée du bal dū jour précédent, auquel elle fit tant de merveilles de sa personne royale que chacun luy donna le prix de la danse, comme ce monarque est sans contredit le plus beau prince, le plus adroit et le plus agréable du monde. »

La conclusion du chroniqueur, en dehors des éloges sans restriction qu'il décerne aux vers, à la musique, aux décorations et aux jeux des acteurs et des actrices, est aussi une approbation complète de la façon dont l'*Orfeo* avait été traité au point de vue de la morale. Suivant lui, une des choses les plus *considérables* dans cette pièce, c'est que « la vertu l'emporte toujours au-dessus du vice, nonobstant les traverses qui s'y opposent »; et il termine adroitement en tournant avec une certaine onction ce dernier compliment à la Reine :

« Aussi, ne falloit-il pas attendre autre chose que des moralités honnestes et instructives au bien, d'une action qui a esté honorée de la présence d'une si sage et si pieuse Reyne qu'est la nostre. »

Torelli, nous l'avons dit, venu à Paris pour monter les *Feste teatrali,* y était resté, et Buti, l'auteur des paroles d'*Orfeo,* ne devait y venir que quelques années plus tard; mais le compositeur Luigi Rossi, arrivé dans la capitale dès 1646, y avait précédé les chanteurs demandés par Mazarin au marquis Bentivoglio et à Benedetti. Ces chanteurs étaient au nombre de vingt, parmi lesquels se trouvaient huit castrats (1).

Rossi dirigea donc les répétitions et l'exécution de son œuvre. S'il paraît, au dire de Dassoucy, avoir excité d'abord la jalousie de ses

---

(1) Lettre de Gobert à Huygens : « Je ne lairé point passé cette occasion sans vous dire qu'il est arivé icy une vintaine de musiciens d'Italie. Il y a quatre hommes et huit castrats que Mr le Cardinal a fait venir. Ils concertent une Comédie que le seigneur Louygy fait exprès pour représenter au carnaval, etc., etc. » *Musique et musiciens au dix-septième siècle. Correspondance et Œuvres de Constantin Huygens.* Leyde, 1882, in-4°, p. ccxix. Lettre sans date, mais évidemment de février 1647.

confrères, il réussit pleinement à s'en faire bienvenir par la suite. Accueilli dans le monde avec distinction, on l'y appelait communément par son nom de baptême Luigi, et c'est ainsi que le nomme simplement Saint-Évremond, qui en a parlé plusieurs fois dans ses écrits. Il laissa d'assez bons souvenirs à Paris pour que la tradition de son séjour s'y soit conservée parmi les musiciens. La Viéville de Freneuse, qui écrivait plus de quarante ans après que Luigi avait quitté la France, l'a souvent cité comme un musicien célèbre et dont l'opinion faisait autorité à Paris, quand il y habitait. Luigi préférait la manière de chanter des bons chanteurs français, tels que de Nyert et Lambert, à la manière italienne; au dire de Bacilly, il pleurait de joie quand le premier de ces deux chanteurs exécutait un de ses morceaux (1). Mais en fait de musique française, il ne reconnaissait du mérite qu'aux airs d'Antoine Boesset, dit le vieux. — Luigi Rossi travailla pour l'Église, la chambre et le théâtre, et sa réputation fut assez grande pour égaler celle de Carissimi; ses contemporains l'avaient même surnommé : *il Divino* (2).

---

(1) *L'Art de bien chanter de M. de Bacilly, augmenté d'un discours*, etc. Paris, 1679, in-12 (p. 10).

(2) Les œuvres de L. Rossi sont excessivement rares. Fétis indique comme existant dans diverses bibliothèques d'Angleterre un assez grand nombre de cantates et de motets de cet

L'*Orfeo* eut un certain nombre de représentations pendant toute l'année 1647 ; il fut accueilli avec un grand enthousiasme par les uns, avec d'amères critiques par les autres. Nous avons vu que « les principales personnes des corps et des compagnies souveraines » de Paris, c'est-à-dire les présidents et quelques conseillers du Parlement, le prévôt des marchands et ses échevins, avaient été invitées à la cour ; mais déjà mécontents et animés de sentiments malveillants contre Mazarin, ces magistrats, que le charme de la musique et la nouveauté des machines touchaient fort peu, cherchèrent surtout dans le spectacle auquel ils assistèrent une occasion de déverser quelque blâme sur le premier ministre.

Naudé, dans l'ouvrage qu'il a consacré à la défense de son maître, sous le titre de *Jugement de tout ce qui a esté imprimé contre le cardinal Mazarin, depuis le 6ᵉ janvier jusqu'à la déclaration du 1ᵉʳ avril 1649*, s'efforce de répondre à ces attaques et nous donne en même temps, sur l'histoire des comédies en musique, des détails assez curieux restés inaperçus jusqu'à présent. Voici ce qu'il dit (page 573) :

---

artiste ; mais il a oublié de mentionner au nombre de ses œuvres la partition de l'*Orfeo*, dont cependant il avait été le dépositaire au Conservatoire de Paris, et que, du reste, il connaissait bien.

« ...Parce que tous ceux qui avoient esté à Rome
« louoient infiniment à la Reyne cette façon de réciter
« des comédies en musique, comme estoient celles que
« MM^{rs} les Barberins avoient données au peuple de
« Rome, pendant cinq ou six années consécutives, elle
« en voulut, par un excès de bonté extraordinaire,
« donner le plaisir aux Parisiens qui ne témoignèrent
« pas pour lors d'en estre mal satisfaits. Mais quand il a
« fallu trouver de quoy proscrire le cardinal Mazarin,
« on luy a mis cette pièce en ligne de compte, comme si
« elle avoit esté faite hors de temps, par son advis seul,
« pour sa satisfaction particulière. On luy a donné sujet
« de dire après Ovide :

« *O nimis exitio nata theatra meo!* »

« L'on a voulu qu'une despence de *trente mille escus*
« pour un entretien de la cour et d'une si grande ville
« que Paris, ait esté une chose bien extraordinaire, et
« l'on a fait un crime de voir une seule *Comédie de res-*
« *pect* pendant la Régence, au lieu qu'auparavant c'estoit
« galanterie d'en voir toutes les années, et de jouer
« bien souvent des balets dont la dépense estoit quasi
« tousiours plus grande que n'a esté celle de la comédie
« d'*Orphée.* »

On aurait crié à l'économie mal entendue, à la ladrerie même, si les fêtes de la Cour avaient été supprimées ; naturellement, après ces fêtes on cria à la prodigalité et l'on se servit de cet opéra pour accuser le Cardinal de se livrer à des dépenses dont l'importance fut singulièrement exagérée. Ce n'étaient plus trente mille écus, c'étaient deux cent mille, puis quatre cent, puis cinq cent mille livres ! Guy Joly enfin, poursuivant son système de fourberie en matière de fronde, donne le chiffre absurde et mensonger de cinq cent mille *écus,* exagération qui peut aller de pair avec l'audacieuse invention de ce coup de pistolet dont il prétendait avoir eu le bras fracassé, afin de trouver prétexte de crier aux armes !

Les mazarinades vinrent aussi à la rescousse ; mais on sait aujourd'hui le cas qu'il faut faire de ce tissu d'injures grossières et de plaisanteries de mauvais goût. Il n'y a donc pas lieu de s'y arrêter. Sans aucun doute les frais nécessités par l'*Orfeo* ne durent pas s'élever aux chiffres excessifs que les ennemis du Cardinal lui reprochaient sans raison. Toutefois, dans le triste état des finances d'alors, une somme de trente mille écus était assez considérable pour que, selon Naudé, Mazarin, après avoir reculé d'abord devant une dépense qui lui paraissait trop forte, et n'avoir fini par y consentir que pour céder au désir de toute la Cour, s'opposât formellement l'année suivante à la représentation d'un nouvel opéra.

Le succès des Italiens avait cependant stimulé l'émulation des acteurs français, car ceux-ci s'empressèrent de reprendre le *Mariage d'Orphée et d'Eurydice,* de Chapoton, et le représentèrent sous le nom de *la Grande Journée des Machines,* avec des décorations de Buffequin. La *Naissance d'Hercule,* de Rotrou, fut aussi

1648.

1649.

jouée avec un luxe égal de décors et de machines, ainsi que d'autres pièces du même genre.

1650. La volonté du Cardinal ne devait être respectée que pendant quelques années; en 1650, la Reine donna la facilité à Pierre Corneille de faire représenter, au Petit-Bourbon, son *Andromède* avec l'emploi inusité de moyens propres à en augmenter l'effet. Les machines et les décorations, dans le goût de celles d'*Orphée,* étaient de Torelli; il est même probable qu'il se servit d'une partie des machines de cet opéra en les appropriant à la nouvelle pièce. Corneille, du reste, rendit toute justice au talent de son collaborateur, et dans l'argument de sa pièce il lui attribua sans hésiter une grande part du succès.

Il y avait bien de la musique dans *Andromède,* mais elle n'y jouait qu'un rôle très-secondaire :

« Je ne l'ay employée, dit en effet Corneille, qu'à satis-
« faire les oreilles des spectateurs, tandis que leurs yeux
« sont arrestés à voir descendre ou remonter une ma-
« chine, ou s'attachent à quelque chose qui les empesche
« de prester attention à ce que pourroient dire les
« acteurs. »

Il insiste même, et témoigne d'un parti pris très-arrêté quant à ce qui concerne l'alliance au théâtre des paroles et de la musique :

« Mais je me suis bien gardé de faire rien chanter qui
« fust nécessaire à l'intelligence de la pièce, parce que
« communément les paroles qui se chantent estant mal

« entendues des auditeurs, pour la confusion qu'y apporte
« la diversité des voix qui les prononcent ensemble, elles
« auroient fait une grande obscurité dans le corps de
« l'ouvrage, si elles avoient eu à instruire l'auditeur de
« quelque chose d'important. »

L'auteur d'*Andromède,* assez mal disposé, on le voit, pour la musique, se tut sur le nom de celui ou de ceux qui l'aidèrent à satisfaire les oreilles de ses spectateurs, tandis que leurs yeux étaient occupés ailleurs.

Jean-Baptiste Boesset, fils d'Antoine, le plus célèbre des Boesset, composa, d'après Voltaire, au moins l'un des chœurs de cette tragédie : *Reine de Paphe et d'Amathonte.* Il est probable que Voltaire, qui critique vivement ce chœur, le fit exécuter avant d'en parler aussi sévèrement, et qu'il vit le nom de Boesset sur le morceau même; dans tous les cas, comme il dut s'appuyer en ceci sur une autorité quelconque, son attribution mérite d'être prise en considération. D'autre part, on lit dans les *Rimes redoublées* de Dassoucy que c'est lui « qui donna l'âme aux vers d'Andromède ». Ces deux allégations, quoique différentes, ne se contredisent pas toutefois, la collaboration de plusieurs musiciens à une même pièce étant alors fort commune; c'est même, on l'a vu, le contraire qui faisait exception (1).

---

(1) Il se peut aussi que le chœur d'*Andromède* cité par Voltaire ait été composé pour la reprise de cette pièce, en 1682,

Si Corneille nomma son machiniste sans parler de ses musiciens, il ne les oublia cependant pas entièrement, car lorsque Dassoucy publia, trois ans plus tard, son *Recueil d'airs à quatre parties,* voici les vers que lui valut la reconnaissance du grand homme :

> Cet autheur a quelque génie,
> Ses airs me semblent assez doux,
> Beaux esprits, mais un peu jaloux,
> Divins enfants de l'harmonie,
> Ne vous mettez point en courroux,
> Apollon aussi bien que vous
> Ne les peut ouyr sans envie (1).

Enfin, *Andromède* n'était pas un opéra; cependant il est indéniable que c'est l'influence des pièces italiennes représentées peu d'années auparavant, qui détermina Corneille à composer sa pièce en vue du nouveau système de décoration et de mise en scène importé par Torelli.

Les événements politiques en s'assombrissant n'interrompirent que pendant peu de temps les divertissements de la Cour, car malgré la Fronde, on songea bientôt de nouveau au plaisir, et le ballet de Cour reparut comme par le passé.

---

par Jean-Baptiste Boesset qui vivait encore, ou par son fils Claude-Jean-Baptiste.

(1) Dassoucy publia le poëme des *Amours d'Apollon et Daphné,* comédie en musique dédiée au Roi. Paris. Raflé, 1650, in-8º. — Si l'on en retrouvait la musique, peut-être y verrait-on une imitation des deux pièces de F. Sacrati et L. Rossi.

Les opéras italiens avaient eu du succès; la beauté de la musique, l'exécution très-soignée et la splendeur du spectacle avaient beaucoup plu; mais en l'absence du Cardinal et par ce temps de discrédit qui atteignit à peu près tout ce qui était italien, on revint simplement au ballet plus conforme aux habitudes contractées depuis longtemps, plus facile à exécuter. C'était, du reste, un genre très-différent de l'opéra italien, représenté exclusivement par des acteurs et danseurs de profession, tandis que les grands seigneurs et les grandes dames pouvaient prendre part au ballet de Cour en se mêlant plus ou moins aux artistes, ce qui devait être un attrait de plus. On reprit donc ces fameux ballets, dans lesquels le Roi même, les princes et les princesses s'empressaient de danser et de figurer.

C'est le ballet de *Cassandre,* représenté le 26 février 1651, qui inaugura pour ainsi dire la série des ballets du règne de Louis XIV, car c'est dans cette pièce que le jeune monarque se montra pour la première fois. Ce fut aussi le début de Benserade comme poëte et inventeur de ce genre de pièces de vers consacrées à la louange des exécutants, et dans lesquelles il excellait.

1651.

A partir de cette époque, et quoique les errements suivis par les auteurs de ballets soient toujours les mêmes, on remarque un peu plus de délicatesse dans l'expression des sentiments. Les allusions, les pointes conservent encore une grande transparence, mais le mot y est moins brutal, la galanterie y est plus recherchée, et l'on se préoccupe davantage de donner à la pensée une forme fine et délicate. Quant à la construction de la pièce, à son enchaînement, c'est toujours à peu près la même incohérence. Chaque scène se déroule sans tenir beaucoup à celle qui vient de finir, sans amener celle qui va commencer; en un mot, c'est une suite de tableaux dans lesquels la danse ou la musique, les vers récités ou chantés se succèdent tour à tour et un peu au hasard.

Pour composer la musique de pièces aussi décousues, l'unité de style, on le comprend, n'était pas absolument nécessaire, et l'on pouvait sans inconvénient s'adresser à plusieurs musiciens. Jean-Baptiste Boesset, Jean Cambefort et François Chancy écrivaient le plus souvent la partie vocale, tandis que Louis Molier, Verpré et Michel Mazuel traitaient la partie symphonique et les airs de danse (1).

Au ballet de *Cassandre* avaient succédé les 1651-53. *Fêtes de Bacchus* (2) et le *Ballet royal de la Nuit*;

---

(1) Lettre dédicace d'André Philidor au Roi, placée en tête du volume portant le n° 4 de la partie de la collection Philidorienne conservée à la Bibliothèque du Conservatoire de Paris.

(2) La Bibliothèque nationale possède un précieux exemplaire de ce ballet (Estampes. Pd. 74); les décors et les cos-

mais à son retour à la cour, Mazarin, avec une ténacité caractéristique, reprit une troisième fois ses essais pour acclimater en France le système de l'opéra italien (1).

Dès le mois de décembre 1653, le cardinal avait fait venir à Paris l'auteur des paroles de l'*Orfeo*, l'abbé Buti, qui s'entendit avec Torelli pour les décors et les machines de l'œuvre projetée, dont il écrivit le poëme (2). Le 26 janvier 1654, il arriva une nouvelle troupe composée d'acteurs et de musiciens de Mantoue, Turin, Naples et Rome (3), puis les répétitions commencèrent immédiatement.

Torelli n'avait pas quitté la France (4); il avait traversé la Fronde, non sans danger, et paya même assez cher son attachement à son patron. — « Quand je songe, écrit-il au Cardinal, dans la lettre par laquelle il lui dédie sa nouvelle œuvre, que les persécutions, les emprisonnements, et la perte de tout mon bien, ont esté les témoignages de mon zèle, et que la gloire de souffrir pour

1654.

---

tumes y sont reproduits par de très-curieux dessins, rehaussés d'or et d'argent, d'une admirable conservation.

(1) Pour apprécier justement les intentions de Mazarin, il faut bien se garder de prendre à la lettre ce que disent certains Mémoires du temps, par exemple ceux de Montglat et surtout ceux de madame de Motteville, qui, comme on le sait, n'était guère des amis du Cardinal.

(2) *La Muze historique de Loret*, 6 décembre 1653.

(3) Même ouvrage, 31 janvier 1654.

(4) Il se maria avec Françoise Sué, « noble de Paris, y possédant une maison ». (Minutes de Mᵉ Mortier.)

Vostre Excellence m'a paru plus chère et plus précieuse que ma propre vie, il me semble qu'en cette occasion je ne fais rien pour elle (1). »

Enfin, comme le dit Torelli, les orages étaient dissipés, et les Muses revenues; il s'agissait, par ses soins et toute l'industrie dont il était capable, de *relever* le théâtre en France.

Le sujet, qui avait été choisi, dit-on, par Mazarin, fut la fable de *Thétis et Pélée,* mais contrairement à ce qu'on avait fait pour l'*Orfeo,* on sacrifia encore au goût des intermèdes en y intercalant un ballet français dansé entre chaque acte. Ce fut le compositeur Carlo Caproli qui composa la musique des *Nozze di Peleo e Theti;* il était venu d'Italie en même temps que les artistes qui exécutèrent son œuvre, au nombre desquels se trouvait même sa femme ou sa fille, la signora Vittoria Caproli (2). Les autres princi-

---

(1) Il ne fut pas, du reste, le seul Italien de mérite que les Frondeurs poursuivirent sottement de leur haine irréfléchie. L'admirable artiste la Bella, que nous avons vu travailler aux *Feste teatrali* de 1645, faillit être assassiné par une troupe de furieux acharnés contre lui. Il rencontra heureusement quelques dames qui le connaissaient. L'une d'elles, avec une grande présence d'esprit, apostropha la bande des assaillants en leur criant : « Que faites-vous, malheureux? cet homme n'est pas Italien; il est Florentin! » — Il n'en fallut pas davantage, et la foule ignorante le laissa partir, en s'inclinant même devant lui. La Bella quitta la France peu après, pour n'y plus revenir.

(2) Carlo Caproli n'est pas nommé dans les Dictionnaires biographiques, et c'est ici, pour la première fois, croyons-nous, qu'il est désigné comme étant bien le compositeur des *Nozze di Peleo e Theti.*

paux artistes qui jouèrent dans cet opéra se nommaient : Antonio d'Imola, Gerolamo Pignani, Giuseppe, Tomaso Staffordo et Filiberto Ghigof.

La première représentation, qui se fit au Petit-Bourbon, est ainsi racontée dans la *Gazette* d'avril 1654 : « Le 14, la superbe comédie ita-
« lienne des *Nopces de Pélée et de Thétis*, dont
« les entr'actes sont composez de dix entrées,
« d'un agréable balet sur le mesme sujet, et
« d'une invention toute nouvelle, où la richesse
« des décorations, la beauté des machines, l'éclat
« des habits et la douceur des concerts ne laissent
« plus rien à souhaiter pour un parfait contente-
« ment, et pour un spectacle royal des plus pom-
« peux, se donna pour la première fois dans le
« Petit-Bourbon, en présence de la Reyne, du
« Roy de la Grand'Bretagne, de la Reyne sa
« mère et de toute la Cour, et fut continuée le 15,
« sans autre différence, sinon que Sa Majesté y
« fit paroistre de nouvelles grâces, qui obligèrent
« tous les spectateurs d'avouer que ce grand
« monarque paroist véritablement Roy en toutes
« ses actions. »

En effet, comme nous l'avons dit, on dansa un ballet se rattachant à la pièce au moins par les noms des personnages qui y figuraient et par leurs costumes. Le Roi représenta successivement Apollon, une Furie, une Dryade, un académiste, un courtisan et la Guerre. Son frère, Monsieur, le duc d'York (Charles II d'Angleterre), la princesse d'Angleterre, la princesse de Conty, mademoiselle de Mancini, le comte de Saint-Aignan et quantité de grands seigneurs et de grandes dames de la Cour prirent part à ce divertissement. Il y figurait de plus une trentaine de danseurs de profession, parmi lesquels nous voyons Beauchamps, Louis Molier, Verpré et Lully (sous le nom de Baptiste); le petit Rassent, page de la chambre du Roi, s'y fit particulièrement remarquer par son talent de danseur.

Ce ballet n'était pas entremêlé de chant ou de récit comme ces sortes de pièces l'étaient habituellement, et les vers que Benserade adressait séparément à chacun des principaux personnages ne furent pas déclamés; on les distribuait dans la salle comme un programme.

Le succès des *Noces de Pélée et Thétis* fut très-grand; les représentations en furent fréquentes et durèrent jusqu'à la fin de mai. Nous n'avons pu trouver la preuve qu'elles aient été données sur le théâtre du Marais, ainsi que quelques auteurs l'ont écrit; cependant la *Gazette* semble confirmer le fait par la note suivante : « Le 30 avril, la comédie italienne en musique « fut encore représentée, comme elle l'avait été « le 25 et le 28, Sa Majesté, par une bonté par- « ticulière, voulant que tout le peuple puisse « avoir sa part de ce rare divertissement. » Dans tous les cas, on apprécia généralement les efforts du Cardinal pour doter notre théâtre d'un genre qui nous était inconnu, puisqu'on lui attribua avec justice tout l'honneur de la réussite : « La « France, disait encore la *Gazette,* n'est pas « moins obligée de ses beaux divertissements à « Son Éminence, qui fait venir de si excellens « hommes d'Italie, que du bon succez de nos « affaires auxquelles Elle travaille incessamment « de telle sorte que, tandis que toute la Cour « prend sa part des contentemens qu'Elle lui « procure, on sait que le plus souvent, Elle « remue dans le Cabinet tous les ressorts de sa « haute prudence, pour trouver les moyens de « rendre cet Estat plus florissant que jamais. »

Le poëte et le musicien furent quelque peu oubliés, car c'est surtout à Torelli que les éloges s'adressaient ; ce qu'on vantait le plus, c'était la beauté des décorations et l'ingéniosité des machines par lesquelles, disait-on, il s'était surpassé lui-même. On l'appelait, du reste, *le Grand Sorcier,* tant on était surpris des nouveaux mécanismes et des changements à vue qui s'exécutaient comme par enchantement.

Après les tristes années de la Fronde, pendant lesquelles notre artiste ruiné, privé de sa liberté, n'avait sauvé sa vie qu'à grand'peine, il voyait donc revenir les beaux jours ; aussi comprendra-t-on qu'il ait voulu célébrer le retour de la fortune et la réussite de son opéra. Non moins habile en pyrotechnie qu'en machines de théâtre, il fit partir un magnifique feu d'artifice en signe de réjouissance ; puis, après la dernière fusée éteinte, il réunit à souper les musiciens, les acteurs et actrices ayant coopéré à la représentation des *Noces de Pélée et Thétis*.

Le chevalier Amalteo a célébré en vers et ce magnifique feu de joie et ces agapes artistiques. Il ne ménage pas l'hyperbole, car il prétend, dans son enthousiasme, que les détonations ressemblaient aux éclats du tonnerre, et que les fusées faisaient pâlir les étoiles. Les dieux de l'Olympe, oubliant leurs querelles, s'assirent donc à la même table, et burent gaiement à la santé du Roi. Filiberto Ghigof, qui remplissait le rôle de Chiron, fut, paraît-il, un convive particulièrement jovial ; il n'avait plus sa croupe, car celle-ci, qui n'était autre qu'un garçon de théâtre désormais libre de ses mouvements, versait à boire aux joyeux invités. Le poëte, du reste, dans son récit enjoué, entremêlé de jeu de mots à l'italienne, n'oublie ni l'amphitryon, l'auteur des paroles et le compositeur, ni les acteurs et les actrices ; aussi croit-il pouvoir parler de lui en terminant :

« S'io feci il mio dover, conviene il dica :
Del canto ogn'hor fu la cantina amica. »

La description des décors de l'opéra fut imprimée en italien et en français, et accompagnée de gravures représentant les diverses scènes de l'ouvrage ; le tout dédié au cardinal Mazarin. On publia séparément les vers de Benserade pour le ballet, en joignant à cette édition le poëme italien de Buti (1).

La musique de Caproli n'existe nulle part à notre connaissance, mais les airs de danse du ballet ont été conservés et se trouvent dans le quatrième volume de la collection Philidor appartenant au Conservatoire de Paris. Rien n'indique quels en furent les auteurs.

Louis XIV voulut récompenser le compositeur italien et crut « ne pouvoir donner au sieur Charles Caprole un tesmoignage plus particulier de l'estime qu'il faisoit de son mérite qu'en le retenant pour servir auprès de sa personne avec la charge de *Maistre de la musique de son Cabinet* (2) ».

Ce dernier opéra eut donc un succès réel, et cependant il n'inspira ni à nos poëtes ni à nos musiciens l'idée de suivre franchement l'exemple

---

(1) *Décorations et machines aprestées aux Noces de Tétis, Ballet royal; représentées en la salle du Petit-Bourbon, par Jacques Torelli, inventeur,* 1654, in-fol.

Les Nopces de Pelée et Thétis, comédie italienne en musique entremélée d'un Ballet sur le même sujet donné par Sa Majesté. 1654, in-4º.

(2) Extrait du brevet de cette charge portant le millésime de 1654 sans autre date. (Bibl. nat. Ms. fr. 10252, p. 14.)

des Italiens. Sans parler de Corneille, qui, on l'a vu, n'admettait la musique que comme pur accessoire, il y avait parmi les auteurs dramatiques des hommes de quelque talent, et l'on peut s'étonner qu'aucun d'eux n'ait cherché à mettre en œuvre les ressources de ce nouveau genre de spectacle. Toutefois, nous étions pauvres en compositeurs; les plus renommés d'alors, Lazarin, Cambefort, Chancy, Louis Mollier, Jean-Baptiste Boesset et Lambert, ne formaient pas une élite bien remarquable. Le dernier, le seul parmi eux dont quelques airs et duos, très-estimés de son temps, s'entendraient encore avec plaisir, n'était pas plus capable que ses confrères d'un déploiement de talent aussi grand que celui qu'exigeait la composition d'un opéra. Ils ne le tentèrent même pas, et le cardinal Mazarin, qui ne pouvait, en somme, s'attarder à la poursuite de son dessein, dut renoncer, pour le moment, à introduire dans notre pays les brillantes inventions scéniques de l'Italie.

On continua donc à suivre les errements du passé, et le ballet de Cour, forme préférée de la musique dramatique, suffit encore longtemps aux aspirations des amateurs et des artistes. C'étaient toujours les mêmes musiciens, les mêmes maîtres de danse qui composaient ces pièces, et les vers qu'on y chantait ou qu'on y débitait, de même que ceux destinés à être seulement lus par les spectateurs, étaient, comme auparavant, à peu près tous de Benserade. Cependant, un artiste qui devait acquérir plus tard une très-grande renommée, commença vers cette époque à collaborer aussi bien à la composition qu'à l'exécution de ces fameux ballets : nous voulons parler de Jean-Baptiste Lully, qu'on appelait alors, tout simplement, Baptiste.

Il avait été chargé par le Roi, en 1652, de l'inspection générale de ses violons et de la direction d'une nouvelle bande formée par lui, celle des *Petits Violons*. Nommé, le 16 mars 1653, compositeur de la musique de la Cour, en remplacement de Lazarin qui venait de mourir, il en profita pour glisser quelques airs de danse de sa composition dans les pièces qui se jouaient chez le Roi. Il paraît avoir débuté, comme exécutant, dans le *Ballet de la Nuit* (1653), dans lequel il ne remplissait pas moins de cinq rôles différents, entre autres celui de l'une des trois Grâces (1). Vinrent ensuite le *Ballet des Proverbes*, les *Noces de Pélée et de Thétis*, le *Ballet du Temps* (1654), le *Ballet des Plaisirs*, celui des *Bienvenus* (1655), la *Galanterie du Temps*, *Psyché* (1656), dans lesquels Baptiste se multipliait comme acteur ou comme danseur, avec la grande activité qu'il conserva toute sa vie. Peu

1654-56.

---

(1) Presque tous ces ballets étaient joués sous le masque.

d.

à peu, il joignit aux airs symphoniques qu'il intercalait dans ces ballets, des morceaux de chant d'une certaine étendue; mais à partir de 1657 il commença avec l'*Amour malade* la longue liste des ballets dont il se réserva presque exclusivement la composition musicale (1).

1657.

Devenu le musicien à la mode, l'homme indispensable dans toutes les fêtes, aussi bien chez le Roi que chez le Cardinal, sa nature bouffonne sut se prêter à tous les exercices; il s'assimilait le comique des autres en y ajoutant encore du sien, et la conscience qu'il avait de ses talents en ce genre, non moins que les succès qu'il y obtenait, firent qu'il s'appuya toujours autant, sinon plus, sur la farce que sur sa musique pour en arriver à ses fins. Sa vogue augmentait chaque jour à tel point, que Benserade, faisant pour lui ce qu'il ne fit pour aucun autre artiste, lui consacrait des vers louangeurs et les imprimait à côté de ceux qu'il adressait au Roi, aux grands seigneurs et aux grandes dames de la Cour dansant

---

(1) Il y avait à cette époque une certaine émulation parmi les compositeurs au point de vue du ballet. « Le sieur de la Guerre mit en musique en 1657 une Pastorale dédiée au Roi, intitulée *le Triomphe de l'Amour*. Elle fut représentée d'abord au Louvre, comme les autres concerts, sans les habits de théâtre. Le Roy et la cour en furent très-contents. On l'entendit dans l'appartement du cardinal Mazarin, et elle fut jouée enfin sur le théâtre du Palais-Royal, avec tous les ornements nécessaires. Cette pastorale fut imprimée à Paris, chez Charles Chenault, in-4°, 1657. » (Bibl. nat., Mss. fr. 25465.)

dans les ballets. C'est en 1658, et dans le ballet d'*Alcidiane*, dont la musique était presque entièrement de Lully, que le poëte encensa pour la première fois le musicien jouant le rôle d'un capitaine :

1658.

> Au lieu de m'emporter j'auray meilleure grâce
>   D'être modeste sur ce point,
> Sans me vanter icy que le siècle n'a point
>   De capitaine qui me passe :
> Mais rendons-nous justice et voyons qu'après tout
> Qui peut mieux mériter des louanges parfaites,
>   Les choses dont je viens à bout,
>   César même les eût-il faites (1)?

L'année suivante, dans le *Ballet de la Raillerie*, dansé le 19 février, Baptiste, qui en était le compositeur, remplissait plusieurs rôles, comme presque toujours, et continuait à recevoir les éloges de Benserade.

1659.

Une des particularités de ce ballet était un intermède dans lequel mademoiselle de la Barre et la signora Anna Bergerotti représentaient les musiques française et italienne, et chantaient un duo où l'une en français, l'autre en italien, défendaient la musique de leur pays.

La lutte entre les partisans de l'une ou l'autre des deux musiques est fort ancienne; mais sans remonter jusqu'à Charlemagne, dont les chantres

---

(1) Ces vers n'étaient pas récités sur le théâtre; le spectateur pouvait seulement les lire sur le livret.

eurent avec ceux du Pape la querelle musicale bien connue, et nous en tenant au dix-septième siècle, il nous suffira de rappeler que le Père Mersenne lui consacra quelques passages de ses volumineux écrits, et que Maugars en fit le sujet de sa très-curieuse lettre de 1639. Puisque, à ces dates, on dissertait déjà volontiers sur la question, le goût de semblables discussions dut naturellement persister et même augmenter après la représentation des opéras italiens. Du reste, les polémiques de ce genre qui, on le sait, devinrent à certaines époques passablement véhémentes, appartiennent bien à l'histoire de la musique; à ce compte, et comme reflet des opinions du moment, les paroles du duo que nous donnons ici ont leur intérêt :

LA MUSIQUE ITALIENNE.

O musique françoise! apprends moy, je te prie,
Ce qui te semble en moy digne de raillerie.

LA FRANÇOISE.

Le trop de liberté que tu prends dans tes chants,
Les rend parfois extravagans.

L'ITALIENNE.

Toy, par tes notes languissantes,
Tu pleures plus que tu ne chantes.

LA FRANÇOISE.

Et toy, penses-tu faire mieux,
Avec tes fredons ennuyeux ?

L'ITALIENNE.

Mais ton orgueil aussi ne doit pas se promettre,
Qu'à ton seul jugement je me veuille soumettre.

LA FRANÇOISE.

Je composeray comme toy,
Si tu veux chanter comme moy.

L'ITALIENNE.

Si mon amour a plus de violence,
Je dois chanter d'un ton plus fort.
Quand on se void prest de la mort,
Le plus haut que l'on peut on demande assistance.

LA FRANÇOISE.

Mon chant fait voir par sa langueur
Que ma peine est vive et pressante.
Quand le mal attaque le cœur,
On n'a pas la voix éclatante.

TOUTES DEUX.

Cessons donc de nous contredire,
Puisque dans l'amoureux empire,
Où se confond incessamment
Le plaisir avec le tourment,
Le cœur qui chante et celuy qui soupire
Peuvent s'accorder aysément.

Lully, qui composa la musique de ce duo, eut grand soin, nous devons le croire, de ne pas se prononcer entre l'une ou l'autre des musiques rivales; avec son habileté ordinaire, il dut garder l'équilibre en ménageant les deux partis.

Enfin, très-remarqué, comme nous l'avons dit, pour son entrain, ses farces, sa verve bouffonne en quelque sorte endiablée, il ne le fut pas moins pour sa musique. Ses compositions, supérieures évidemment à celles de ses confrères, puisqu'elles leur furent préférées, restaient cependant dans le goût admis et n'avaient rien de saillant par leur originalité. Pas plus que d'autres musiciens ne l'avaient fait, Lully, tout Italien qu'il était, n'eut l'idée de chercher si, en dehors du genre français, il n'y avait pas une nouvelle voie à suivre, une transformation quelconque à tenter pour l'essor de la musique dramatique. Il devait même, pendant longtemps encore, conserver la même indifférence en fait de progrès, et nier d'abord la possibilité d'une innovation dont il profita plus tard pour sa plus grande gloire.

Les musiciens en renom ou les poëtes, parmi lesquels il faut citer Quinault, n'essayèrent donc pas de reproduire sur la scène française un ouvrage entièrement conçu dans le système admis pour l'opéra en Italie. L'idée n'en vint qu'à deux hommes, dont l'un avait une notoriété fort restreinte, tandis que l'autre était encore plus inconnu. Ces hommes n'étaient autres que Pierre Perrin et Robert Cambert.

Ce dernier, s'inspirant de l'exemple des Italiens, avait, dès 1658, composé la musique d'une pièce dialoguée en vers français, intitulée : *la Muette ingrate*, qu'on exécuta plusieurs fois. Il fit ensuite représenter en avril 1659, à

1659.

Issy, une *Pastorale*, comédie française en musique, dont Perrin avait écrit les paroles. Cet essai d'opéra français eut du succès, et l'on en parla; aussi le Cardinal, qui résidait alors à Vincennes, en fit-il donner une représentation en présence du Roi et de la Reine mère. Assez satisfait du résultat, il engagea Cambert à renouveler l'expérience, en lui promettant qu'on exécuterait son prochain ouvrage à la Cour. C'est alors que les deux collaborateurs composèrent *Ariane et Bacchus*. Ce poëme et la musique furent achevés, mais la représentation n'eut pas lieu.

La mort de Gaston, duc d'Orléans, oncle du Roi, survenue le 2 février 1660, empêcha tout divertissement pendant le carnaval. Ce n'est qu'après le mariage de Louis XIV avec l'Infante d'Espagne et quand les deux époux eurent fait leur entrée solennelle dans Paris, à la fin d'août, que les fêtes recommencèrent pour se succéder pendant quelques mois.

Poursuivant toujours le même but, Mazarin, en vue de ces solennités, avait fait venir d'Italie l'un des compositeurs vénitiens les plus célèbres, Francesco Cavalli, et une nouvelle troupe de chanteurs. L'opéra choisi fut *Serse*, que ce compositeur avait donné en Italie en 1654, sur le poëme italien du comte Nicolo Minato; mais pour ne pas manquer à l'usage invétéré, on l'accompagna, dans les entr'actes, des inévitables entrées de ballet dont il semble qu'on ne pouvait se passer. Ce fut Lully qui composa la musique de ces ballets.

« Le 22 novembre 1660, dit la *Gazette*, on joua en présence de Leurs Majestez, dans la haute galerie du Louvre, une comédie en musique, qui parut un divertissement d'autant plus digne de nostre monarque, que le sujet en est tiré de l'histoire d'un grand Roy, et que rien n'a manqué à la pompe du théâtre, où estoient les plus belles tapisseries de la Couronne, non plus qu'à l'exécution qui s'en fist par les plus belles voix de l'Italie et les meilleurs symphonistes (1). »

On est plus heureux avec l'œuvre de Cavalli qu'avec celles de Sacrati, de Rossi et de Caproli, puisque la musique nous en a été conservée. Il est donc possible d'apprécier le talent du compositeur. Sa partition a une grande valeur et est supérieure de beaucoup à la musique française d'alors. C'est une œuvre remarquable à tous les points de vue, et une étude spéciale démontrerait à coup sûr l'influence considérable qu'elle eut plus tard sur Lully et sans doute aussi sur Cambert (2).

---

(1) Voici les noms des principaux artistes qui composèrent cette nouvelle troupe italienne : le célèbre Atto et son frère Philippe, Bordigone, Taillavaca, Melone, qui remplissait des rôles de femme à l'occasion; Zanetto, Chiarini, Assalone, Piccini, Rivani, Agostino Pomelli et les signore Ballarini, Bordoni et Ribera. Les cantatrices de la cour, mesdemoiselles Hylaire Dupuy, Anna Bergerotti et de la Barre, remplirent toutefois les premiers rôles.

(2) La partition recueillie par Fossard, le collègue d'André Philidor l'aîné, comme garde de la Bibliothèque de musique de Louis XIV, se trouve manuscrite à la Bibliothèque natio-

On représenta au Louvre, le 9 décembre 1660, une pastorale, les *Amours de Lysis et d'Hespérie*, que Quinault avait composée pour le mariage du Roi, d'après des notes qui lui auraient été fournies par le cardinal Mazarin et par M. de Lionne. L'original de cette pièce se trouvait dans la Bibliothèque de Colbert, apostillé par M. de Lionne (1).

A peu près en même temps que *Serse* se jouait à Paris, le marquis de Sourdéac faisait exécuter en grande pompe la *Toison d'or*, à son château de Neufbourg, en Normandie. Cette pièce de Pierre Corneille était, comme son *Andromède*, une tragédie déclamée, avec musique d'un auteur resté inconnu, accompagnée de très-riches décorations, de machines et de changements à vue, de l'invention de ce marquis amateur machiniste, dont nous aurons beaucoup à parler plus tard. La *Toison d'or*, avec toutes ses surprenantes machines, fut ensuite représentée sur le théâtre

---

nale sous la cote VM, 782. En voici le titre : *Serse, opera italien orné d'entrées et de ballets, représenté dans la grande gallerie des Peintures du Louvre devant le Roy après son mariage avec Marie-Thérèse d'Autriche, Infante d'Espagne, l'an 1660.* « Le seigneur Francesco Cavalli en a fait la musique, et les airs de ballets ont esté composez par Jean-Baptiste Lully, surintendant de la musique de la chambre. »

Il existe au Conservatoire une copie de cet opéra, que M. Weckerlin a fait faire pour la bibliothèque de cet établissement dont il est le très-zélé conservateur. — M. Gevaert en a publié quelques morceaux dans ses *Gloires d'Italie*.

(1) Bibliothèque nationale. Mss. fr. 25465.

du Marais, en février 1661. Ce genre de représentations théâtrales, inspiré évidemment par les opéras italiens, ne réussit pas d'une façon suivie.

1661. La nouvelle troupe italienne, venue avec Cavalli à Paris, y prolongea son séjour, et les artistes qui la composaient prêtèrent leur concours pour le ballet de l'*Impatience*, joué le 19 février 1661. Le prologue et l'épilogue de cette pièce étaient entièrement chantés par les Italiens, qui, de plus, figuraient encore dans une scène grotesque de la troisième partie. Du reste, au dire de Loret, l'abbé Buti en était l'inventeur, et c'est Lully qui en écrivit la musique, en se faisant aider, pour les airs de danse, par Beauchamps et Dolivet. Mais les représentations de ce ballet furent interrompues par la mort du Cardinal, arrivée peu après, le 9 mars.

1662. On dansa ensuite à Fontainebleau le *Ballet des Saisons,* en plein mois de juillet, puis, au carnaval de 1662, au lieu d'un simple ballet, c'est une tragédie en musique, toujours accompagnée d'intermèdes et à laquelle on se préparait depuis longtemps, qui fut représentée aux Tuileries. C'était l'*Ercole amante,* opéra italien dont les paroles avaient été écrites par Buti (1). Cavalli passe pour en avoir composé la musique;

---

(1) Cet abbé librettiste paraît être resté en France, car, par un acquit patent du 7 janvier 1673, le Roi lui fit verser 3,000 livres. Arch. nat., O^1. 17.

cependant, nous n'avons trouvé jusqu'à présent aucune preuve du fait.

La troupe italienne n'avait pu donner plus tôt cet opéra par suite du retard des travaux dirigés par Vigarani, pour l'aménagement de la salle et de la scène et la confection des décors. Cet architecte-machiniste, venu de Modène, remplaçait Torelli; le temps lui avait déjà manqué pour faire les décorations de *Serse,* car, comme il prétendait n'employer que des décors entièrement de son invention et qu'il refusait, dans son humeur jalouse, de se servir en quoi que ce fût du matériel existant, il lui aurait fallu un délai plus long qu'on n'avait pu le lui accorder. C'est pourquoi *Serse* avait été exécuté au Louvre sans décors, au milieu « des plus riches tapisseries de la couronne (1) ».

Dans le principe, les deux opéras italiens devaient sans doute être joués à un court intervalle l'un de l'autre, pendant les fêtes qui suivirent le mariage de Louis XIV, car le second, l'*Ercole amante,* qui parut à la scène quinze mois plus tard accompagné d'un prologue dans

---

(1) En permettant à Molière d'emporter au Palais-Royal les loges de la salle du Petit-Bourbon qu'on démolissait, on spécifia l'exception « des décorations que le sʳ de Vigarani, machiniste du Roy, nouvellement arrivé à Paris, se réserva sous prétexte de les faire servir au pallais des Tuileries; mais il les fist brusler jusques à la dernière, affin qu'il ne restast rien de l'invention de son prédécesseur qui estoit le sieur Torelli, dont il vouloit ensevelir la mémoire ». (Reg. de la Grange, p. 26.)

lequel on célébrait la naissance du Dauphin, premier-né de ce mariage, porte cependant sur son titre la mention *qu'il fut représenté pour les nopces de Leurs Majestez Très-Chrétiennes*. Quoi qu'il en soit, c'est bien le 7 février 1662 que l'*Ercole amante* fut joué pour la première fois (1).

Le ballet qu'on y adapta et dont la musique était de Lully, avait pour sujet *l'origine et la grandeur de la maison de France,* et le Roi, la Reine et les grands personnages du royaume se mêlèrent aux artistes du chant et de la danse : les demoiselles Hilaire, de la Barre, Girault, et les sieurs Lambert, Dun, Beauchamps, Desbrosses, Villedieu, Verpré et autres. Louis XIV y parut en Soleil, la tête surmontée d'une perruque dorée, chef-d'œuvre de la fameuse madame Touzé, et y eut comme de juste le plus grand succès.

Voici maintenant ce que la *Gazette de France* dit de cette fête théâtrale :

« Le 7 février, le Ballet royal, aux apprests duquel on travailloit depuis si longtemps, pour en faire un divertissement digne d'une Cour que la victoire et la paix ont rendue la plus éclatante et la plus glorieuse de l'Europe, fut dansé par Leurs Majestez et les principaux seigneurs et dames, en présence de la Reyne mère et de tous les Ambassadeurs et Ministres estrangers, qui ne furent pas moins surpris que les autres spectateurs d'y voir tant de

---

(1) Cette date est la véritable, et nous y insistons parce que beaucoup d'auteurs, trompés par le titre, ont cru que la représentation avait eu lieu en 1660, l'année du mariage du Roi.

pompe et de magnificence..... Le 14, le Ballet royal fut dansé pour la seconde fois, en présence de la Reyne mère et de Madame : et il ne parut pas seulement admirable à cette princesse qui ne l'avoit point encore vu, mais à tous ceux qu'il avoit déjà charmez. En effet, c'est la voix publique que jamais rien ne fust mieux concerté, ni si auguste, que ce beau spectacle, qui efface tout ce qu'ont eu de plus rare en ce genre l'ancienne Rome et la Grèce. On ne sauroit voir qu'avec un ravissement extraordinaire la sale où il se fait, qui semble un palais enchanté, par son architecture et sa richesse : et l'on n'est pas moins surpris de tant de changemens soudains et imperceptibles de Palais, de Bois et de Mers, d'une estendue immense, sur un théâtre de vingt-cinq toises de profondeur. On ne peut non plus voir sans le dernier estonnement un grand nombre de machines descendre avec tant d'artifice et quelques-unes, par où l'on peut juger de leur grandeur, avec non moins d'hommes qu'en contenoit celle du cheval de Troye..... Ce sont les instruments de la Musique dont le merveilleux nombre produit encor, en ce divertissement, tant de rares merveilles avec les meilleures voix de France et d'Italie que rien n'est comparable à ces excellents concerts..... »

En 1663, le *Ballet des Arts* et celui des *Nopces de village*, puis, en 1664, les *Amours déguisez*, ballets français sans rien d'italien, servirent aux divertissements du Roi, et ce fut toujours le même personnel qui les exécuta, c'est-à-dire l'élite de la Cour, le Roi en tête mêlé aux musiciens et aux danseurs attachés à sa maison.

C'est dans cette dernière année qu'était réservé au ballet de Cour un honneur dont il n'était certes pas digne ; Molière ne dédaigna pas de se livrer à un pareil travail. Il composa d'abord le *Mariage forcé*, et, dans l'argument, il nous dit ceci : « Comme il n'y a rien au monde qui soit si commun que le mariage, et que c'est une chose sur laquelle ordinairement les hommes se tournent le plus en ridicule, il n'est pas merveilleux que ce soit toujours la matière de la plupart des comédies, aussi bien que des ballets qui sont des comédies muettes, et c'est par là qu'on a pris l'idée de cette comédie mascarade. »

Le *Mariage forcé* fut représenté en 1664 avec prologue et intermèdes de musique et de danse, dans lesquels figurèrent encore ceux des artistes de la troupe italienne qui étaient restés à Paris; puis, au mois de mai suivant, Molière fit représenter pendant la deuxième et la troisième journée des fameuses fêtes les *Plaisirs de l'Isle enchantée*, la *Princesse d'Élide*, avec des intermèdes de Benserade et le ballet du *Palais d'Alcine*, tandis qu'on reprit le *Mariage forcé*, le soir de la septième et dernière journée.

Après le ballet de la *Naissance de Vénus*, en 1665, et celui du *Triomphe de Bacchus dans les Indes*, en janvier 1666, on joua en décembre de cette même année le *Ballet des Muses*, dans lequel fut intercalé *Melicerte, pastorale comique*, « composée, dit le livret, par celuy de tous nos poëtes qui dans ce genre d'écrire peut le plus justement se comparer aux anciens »; c'est-à-dire par Molière. Mais lorsque le *Ballet des Muses* fut repris à la Cour en janvier 1667, le poëte remplaça la *Pastorale comique*, qui lui plaisait peu, par sa comédie-ballet, *le Sicilien, ou l'Amour peintre*.

1667.

Le *Carnaval*, mascarade royale, est de 1668, ainsi que le *Grand Divertissement de Versailles*, avec l'intermède de *Georges Dandin*. Vint ensuite le *Ballet de Flore*, en février 1669, qui termina les exploits du Roi danseur, puisque ce fut le dernier, dit-on, dans lequel il se montra. Sa première jeunesse était passée, et sans doute, depuis dix-huit ans qu'il dansait, la lassitude se faisait sentir. Il ne cessa pas néanmoins de s'intéresser à ce genre de divertissement, car, en 1677, John Locke le vit encore « se donner tout le mouvement d'un maître de ballets, faire reculer les spectateurs et prendre la peine de tout disposer lui-même ».

1668.

1669.

Enfin, en cette même année 1669, il y eut le *Grand Divertissement de Chambord*, comprenant *Monsieur de Pourceaugnac*, et une reprise de la *Princesse d'Élide*, avec quelques changements. Puis, en 1670, Molière donna encore les *Amants magnifiques* et le *Bourgeois gentilhomme*, dans lequel Lully, sous le nom d'*il signor Chiacchierone* (1), qu'il se donnait à lui-même

1670.

---

(1) Hâbleur, bavard, diseur de balivernes. C'est l'origine de *cicerone*.

depuis quelque temps sur les programmes de la Cour, se surpassa comme farceur émérite dans le rôle du *Muphti*.

1671. Le moment approchait où Perrin, qui avait obtenu, en 1669, le privilége d'établir des Académies pour représenter des opéras en vers français, allait ouvrir son théâtre.

Cette tentative faisait alors grand bruit. Perrin et Cambert, qui l'aidait dans son entreprise, avaient toujours proclamé que leur but était d'introduire en France un spectacle analogue aux opéras italiens. Il semble qu'on ait voulu encore lutter contre le souvenir de ces opéras, et leur opposer une dernière fois le système mixte des tragi-comédies, mêlées de musique et de danses, accompagnées d'un grand luxe de riches décorations et de machines surprenantes. Molière, chargé de la nouvelle œuvre et pris de court par le temps, se fit aider par Pierre Corneille et Quinault, tandis que Lully composait la musique. *Psyché* parut devant la Cour en janvier 1671.

On n'avait peut-être pas jusqu'alors réuni tant d'efforts pour arriver à une exécution musicale aussi parfaite avec le seul concours d'artistes français. Le personnel chantant et les symphonistes de la Cour y figurèrent au grand complet ; on y vit même, parmi les premiers, les chanteurs recrutés en Gascogne par Perrin, et qui, par conséquent, avant de faire leurs débuts à l'Opéra, se montrèrent sur la scène royale. Beaumavielle, Rossignol, les frères Miracle chantèrent à côté de la Grille, de Morel et de Gillet.

La nouvelle tragi-comédie eut du succès à la Cour et pour la pièce elle-même et pour la partie musicale et dansante. Aussi Molière la représenta-t-il sur son théâtre du Palais-Royal, en conservant tout ce qu'il put de la musique, de la danse et de la splendeur du spectacle; puis, lorsqu'il organisa le *Ballet des Ballets,* joué à la Cour en décembre 1671 et pour lequel il avait écrit sa petite comédie de la *Comtesse d'Escarbagnas,* ce sont, avec quelques fragments d'anciens divertissements, les intermèdes et les figures de danse de *Psyché,* dont il se servit d'accord avec Lully. On y voyait encore le Muphti, *il signor Chiacchierone-Lully,* tant applaudi l'année précédente à Chambord.

Dans cette longue énumération des ballets de la jeunesse de Louis XIV, nous nous en sommes tenus aux principaux. On en représenta en outre un certain nombre, parmi lesquels il y en eut d'improvisés, « de concertés en un jour » et joués au pied levé, pourrait-on dire, qui ne laissèrent d'autres traces que leurs titres (1).

---

(1) M. Victor Fournel a inséré dans ses *Contemporains de Molière* un excellent et très-substantiel travail sur les ballets de Cour, au point de vue littéraire surtout. Il y donne de

D'après l'étude qui précède, nous voyons qu'en France, au milieu du dix-septième siècle, les idées, en ce qui concerne l'art musical, étaient tournées vers la recherche d'une nouvelle forme dramatique, et que l'opinion hésitante se partageait entre l'opéra italien, le ballet de Cour et les tragédies ou comédies mêlées de musique.

Le *Dramma per musica*, autrement dit l'opéra, primitivement imaginé par les Italiens, avait reçu d'eux, presque dès son début, la forme qu'il a conservée depuis. Les créateurs du genre ne s'égarèrent pas, en effet, dans des discussions subtiles sur le plus ou moins de vraisemblance de la parole chantée dans une action scénique. Une fois la convention admise, ils y persistèrent sans plus jamais s'en écarter. Il n'en fut pas de même en France, et l'on perdit un temps infini avant de se prêter à une convention de plus au théâtre, où cependant tout n'est que convention. Puisqu'il était accepté que des personnages s'exprimassent en vers, n'était-il pas tout simple, par un facile effort d'imagination, d'admettre qu'ils pussent aussi s'exprimer en chantant ? Mais non ! on voulut voir là une difficulté insurmontable. Les puristes précieux et les casuistes littéraires ne cessaient de réclamer en faveur du bon sens et de la logique, soi-disant offensés, et

---

grands détails et des renseignements aussi exacts que précieux.

concluaient, comme Saint-Évremond le fit plus tard, en prétendant qu'un opéra était : « un travail bizarre de poésie et de musique, où le poëte et le musicien, également gênés l'un par l'autre, se donnent bien de la peine pour faire un mauvais ouvrage. »

On ne pouvait s'empêcher, cependant, d'être touché par le charme des séductions diverses que présentait cette nouveauté de l'opéra italien, et l'idée de lui emprunter ce qu'il avait de mieux pour embellir et renouveler les spectacles déjà connus, semble être venue à quelques esprits.

Le ballet de Cour subit en effet certaines modifications; le cadre en fut agrandi, mais avec une telle confusion dans l'emploi des moyens mis en œuvre, que le spectateur embarrassé s'y retrouvait péniblement, et qu'il n'en sortit en somme aucune forme dramatique nettement définie. Aussi, quoiqu'on ait continué à en représenter pendant longtemps encore, les ballets de Cour n'en finirent pas moins par disparaître tout à fait.

Sous prétexte d'éluder la difficulté qu'il y avait à faire chanter les personnages du drame, on l'augmenta en écrivant des pièces où la poésie et la prose déclamées alternaient avec le chant, sans se rendre compte que c'était imposer à l'esprit du spectateur deux conventions au lieu d'une; de là, les essais inutilement tentés dans

Andromède, la *Toison d'or*, les *Amours de Jupiter et de Sémélé*, et dans tant d'autres pièces du même genre qui devaient demeurer d'infructueuses tentatives.

Toutefois, si l'opéra français ne parvint pas à se constituer plus vite, deux causes contribuèrent à ce retard.

La partie littéraire ne forme pas à elle seule un opéra; il faut encore y joindre un élément indispensable : la musique. Les poëtes, il est vrai, n'avaient pas confiance dans le drame lyrique, mais, d'un autre côté, avions-nous alors en France des musiciens doués d'assez de génie d'invention et possédant la science nécessaire pour entreprendre et mener à bonne fin la composition musicale d'une œuvre dramatique de quelque importance? Cela est plus que douteux, ainsi que nous croyons l'avoir démontré en parlant des musiciens français le plus en réputation à cette époque; et il est de fait qu'à l'exception de Cambert et de J. B. Boesset, aucun autre ne fut tenté de l'essayer. Ils se bornèrent tous à composer des airs détachés, et Lully lui-même, qu'il faut placer à leur tête, ne s'enhardit que beaucoup plus tard à écrire de la musique dramatique dans le vrai sens du mot.

Il y eut donc parti pris chez nos poëtes et insuffisance de talent chez nos musiciens, sinon même impuissance absolue.

Il est juste aussi de considérer que les opéras italiens, représentés seulement à la Cour, n'étaient vus et entendus que d'un public privilégié, relativement peu nombreux; on ne saurait donc s'étonner outre mesure, de la lenteur avec laquelle fut adopté le nouveau genre théâtral qui nous venait d'Italie, pas plus qu'il ne faut croire trop aisément aux critiques prétendues unanimes qui l'auraient accueilli. C'est le contraire qui est la vérité.

Il était bien superflu, d'ailleurs, de discuter sur des questions de détail ne préjugeant rien quant au fond, comme par exemple la durée des opéras italiens contre laquelle on se récria tant. N'était-ce pas leur faire un reproche immérité, puisque la longueur de leur exécution tenait principalement à tous ces ballets et intermèdes entièrement français qu'on y entremêlait, et qui, composés presque toujours de scènes absolument étrangères au sujet de la pièce, duraient à eux seuls au moins autant, sinon plus, que l'opéra lui-même ? Quant aux autres critiques, plus sérieuses en apparence, quoique peu sincères en réalité, elles vinrent surtout de gens intéressés dans la question, plaidant pour leur propre cause, ou furent inspirées par des inimitiés personnelles et même par des rancunes politiques, étrangères à l'art et par conséquent suspectes.

N'est-il pas plus équitable de juger de l'effet produit par les résultats obtenus? Aussitôt que sur un théâtre librement ouvert à tous les spectateurs un opéra eut été représenté, le succès fut immédiat, et le système qui l'emporta fut purement et simplement l'imitation de l'opéra italien.

LES ORIGINES
DE
L'OPÉRA FRANÇAIS

Pierre Perrin et Robert Cambert ont créé l'opéra français.

Ils eurent à lutter contre la routine, contre l'indifférence des uns et l'envie des autres; mais c'est là le sort des novateurs, et si, malgré la protection de Colbert, la tâche leur fut particulièrement ingrate, il y eut bien, on doit le dire, quelque peu de leur faute.

Perrin était entreprenant, sans avoir le talent de réussir dans ses entreprises; il acheta une charge dont les gages ne lui furent pas payés; il fit un mariage d'argent qui, presque aussitôt annulé, finit par lui rapporter de longs procès et les rigueurs de la prison; enfin il fut la dupe de ses associés. Tant de difficultés, en eût-il été plus capable, ne pouvaient assurément lui laisser le loisir de diriger l'*Académie de musique*. Le fait est qu'il ne la dirigea guère, et s'il tira quelque profit d'une affaire qui devait l'enrichir, ce fut seulement le jour où il la céda à Lully.

Cambert, d'un naturel timide et réservé, musicien entièrement absorbé par son art, n'essaya même pas de se charger des soins d'une administration aussi compliquée, et pour laquelle il n'avait aucune aptitude.

Hâtons-nous de dire toutefois que s'ils ne récoltèrent pas les fruits de leur initiative et de leur persévérance, la postérité n'en a pas moins été équitable envers eux. Les historiens et les biographes ont unanimement reconnu qu'on leur était redevable d'un nouveau genre de spectacle, et leurs noms sont restés et resteront inséparables de l'histoire de l'opéra français.

L'honneur d'avoir fondé une institution qui a traversé plus de deux siècles déjà, et souvent avec des succès éclatants, revient donc bien à Pierre Perrin et à Robert Cambert.

I

Pierre Perrin. — Ses poésies. — Sa traduction de l'*Énéide*. — Il épouse la dame La Barroire déjà deux fois veuve. — Son mariage est déclaré nul comme clandestin. — Ses dettes et le commencement de ses procès avec le conseiller La Barroire.

Pierre Perrin est né à Lyon. Dans une de ses préfaces il parle des *Ieux de poésie* qui « furent son coup d'essai à l'age de vint ans ». Il les avait publiés en 1645 ; c'est donc vers 1625 que l'on peut placer l'époque de sa naissance (1).

Tandis que son frère aîné entrait dans les Ordres, se faisait Chartreux et devenait plus tard prieur d'une Chartreuse dans les envi-

---

(1) Des recherches faites aux archives municipales de Lyon, dans les registres des paroisses de Saint-Nizier, de Notre-Dame de la Platière, de Saint-Pierre le Vieux, de Saint-Pierre-Saint-Saturnin et de Saint-Paul, pour la période de 1620 à 1630, ont permis de retrouver parmi plus de cinquante actes de baptême

rons de Grenoble, Pierre venait à Paris, où on le trouve en 1645, publiant ses premiers vers sous la forme d'un petit volume : *Divers Insectes, pièces de poésie* (1).

Perrin nous apprend qu'il a cherché à être original et à suivre « les seuls caprices de son imagination » plutôt qu'à imiter les auteurs anciens, et en chantant dans des « Piè-

---

relatifs à des *Perrin*, les quatre actes suivants indiquant la naissance d'un *Pierre Perrin* :

« Du 17 novembre 1620, baptême de Pierre Perrin, fils de Jean, hostelier, et de Fleurie Phaeton. »

« Du 15 mars 1621, baptême de Pierre Perrin, fils de Daniel Perrin et de Marguerite Place. »

« Du 22 avril 1624, baptême de Pierre Perrin, fils de Jean, maitre coffretier et hoste, et de Florie Fayetton. »

« Du 7 octobre 1626, baptême de Pierre Perrin, fils d'Olivier et de Philiberte Bernard, parrain Pierre Perrin, marraine Anne Perrin, proche les Augustins. »

Notre poëte ayant eu un frère prieur d'une Chartreuse près de Grenoble, nous avions espéré qu'il nous serait possible de découvrir le prénom de ce prieur, de le retrouver parmi les autres actes relatifs à des Perrin, membres de ces trois familles, et de déterminer par suite à laquelle appartenait le nôtre; par malheur, malgré l'extrême obligeance de M. Brun-Durand, qui a bien voulu compulser les archives de Grenoble et demander des renseignements à la Grande Chartreuse; malgré de nouvelles recherches faites par M. Gust. Reynier, professeur au lycée et maître de conférences à la faculté de Grenoble, nous n'avons rien pu apprendre de positif. En 1660 mourut D. *Antoine Perrin, prieur de Sélignac, profès de Lyon et ancien prieur de Seillon;* mais cette mention, tirée du Catalogue des prieurs de Sélignac, n'est que la traduction de l'*Obiit*. Or, dans les *Obiit* ne figure jamais le prénom, mais seulement le nom de religion avec le nom de famille.

(1) Paris, Jean Duval, 1645, in-12. (Bibliothèque nationale, Y. 4983. A. et Collect. Er. Thoinan.)

ces folastres » la puce, le moucheron, le papillon, la fourmi, le grillet, le ver à soie et l'abeille, il conjure son lecteur « d'observer la délicatesse et la nouveauté de son dessein, et de se souvenir que les médiocres originaux sont préférez aux plus excellentes copies ».

Ses vers, « un peu de vermine et de pourriture animée », selon son expression même, sont dédiés à Adrien de Montluc, comte de Cramail. Il est probable que certains mots éveillaient alors des idées moins répugnantes qu'à présent; sans cela il faut avouer qu'après avoir parlé de délicatesse, c'était une singulière façon de faire valoir l'œuvre offerte.

Évidemment Pierre Perrin, selon l'habitude des faiseurs de dédicaces, tenait à se concilier les bonnes grâces d'Adrien de Montluc, poëte lui-même à ses heures, et de plus très-bien en cour, puisqu'on le croyait en passe d'être nommé gouverneur du Roi. Malheureusement ce premier patron, assez bien choisi, on le voit, par le jeune Lyonnais, ne put lui être d'une grande utilité, car il mourut au mois de janvier 1646 (1). Ce n'est pas la

---

(1) Adrien de Montluc publia quelques ouvrages sous le voile de l'anonyme.

dernière mésaventure de ce génre que nous aurons à constater dans la carrière de notre poëte.

L'année suivante, Perrin mit au jour un nouveau poëme : *la Chartreuse, ou la Saincte Solitude*. Il l'avait composé à la sollicitation de son frère et en souvenir de l'excellent accueil qu'il avait reçu du général des Chartreux, le Père Léon. Cette fois il fit hommage de son œuvre à la Reine, et il la lui présenta imprimée avec les nouveaux caractères imitant l'écriture bâtarde, de l'invention de Pierre Moreau (1). Si l'on en croit la mention qui figure au titre, Perrin, à cette époque, était assez riche pour faire imprimer son livre à ses dépens.

Cette description de la Grande Chartreuse passe pour être ce que Perrin fit de mieux, mais son ambition poétique avait de plus hautes visées. Dans son ardeur, il s'attaqua bravement à l'*Énéide* de Virgile, dont il eut

---

(1) *La Chartreuse, ou la Saincte Solitude, imprimé aux despens de l'autheur, à Paris, par P. Moreau, M^e escrivain juré au dict lieu et seul imprimeur et graveur ordinaire du Roy, de la nouvelle imprimerie par luy faicte et inventée, demeurant vis-à-vis l'horloge du Palais. Avec privilége.* 1647, in-folio (Bibl. nat., Y. 4990). Moreau, qui ne s'était pas fait recevoir maître, fut attaqué par la communauté des libraires.

la prétention de donner une traduction en vers, tout au moins digne de l'original. C'était beaucoup oser, et certainement l'œuvre était au-dessus de ses forces. En tout cas, s'il s'était flatté par là d'attacher à son nom quelque renommée, il y parvint, mais, pour sûr, tout autrement qu'il ne l'eût souhaité. A défaut de la création de l'opéra, l'*Énéide* aurait suffi à immortaliser le nom de son auteur, grâce aux sarcasmes impitoyables, à la verve satirique de Boileau. Cependant le nouveau traducteur de Virgile avait pris sa tâche au sérieux; il voulait, disait-il, que son lecteur trouvât « Virgile dans Virgile et son héros travesty de l'habit non pas d'un barbare tel qu'il a paru dans les anciennes traductions, n'y d'un faquin comme on l'a vû nouvellement (1) et comme il est au pouvoir des plus misérables, mais d'un cavalier françois avec la pompe des plumes et des clinquants ».

---

(1) Il est fait allusion ici au *Virgile travesti en vers burlesques* de Scarron, dont le premier livre, qui parut seul d'abord, porte cette mention : Achevé d'imprimer pour la première fois le dernier février 1648. (Bibl. nat., Y. 949+A.) C'est deux mois plus tard qu'était publié le premier volume de l'*Énéide*. Perrin dut se hâter et éprouva sans doute une vive contrariété en se voyant devancé par un auteur qui s'emparait de son sujet pour le traiter d'une façon comique. Il s'en console en le rangeant

Malgré de si nobles aspirations et en dépit de ses efforts, Perrin échoua complétement. Sans insister davantage sur son insuccès, il est intéressant pour nous de constater chez l'auteur, à propos de cette traduction, une tendance particulière. C'était comme le germe de cette disposition d'esprit qui l'amènera plus tard à se consacrer à peu près exclusivement à la recherche d'une bonne contexture des vers propres à la musique.

Ce n'est pas à dire que Perrin ait réussi quand il se proposait de transporter dans le français l'harmonie imitative du latin et d'arriver à la force ou à la douceur par la rudesse ou l'euphonie des mots. C'est là pourtant sa grande préoccupation, et il y sacrifie sans trop de scrupule la clarté, la logique et surtout le bon goût.

---

parmi *les plus misérables ;* on voit qu'il n'avait pas trouvé de son goût la façon dont Junon parle de son héros :

> Et malgré moi la destinée
> Gardera ce faquin d'Énée !

Scarron avait l'intention de publier un livre chaque mois; le second ne parut qu'à la fin de juin. Perrin ne s'aperçut pas probablement que parmi ses vers les plus sérieux il en était d'aussi burlesques parfois que ceux du *Virgile travesti.*

Les anciennes traductions sont celles d'Octavien de Saint-Gelais (1509), de Louis des Mazures (1578, 1580, 1588), et des frères Le Chevalier d'Agneaux (1582, 1583, 1607).

Que penser de ces vers qu'il prend la peine de citer comme des arguments décisifs et triomphants de l'excellence de son système :

La sombre nuit autour roule son ombre creuse (1).

Ou bien :

Et tout tremblant et mort à bas tombe le bœuf (2).

Il y avait sans doute beaucoup d'inexpérience chez Perrin, âgé de vingt-trois ans à peine lorsque cette traduction des six premiers livres de l'*Énéide* fut achevée d'imprimer (avril 1648). Il reconnaît lui-même qu'il les avait négligés dans l'incertitude du succès de cette entreprise, et que dans ce doute il les avait donnés au public sans nom et sans aveu; mais on ne peut s'empêcher de constater, dès à présent, que si la traduction des six derniers livres, publiée dix ans plus tard, n'offre pas les mêmes bizarreries, elle n'en est pas moins d'une faiblesse et d'une insignifiance rares.

Perrin dédia ces six premiers livres de l'*Énéide* à Mazarin, en lui adressant une épî-

---

(1) Nox atra cava circumvolat umbra.
(2) Sternitur, exanimisque tremens procumbit humi bos.

tre entièrement dans le goût du temps. C'est encore Pierre Moreau qui les imprima avec les nouveaux caractères de son invention. L'édition en est donc assez curieuse par ce seul fait ; chaque livre est de plus accompagné d'une gravure en taille-douce ; deux au moins de ces gravures, ainsi qu'un assez joli frontispice, sont d'Abraham Bosse (1).

Jusqu'à présent Perrin ne nous est connu que comme poëte et semble n'avoir exercé aucun emploi, ni acheté aucune charge ; c'est seulement dans un acte de janvier 1653 que nous le trouvons prenant les titres de : « Con-« seiller et Maistre d'Hostel ordinaire du « Roy et de Son Altesse Royale Madame la « duchesse d'Orléans. » Les états de la Maison des princes conservés aux Archives nationales ne sont pas complets ; les copies faites au dix-huitième siècle, d'après divers documents, à la suite de la destruction des registres

---

(1) *L'Énéide de Virgile traduite en vers françois, première partie contenant les six premiers livres : avec les remarques du traducteur aux marges, pour l'intelligence de la carthe et de l'Histoire ancienne, véritable et fabuleuse. Dédiée à Monseigneur l'éminentissime cardinal Mazarin. A Paris, des caractères de P. Moreau, seul imprimeur et graveur ordinaire du Roy, de la nouvelle imprimerie par lui faite et inventée. Et se vend chez sa vesve, vis-à-vis l'horloge du Palais. Avec privilége de Sa Majesté*, 1648.

de la cour des Aydes, sont loin d'être irréprochables et confondent souvent des pièces relatives à différentes maisons royales. Nous n'avons donc aucune preuve pour les années antérieures à 1653. Quant aux conjectures, si l'on veut s'en contenter, on peut remarquer que dès octobre 1648 Perrin composa un sonnet *sur l'attente de l'accouchement de Madame lors de la paix de Saint-Germain* (1); puis, au mois d'août 1650, il présenta au duc et à la duchesse d'Orléans quinze sonnets héroïques sur la naissance de leur fils, le duc de Valois (2). La première partie de ces sonnets était *pour le petit prince;* la seconde partie, *pour la famille royale,* dont aucun membre n'était oublié. Il y avait un sonnet pour le Roi, la Reine, Monseigneur le duc d'Anjou, Madame, Mademoiselle, Mademoiselle d'Orléans, et deux sonnets pour Son Altesse Royale. Enfin notre poëte célébra encore sous la même forme la guérison de la Grande Mademoiselle, qui avait échappé à la petite vérole sans en conserver les marques, et, en 1652, il la félicita, toujours par

---

(1) *Recueil de Poésies de M. Perrin*, Paris, 1655, p. 156.
(2) Ces sonnets se trouvent dans le recueil de 1655 et dans celui de 1661.

un sonnet, de son entrée dans Orléans.

Cette grande quantité de sonnets, tous composés en l'honneur de la famille de Monsieur, peut laisser supposer que dès 1648 Perrin appartenait à la maison de ce prince; en tout cas, la cour de Gaston n'était plus brillante comme autrefois; on était en pleine Fronde, et Perrin, qui, quelques années plus tôt, au milieu de tant de fêtes où ne régnait pas l'atticisme le plus pur, eût trouvé l'occasion d'utiliser sa verve poétique, parfois un peu triviale, ne l'exerça que par les sonnets que nous venons de mentionner.

Nous approchons d'un événement dont les suites fatales pesèrent sur Perrin pendant de longues années. Nous voulons parler de son mariage. Les biographes, sans y attacher grande importance, se sont bornés à répéter ce qu'en dit Tallemant des Réaux. Nous avons été assez heureux pour découvrir des documents inédits qui viennent tout à la fois compléter son témoignage et fournir l'explication de faits peu connus ayant eu les plus graves conséquences pour Perrin, et qui par suite appartiennent à l'histoire des origines de l'opéra.

Pierre Perrin se maria donc âgé de vingt-sept à vingt-huit ans. Il épousa une dame Élisabeth Grisson, veuve Lallemand, puis en secondes noces veuve La Barroire, et comptant ses soixante et un ans bien révolus.

Mais laissons d'abord la parole à Tallemant. Son récit, empreint d'une grande sincérité, a une telle saveur de caquetage contemporain, il décrit d'une façon si piquante ce mariage imprévu, que les types dépeints y apparaissent vivants à nos yeux. Rien n'est plus propre à nous initier aux mœurs, au caractère des personnages avec qui nous allons faire connaissance. Ce que nous aurons occasion d'ajouter à l'anecdote ne fera que contrôler son exactitude et démontrer à quel point les *Historiettes* sont de l'histoire.

« La Barroire s'appelloit Bizet (Pierre), et estoit filz d'un riche marchand de la Rochelle. Il espousa icy la fille de M. L'Hoste, beau-frère de l'intendant Arnaut. Après il achepta un office de conseiller au Parlement qui lui cousta onze mille escus (5 février 1621). Il se présenta pour estre receû : c'estoit une grosse beste ; mais son beau-père avoit du crédit ; on le reçeût à cause de luy...

« Cet homme se maria en secondes nopces avec la veuve du lieutenant-criminel L'Allemand (qui avoit été deux fois marié) ; elle estoit catholique et s'appelloit Grisson en son nom ; c'est une assez bonne famille de Paris. Cette femme n'avoit pas la plus grande cervelle du monde; mais avant que d'espouser ce dada, c'estoit une femme qui pouvoit passer. Il ne la traitta pas trop bien ; il estoit fort avare, elle devint avare avec luy... Dans la Fronderie, La Barroire estoit toujours de l'avis de M. de Broussel, mesme avant qu'il eûst parlé. Sa femme eust peur qu'il ne gastat quelque chose, et trouva moyen de l'emmener en Touraine où il avaist du bien. De retour, il fit la plus grande sottise qu'il fit jamais; car il luy en cousta la vie. Un sergent de son quartier se servoit d'une certaine emplastre pour la goutte, et, de peur que cette drogue ne la fit remonter, il se purifiait avec un certain sirop. Nostre sénateur se mocqua de cette précaution, et la goutte l'estrangla.

« La veuve en liberté fit bien voir que son mary tout beste qu'il estoit, lui estoit pourtant nécessaire; car elle concubina avec le bailly du faubourg Saint-Germain, qui logeoit chez elle ; il lui escroqua quelque argent. Après, elle fit encore pis ; car, ayant veû chez sa voisine la veuve d'un peintre flamand nommé van Mol qui est une grande estourdie, un garçon appelé Perrin, qui a traduit en meschans vers françois l'*Énéide* de Virgile, elle s'esprit de ce bel esprit; et quoy qu'elle eust soixante et un ans, elle l'espousa en cachette. Pour ses raisons elle disoit que le filz du premier lict, et son propre filz à elle qui est conseiller présentement (1), la méprisoient. Il est vray qu'ils en parloient fort mal; mais elle avoit déjà fait cette extravagance. Ils disent qu'un conseiller de la grande Chambre l'avoit voulu espouser, mais qu'elle avoit respondu qu'elle estoit lasse des vieilles gens...

---

(1) Gabriel Bizet de la Barroire, conseiller en 1653, succédant à son père.

Elle fist venir, un matin, des tours de cheveux de toutes couleurs, hors de gris et de blancs, pour plaire davantage à M. Perrin, à qui les deux frères fermèrent la porte quelques jours après, comme cette femme fust tombée malade. Il y alla avec le lieutenant civil, mais il n'entra pourtant pas ; il avoit affaire à un conseiller au Parlement. Cette femme revenue de sa folie, déclara que la van Mol l'avoit enyvrée en meslant du vin blanc avec du clairet, et il y en avoit quelque chose. Après elle mourut, et Perrin n'eust rien que ce qu'il avoit pu tirer du vivant de sa femme. Perrin et la van Mol s'entendoient (1). »

La veuve van Mol, *la grande estourdie,* qui joua dans cette aventure passablement romanesque un rôle assez actif, n'était-elle en tout ceci qu'une simple médiatrice ? N'y avait-il pas entre elle et Perrin d'autres liens que ceux de l'amitié ? Nous l'ignorons. Mais ce que nous pouvons dire, c'est qu'elle témoigna toujours au pauvre poëte un dévouement sans bornes, et de tout temps nous la verrons essayer, dans la mesure de ses moyens, de le tirer des mauvais pas où il se trouvera engagé. Elle a le droit, à ce titre, de figurer avec quelques détails dans la biographie de Perrin.

---

(1) Le clairet était de l'eau-de-vie dans laquelle on avait fait infuser des épices, et qu'on sucrait ensuite.

Elle s'appelait de son nom de famille Anne van der Beurch et avait épousé un peintre nommé Pierre van Mol, élève de Rubens, qui avait du talent et jouissait de quelque réputation. Il était peintre du Roi et fut, en 1648, l'un des fondateurs de l'Académie royale de peinture et de sculpture de Paris.

Les époux van Mol s'étaient établis rue Taranne; dans la même rue était située la maison de madame La Barroire, « à côté de la porte pour entrer dans l'église de la Charité ». La veuve du conseiller, ex-maîtresse du bailly de Saint-Germain des Prés, et la veuve du peintre, l'amie dévouée du garçon bel esprit que nous connaissons, pouvaient donc se fréquenter tout à leur aise.

Les rapports de voisinage entre les deux veuves allaient même jusqu'à ces petits services journaliers ou de peu de conséquence, qu'autorise seule une grande intimité. La van Mol, d'après le testament de son amie, lui empruntait tout aussi bien « douze escus blancs de trois livres dix sols », qu'une simple paire de draps; mais quelle qu'ait pu être son influence et celle du *clairet* sur sa vieille voisine amoureuse, on ne peut s'empêcher de remarquer que la fiancée eut tout le loisir de peser les conséquences de l'acte qu'on lui conseillait. Le mariage ne se fit pas tout d'un coup, comme un mariage de comédie. Il fut précédé de préliminaires indispensables, exigeant forcément tant soit peu de réflexion : il fallut obtenir près de l'archevêque de Paris la dispense des trois bans; il fallut discuter les clauses d'un contrat de mariage passé en bonne et due forme, par-devant notaire, le 22 janvier 1653 (1). Tout cela ne prouve-t-il pas des intentions bien arrêtées? D'ailleurs, nous l'avons vu, la future avait une idée fixe; elle aimait la jeunesse, et était lasse des vieilles gens.

Tout ce que l'on peut croire d'après ce qu'insinue Tallemant, c'est qu'au dernier moment la fiancée sexagénaire semble avoir hésité. La pensée qu'elle a un fils de vingt ans déjà conseiller au Parlement, le mystère dont il faut s'entourer, l'émotion bien légitime au moment de prendre, même pour la troisième fois, un engagement solennel, tout l'agite et la trouble au point de lui causer des défaillances. C'est alors que la *grande estourdie,* la digne amie du jeune époux, inter-

---

(1) Archives nationales, *Registre des Insinuations*, Y, 190.

vient et use du procédé qu'elle sait infaillible, il faut croire, « le vin blanc meslé avec du clairet ».

Que ce soit ou non grâce à cet argument décisif, le mariage fut célébré, et Pierre Perrin quitta les communs de la duchesse d'Orléans, rue de Tournon, où il habitait, pour venir demeurer rue de Taranne, sous le toit conjugal. Les parents de la mariée blâmèrent une telle alliance, mais, au dire du mari, ils en prirent promptement leur parti; le fils même serait venu habiter avec les nouveaux époux (1).

Ce n'étaient pas seulement les avantages pécuniaires immédiats faits à Perrin, que d'ailleurs il trouvait « médiocres », qui l'avaient décidé à contracter une union aussi disproportionnée; il y voyait encore le crédit qui allait résulter pour lui de sa nouvelle position (2). Il ne pouvait donc tarder à essayer

---

(1) Placet au Roy de Perrin. (Archives de la Comédie française.)

(2) D'après les clauses du contrat de mariage, la veuve La Barroire apportait à la communauté deux mille cinq cents livres de rente, y compris le revenu d'une partie de la maison de la rue Taranne, les époux devant habiter l'autre partie; la moitié de ses meubles, plus une somme de vingt mille livres. Mais elle se réservait « de pouvoir disposer du reste de son bien en faveur de son fils ou d'autres ». De son côté, Perrin ne

d'en profiter, et voici en quelle occasion.

On a dit souvent que Pierre Perrin avait succédé à Voiture dans sa charge d'introducteur des ambassadeurs et princes étrangers près la personne de Son Altesse Royale Monseigneur le duc d'Orléans. Ceci n'est pas tout à fait exact. Le poëte Vincent Voiture étant mort le 27 mai 1648, son successeur direct fut Bénigne Bruno, abbé commendataire de Saint-Cyprien, et déjà pourvu de la place d'intendant et garde des cabinets et raretés du même prince (1). Perrin traita, en

---

devait apporter que la somme de vingt mille livres. Les époux se faisaient donation entre-vifs de la somme de cinq mille livres, et un préciput réciproque fut fixé à trois mille livres. En cas de prédécès de sa femme, Perrin avait droit à son habitation dans la maison pendant deux ans. (Archives nationales, Y, 190.)

(1) Bénigne Bruno, après avoir cédé sa charge d'introducteur des ambassadeurs, se consacra entièrement aux riches collections de curiosités, de médailles, de miniatures, d'estampes, de livres imprimés et de manuscrits que Gaston d'Orléans possédait. Le Roi ayant hérité de toutes ces merveilles à la mort de son oncle, en 1660, fit ordonner par Le Tellier à Bénigne Bruno de « veiller soigneusement à la conservation de tout ce qu'il avait en sa garde, et d'en dresser un inventaire exact; l'empressement et la fidélité avec lesquels ce dernier exécuta les ordres de Sa Majesté lui méritèrent l'intendance du Cabinet des Médailles et Antiques, vacante en 1664, par la mort de Jean de Chaumont ». (*Essai historique sur la Bibliothèque du Roi*, par LE PRINCE.) Mais l'érudit conservateur ne jouit pas longtemps de cette haute position; il fut assassiné en 1666, par un voleur qui s'était introduit dans le Louvre pour y voler des médailles.

mars 1653, avec le nouveau titulaire de cette charge d'introducteur des ambassadeurs. Si on l'en croit, le prix fut fixé à la somme de trente mille livres, et il en acquitta une partie de ses deniers, disons plus vraisemblablement de ceux de la veuve. Il prit des engagements pour payer le surplus ; c'est là que sa femme lui fut utile, sinon même indispensable.

Le 2 avril 1653, par deux actes différents, passés par-devant Me Pierre Muret, il se reconnaissait débiteur envers Nicolas Pinette, trésorier du duc d'Orléans, de la somme de douze mille livres, et envers Bénigne Bruno de celle de six mille livres. Sa femme, Élisabeth Grisson, signait aux deux contrats et s'engageait solidairement avec son époux. Le 8 avril, six jours après, tous les deux signaient, toujours solidairement, chez le même notaire une nouvelle reconnaissance en faveur de Jacques Desforges, sieur de Germinon, conseiller au Parlement de Metz, qui prêtait une somme de cinq mille livres, et ils lui donnaient encore, par un second acte de même date, hypothèque et privilége sur cette fameuse charge d'introducteur des ambassadeurs.

M. le conseiller Gabriel Bizet de La Barroire avait assez bien accepté, d'après Perrin, le mariage de sa mère. Si cela est vrai, il ne l'est pas moins qu'il changea complétement d'avis quand il eut connaissance des engagements que l'on faisait signer à la nouvelle épouse. Celle-ci étant tombée malade, il fit en sorte de regagner à temps toute l'influence qu'un jeune mari avait pu lui disputer.

En effet, dès le 1ᵉʳ mai suivant (1653), Élisabeth Grisson, femme Pierre Perrin, déposait une plainte contre son mari devant messire de Beausoleil, bailli de Saint-Germain des Prés, et demandait l'annulation de son mariage. Ses fils et beau-fils se mirent d'accord et réussirent à expulser du toit conjugal celui qu'elle y avait fait entrer en maître, trois mois auparavant. Enfin, deux jours après, soit le 3 mai, « estant au lict malade en une petite chambre, au premier étage ayant veue sur le jardin, toutefois saine d'esprit, mémoire et entendement, ainsi que par ses gestes, parolles et maintien il est apparu aux notaires », la pauvre désillusionnée dictait son testament à Mᵉ Pierre Muret et à son collègue.

L'instruction des griefs invoqués pour

obtenir la rupture du mariage ne fut pas longue; messire de Beausoleil, le bailli de Saint-Germain des Prés, qui ne pouvait aimer beaucoup celui qui l'avait supplanté dans les bonnes grâces de la trop galante veuve, et le lieutenant civil du Châtelet, tous les deux poussés par La Barroire, accélérèrent les choses (1). Aussi, dès le 26 mai, par sentence de l'Official de Saint-Germain des Prés, le mariage de Pierre Perrin et d'Élisabeth Grisson fut-il déclaré nul et clandestin, avec défense faite aux parties d'habiter ensemble (2).

Malheureusement cette sentence manque aux Archives nationales, dans les minutes très-incomplètes de l'Official. Il est probable qu'elle nous eût fourni de piquants détails sur la façon dont le mariage avait été conclu.

Le fils La Barroire, enfin maître de la situation, se fit faire par sa mère, le 3 juillet suivant, une donation générale entre-vifs que

---

(1) Ce bailli, qualifié par Perrin d'*homme de la cabale* de La Barroire, avait donc fait oublier au fils le triste rôle qu'il avait joué auprès de sa mère? Dans tous les cas, sa réputation était assez mauvaise. Tallemant des Réaux, le bien informé, ne l'a guère ménagé dans le passage que nous lui avons emprunté; il le traite même encore de fripon dans son historiette sur Ninon de Lenclos.
(2) Archives nationales, Y, 190.

la donatrice, toujours malade, ne put signer, « attendu l'indisposition de ses mains (1) ». Mais les conséquences des garanties que celle-ci avait bénévolement consenties, ne tardèrent pas à venir encore troubler son repos.

Bénigne Bruno, le successeur de Voiture, réclama le payement des six mille livres souscrites à son profit, ainsi que des douze mille livres consenties à celui de Pinette, qui lui avait transféré ses droits par-devant notaire. Il fit lui-même un nouveau transport de ces douze mille livres en faveur d'un nommé Chrétien Martin, lieutenant aux eaux et forêts de Bourgogne. Perrin ne payant pas, Bénigne Bruno attaqua l'ex-femme de son débiteur en raison de ce qu'elle s'était portée caution pour lui, et François Desforges en fit autant.

Madame La Barroire, qui ne se releva pas de la maladie dont elle fut atteinte un peu avant sa rupture avec Perrin, mourut pendant le procès. Son fils, condamné, par sentence des requêtes du Palais du 18 juillet 1654, à rembourser Jacques Desforges, transigea

---

(1) Archives nationales, Y, 190. Cette donation fut insinuée le 12 juillet.

avec Bruno et Martin, le 31 juillet suivant, moyennant sept mille cinq cents livres payées comptant, et ceci sans attendre le jugement qu'on allait prononcer en leur faveur (1). On maintint toutefois au profit de Martin l'opposition mise entre les mains d'un sieur Duquesnay, pour ce qu'il pouvait devoir encore à Perrin, sur le prix de sa charge de maître d'hôtel. Gabriel La Barroire conserva naturellement son recours contre son ex-beau-père, pour la somme qu'il venait de payer à Bruno, de même que pour ce qui était dû à Desforges, et il se hâta de l'exercer.

C'était une grosse affaire que ce procès à soutenir contre un membre du Parlement, et Perrin n'était pas de taille à se mesurer avec un aussi redoutable adversaire. Cependant les lenteurs, les complications de la procédure étaient telles à cette époque que la lutte put se prolonger durant plusieurs années.

Perrin, d'autre part, avait interjeté appel comme d'abus de la sentence de l'Official, qui avait annulé son mariage, et nous verrons que de ce côté les choses ne marchèrent pas plus vite.

---

(1) Minutes de Me Pierre Muret.

Si la situation faite à Perrin par tous ces événements devenait de plus en plus difficile, ce n'est toutefois que plus tard qu'elle arriva à son état aigu. Aussi, au milieu de tous ces soucis de chicane et de procédure, accompagnés probablement de difficultés à pourvoir aux besoins de chaque jour, il paraît avoir conservé une certaine sérénité. Gaston d'Orléans avait été exilé à Blois en 1653, et par suite la fonction d'*introducteur des ambassadeurs et princes estrangers* devenait une sinécure ; ce n'était pas en tout cas une grasse sinécure, car les états de liquidation de Monsieur nous donnent la preuve que les appointements de Perrin n'étaient pas payés (1). Enfin il pouvait toujours se parer de son titre, le seul qu'il eût conservé, puisqu'il s'était défait de sa charge de maître d'hôtel en la cédant, comme on l'a vu, au nommé Duquesnay.

Il n'en continuait pas moins très-courageusement sa traduction de l'*Énéide* et rimait toujours. En 1655, il fit réimprimer son poëme : *la Chartreuse, ou la Sainte Soli-*

---

(1) Bibliothèque de l'Arsenal. Estats de liquidation des debtes de feu Monsieur duc d'Orléans. — *Manuscrits*, 4213.

tude (1), et publia un recueil dans lequel furent insérés ses premiers vers, les *Jeux de poésie sur les insectes*, les sonnets dont nous avons parlé et quelques pièces diverses, ses dernières compositions (2).

Ce nouveau recueil de poésies est dédié à celle qui paraît avoir succédé dans les affections du poëte à la veuve La Barroire, à une dame M. C. M. La dédicace, écrite en style d'amoureux fortement épris, ne permet toutefois de hasarder aucune supposition sur le nom de la belle qui lui inspirait des images aussi passionnées. Ce volume renfermait encore, entre autres curiosités, un madrigal d'une trivialité si rebutante qu'on le supprima plus tard dans une nouvelle édition.

---

(1) *La Chartreuse, ou la Sainte Solitude*, par M. PERRIN, 3ᵉ édition, Paris, Jean Henault, 1655, in-12. — Nous copions ce titre sur l'exemplaire de la bibliothèque de l'Opéra. D'un autre côté, Brunet indique Robert Denain comme le libraire de cette troisième édition. Dans tous les cas, l'exemplaire de l'Opéra renfermant le poëme de Perrin bien complet est paginé de la page 99 à la page 132 avec le mot : Fin; de plus, le titre, fait après coup, est imprimé sur un papier différent. Nous signalons cette particularité sans chercher à l'expliquer.

(2) *Recueil de Poisies* (sic) *de M. Perrin. Reveües par l'autheur*. Paris, Jean Henault, 1655, in-12. (Achevé d'imprimer le 1ᵉʳ août 1655. Collection Er. Thoinan.)

II

PERRIN ÉCRIT DES PAROLES POUR ÊTRE MISES EN MUSIQUE. — IL PUBLIE LA SECONDE PARTIE DE L'*Énéide*. — ROBERT CAMBERT. — SON PREMIER ESSAI DE MUSIQUE DRAMATIQUE, L'ÉLÉGIE DE LA *Muette ingrate*. — PERRIN ET CAMBERT COMPOSENT LA PASTORALE. — EMPRISONNEMENT DE PERRIN A SAINT-GERMAIN DES PRÉS. — REPRÉSENTATION DE LA PASTORALE A ISSY.

Jusqu'a présent, Perrin n'avait encore fait imprimer aucun de ses vers destinés à être mis en musique. C'est, du reste, croyons-nous, vers cette époque qu'il dut commencer à cultiver ce genre de poésie et qu'il se lia avec plusieurs compositeurs. Il savait sans doute quelque peu de musique, comme l'indique une phrase de l'Avant-propos du volume qu'il publia en 1661, et dans laquelle il semble se poser en poëte musicien. Ce même volume contient aussi deux chansons, dont la musique des seconds couplets aurait été « composée par l'autheur ». Cela veut-il dire par l'auteur des paroles? C'est possible. Quoi qu'il en soit, le premier essai de poëme lyrique que nous connaissons de lui est un noël fait pour Mademoiselle d'Orléans, à Blois, en 1655 (1), et qu'Étienne Moulinier, intendant de la musique de Gaston d'Orléans, avait composé.

La quantité de pièces diverses qu'il écrivit pour les musiciens est vraiment considérable. Airs de cour, dialogues, récits, noëls, sarabandes, motets, cantiques, vaudevilles, airs à boire et chansons de toutes sortes furent mis en musique tour à tour par Étienne Moulinier, Jean de Sablières, Perdigal, Michel Lambert, Robert Cambert, Jean Cambefort, Jean-Baptiste Boesset, François Pinel, Martin, La Roche, Tournier, Blondel, Bacilly, Expilly, Dumont et plusieurs anonymes.

Jean de Sablières est le musicien avec lequel Perrin collabora le plus souvent pour ces airs détachés; Perdigal en composa aussi un grand nombre (2), mais après eux ce fut à Michel

---

(1) Ce noël fut inséré dans les œuvres de l'auteur, édit. de 1661, p. 228.

(2) Nous avons compté plus de quarante compositions de Sablières et plus de trente de Perdigal sur des paroles de Perrin.

Lambert, à Robert Cambert, à J. B. Boesset et à Étienne Moulinier que le poëte s'adressa de préférence.

Nous retrouverons Sablières, le premier de ces artistes, qui, particulièrement lié avec Perrin, fut entraîné par lui dans les négociations auxquelles l'Opéra donna lieu ; mais, ainsi que Perdigal, il ne se fit guère connaître en tant que musicien que par la composition d'une grande quantité d'airs détachés. Michel Lambert, on le sait, était alors le chanteur à la mode, recherché de tous, et faisant par son inexactitude proverbiale le désespoir de ses admirateurs. Étienne Moulinier, de la maison de Gaston, comme nous l'avons dit, était un musicien savant, auteur, en dehors de ces petites compositions, d'œuvres plus considérables, telles que messes, ballets et morceaux symphoniques. Boesset fut surintendant de la musique du Roi et de la Reine, et collabora plus tard avec Perrin pour son troisième opéra. Pour ce qui est de Cambert, il était alors à peu près inconnu. Son talent lui fit bientôt obtenir deux places importantes qui le mirent plus ou moins en évidence ; mais c'est surtout à sa liaison avec Perrin, à l'échange d'idées qui en résulta et à leurs communs efforts pour atteindre un but poursuivi avec une persévérance à toute épreuve, qu'il dut la célébrité désormais attachée à son nom ainsi qu'à celui de son collaborateur.

Notre compositeur appartenait à une famille exerçant, de père en fils, la profession de fourbisseur. Son grand-père, qui s'appelait aussi Robert, habitait en 1592 avec sa femme Claude Forfait la paroisse de Saint-Barthélemy dans la Cité. Deux de ses fils, Constant (1) et Robert, furent comme lui fourbisseurs, et c'est ce dernier qui fut le père du musicien. Marié avec Marie Moulin, il eut en 1615 une fille du nom de Marguerite, baptisée le 27 septembre de cette même année. Quant à la date de la naissance de celui qui devait illustrer la race des Cambert, et qui naquit également à Paris, nous n'avons pu la trouver. D'après quelques auteurs, muets malheureusement sur la source de leur information, Robert Cambert, mort en 1677, aurait

---

(1) Constant Cambert habita successivement les paroisses de Saint-Germain l'Auxerrois, de Saint-Eustache, de Saint-Étienne du Mont. Il avait épousé Louise Beaumont et en eut plusieurs enfants. Ceux que nous connaissons s'appelaient Robert, Catherine, Gilbert et Jean. Ces renseignements proviennent de notes prises par l'un de nous sur les registres de l'état civil de Paris avant leur destruction en 1871.

été âgé alors de quarante-neuf ans, ce qui porterait sa naissance à l'année 1628, date en effet très-admissible.

On ne sait qu'une seule chose sur la jeunesse de Cambert, c'est qu'il fut élève de Jacques Champion, sieur de Chambonnières, très-habile organiste, mais plus célèbre encore comme claveciniste (1).

Il se maria le 30 juin 1655 avec Marie Du Moustier, fille d'un tailleur de Pontoise (2). Dans son acte de mariage il est simplement qualifié du titre d'organiste; ce n'est donc que plus tard qu'il fut appelé à remplir les

---

(1) La dynastie des artistes du nom de Champion commence avec Thomas Champion dit Mithou, organiste et joueur d'épinette des rois Charles IX et Henri III. Son fils, Jacques Champion, sieur de la Chapelle, lui succéda et servit sous Henri IV et sous Louis XIII. A son tour il passa la survivance de sa place à son fils Jacques Champion, sieur de Chambonnières, qui l'exerça jusqu'à sa mort, arrivée vers 1670. Cependant, dès 1656, il avait déjà comme survivancier dans sa charge, son frère Nicolas Champion, sieur de la Chapelle. Chambonnières figurait dans les ballets du Roi; nous le voyons, notamment dans le *Ballet de la Nuit*, dansé en 1653, remplir deux rôles, celui d'un bourgeois attaqué par des filous, et celui de Vulcain.

(2) « Le mardy 30ᵉ jour de juin 1655, trois bans publiés à Saint-Eustache, et dans cette paroisse, ont esté fiancez, le dimanche 27ᵉ du présent mois, et mariés Robert Cambert, organiste, natif de Paris, fils de feu Robert Cambert et de Marie Moulin, de la paroisse de Saint-Eustache, et Marie Du Moustier, fille de feu Jacques Du Moustier, vivant tailleur d'habits à Pontoise (Saint-Jean en Grève). » *Dict.* de JAL, p. 309.

fonctions d'organiste de l'église collégiale de Saint-Honoré (1).

On n'ignore pas qu'en 1657, pour célébrer le retour en France du cardinal Barberin, Perrin fit des paroles sur une sarabande de Cambert, mais les autres pièces des mêmes auteurs étant sans date, il est impossible de préciser en quelle année ils firent connaissance.

Quel est celui des deux qui, frappé du succès des opéras italiens, conçut le premier la pensée de doter son pays d'un nouveau genre dramatique ? Quoique leurs deux noms soient inséparables désormais, et qu'il faille les confondre dans l'honneur qui leur revient, il y a cependant quelque intérêt à rechercher la vérité sur ce point.

Il a été facile à Perrin, publiant de nombreux écrits à ce sujet, de revendiquer pour lui seul le mérite de l'initiative. Cambert, d'un caractère très-modeste, peu homme du monde, selon le reproche de Saint-Évre-

---

(1) Cette église occupait l'emplacement du cloître Saint-Honoré sur lequel sont bâties les maisons du côté de la rue Montesquieu. Malgré plusieurs lectures très-attentives, nous n'avons pu trouver dans les *registres du chapitre de l'église séculière et collégiale de Saint-Honoré* (Arch. nat., LL, 80) la mention de la nomination de Cambert. Nous y avons trouvé seulement la nomination de Simon Lemaire, nommé organiste à sa place, le lundi 3 septembre 1674.

mond, écrivant d'ailleurs beaucoup moins que son collaborateur, n'eut guère l'occasion de s'en expliquer publiquement. Ce serait lui pourtant qui, contrairement à la tradition consacrée jusqu'à ce jour, aurait entrevu le premier dans les œuvres des Italiens un exemple à suivre et un avenir de progrès pour notre musique dramatique, s'il est permis de décorer de ce titre les essais informes tentés jusqu'alors en France.

Voici, du reste, comment Cambert s'exprime dans un mémoire adressé au Roi ou à son ministre. Cette pièce, jusqu'ici inconnue, nous paraît être une minute autographe. Elle a été d'une extrême importance pour nous guider dans nos recherches, et nous aurons à y revenir en plusieurs occasions. Pour le moment, nous nous contenterons d'en détacher les lignes suivantes :

« Ayant toujours eu en pensée d'introduire les comédies en musique comme on en faisoit en Italie, je commençay en 1658 à faire une élégie à trois voix différentes en espèce de dialogue, et l'on venoit en entendre les concerts, et cette élégie s'appeloit la *Muette ingratte*. M. Perrin ayant entendu cette pièce qui réussissoit avec succez et qui n'ennuyoit point quoiqu'elle durât tant en symphonies qu'en récits trois bons quarts d'heure, prit de là envie de composer une petite pastorale (1)... »

L'accent de sincérité dont ce précieux document porte l'empreinte, la simplicité avec laquelle il est écrit nous semblent des garanties suffisantes. Aussi croyons-nous à la parole de son auteur quand il affirme qu'il avait toujours eu la pensée d'introduire en France les comédies en musique. D'ailleurs, il nous donne la preuve que cette pensée se trouvait avoir été en grande partie réalisée par lui avant qu'il eût été question de la *Pastorale*. Il nous révèle ainsi un fait d'histoire musicale curieux et ignoré, un premier essai de pièce lyrique française imitée des Italiens, cette élégie dialoguée, mise en musique par Robert Cambert, portant le titre assez singulier de la *Muette ingratte*, et dont l'auteur des paroles est resté inconnu.

Perrin, de son côté, était prêt à suivre Cambert dans cette voie. Depuis longtemps, on l'a vu, il s'était appliqué à écrire des vers

---

(1) Archives de la Comédie française. — A cette époque, une durée de trois bons quarts d'heure indique une œuvre musicale d'une certaine importance. Perrin, dans sa lettre à l'archevêque de Turin, dit que la *Pastorale*, jouée en 1659, ne dura que cinq gros quarts d'heure.

propres à être mis en musique; il les faisait courts, irréguliers, bien coupés pour le rhythme musical. Au point de vue de l'élégance et du bon goût, ils n'en étaient certes pas meilleurs; mais si les pensées n'avaient guère plus d'élévation que les rimes de richesse, les compositeurs n'y regardaient pas de si près et s'en trouvaient satisfaits. Cambert, comme les autres, avait donc volontiers recours à lui; il est alors tout naturel qu'ils aient réuni leurs efforts, et qu'animés de la même confiance, ils se soient occupés sans retard de la mise à exécution de leur projet.

Au commencement de 1658, Perrin avait publié le deuxième volume de sa traduction de l'*Énéide* de Virgile, « achevée depuis longtemps, écrivait-il, mais que les troubles ou publics ou domestiques l'avoient empesché jusqu'icy de donner au jour ». Nous savons maintenant ce qu'il faut entendre par ces troubles domestiques! Il dédia ce deuxième volume au cardinal Antoine Barberin, et, quoiqu'il dise avoir profité de ces dix années écoulées pour polir son œuvre, les derniers chants ne valent guère mieux que les premiers; nous aurons plus tard à en reparler à propos des critiques prodiguées à cette fameuse traduction (1). A vrai dire, les *troubles domestiques* auxquels il fait allusion ne le laissèrent jamais tout à fait en repos; néanmoins, malgré ses démêlés judiciaires, son *Énéide* ayant paru, il put, dans les intervalles d'une audience à l'autre et de ses visites à son procureur, donner tous ses soins à l'œuvre commune.

Les deux collaborateurs eurent le bon esprit de tenir compte autant de leur peu d'expérience que des difficultés qu'ils de-

---

(1) *L'Énéide de Virgile, fidèlement traduite en vers, et les remarques à chaque livre pour l'intelligence de l'Histoire et de la Fable. Enrichie de figures en taille-douce. Seconde partie. Contenant les six derniers livres. Par messire P. Perrin, conseiller du Roy en ses conseils, introducteur des ambassadeurs et princes étrangers près la personne de Son Altesse Royale Monseigneur le duc d'Orléans*. Paris, chez Estienne Loyson, 1658, in-4º. Ce libraire demeurait au Palais, à l'entrée de la galerie des prisonniers, ainsi nommée parce qu'elle était située le long du préau de la Conciergerie. Il y a là tout au moins un rapprochement assez curieux, quand on songe que notre poëte devait être si souvent incarcéré !

Moreau étant mort, et son matériel d'imprimerie n'existant sans doute plus, on ne put se servir de ses caractères de bâtarde comme pour le premier volume, mais on employa un caractère d'italiques se rapprochant autant que possible de la forme des lettres de Moreau. A cette occasion, on refit un nouveau titre pour le premier volume identique avec celui du second que nous donnons ci-dessus, lequel remplaça sur les exemplaires non vendus le premier titre de Moreau. Aucune des gravures du second volume n'est signée; nous doutons fort qu'elles soient de Bosse, comme on l'a dit. L'exemplaire du cardinal Barberin relié à ses armes, et qui est évidemment celui que Perrin lui présenta, fait partie de la collection Er. Thoinan.

vaient rencontrer, avant que leur idée fût réalisée et pût être adoptée par le public. Celui-ci était encore trop peu habitué aux pièces en musique pour qu'on lui soumît une œuvre de cette nature très-développée et d'une longue durée. De plus, il y avait non moins de difficulté à trouver un théâtre que des chanteurs et chanteuses français capables de jouer et de chanter une pièce entière. Il fut donc sage et habile de se décider pour une simple *Pastorale*, d'une exécution facile à tous égards.

Voyons maintenant comment, suivant Perrin, une pièce devait être faite pour être mise en musique. A travers une phraséologie prétentieuse et de vagues généralités, notre poëte, qui se donne beaucoup de mal pour critiquer et même pour condamner sans rémission les opéras italiens, n'arrive qu'à montrer qu'il n'avait aucune idée du théâtre et de ses exigences. Sans s'arrêter à ses critiques à propos de menus détails, tels que l'emploi d'*une langue étrangère inconnue à la pluspart des spectateurs et la longueur des représentations*, il est vraiment curieux de le voir blâmer et de plus considérer comme inutiles non-seulement les récitatifs, les airs vifs, tendres ou passionnés, mais encore l'intérêt, l'action, en un mot, tout ce qui constitue l'essence même du drame, qu'il soit ou non lyrique. Voici, du reste, résumée par lui-même, son étrange poétique en matière d'opéra :

« J'ai composé ma *Pastorale* toute de pathétique et d'expressions d'amour, de joye, de tristesse, de jalousie, de désespoir ; et j'en ay banny tous les raisonnemens graves et mesme toute l'intrigue ; ce qui fait que toutes les scènes sont si propres à chanter, qu'il n'en est point dont on ne puisse faire une chanson ou un dialogue, bien qu'il soit de la prudence du Musicien de ne leur pas donner entièrement l'air de chanson, et de les accomoder au style du Théâtre et de la représentation ; invention nouvelle et véritablement difficile et réservée aux favoris des Muses galantes (1). »

Tout cela est assez peu intelligible, mais la *Pastorale* est là et suffit à elle seule pour expliquer un aussi singulier programme. L'auteur, en effet, s'est fidèlement tenu parole : les mots *victoire, gloire* et *amour, jalousie, désespoir* et *malheur* s'ajoutent les uns aux autres comme au hasard ; les scènes et les actes s'achèvent sans la moindre trace d'une

---

(1) *Œuvres de Poésie* de Perrin, 1661.

action quelconque. Les bergers et les bergères chantent ou se taisent, paraissent ou disparaissent, on ne sait trop pourquoi; ils ne prennent part à aucune espèce d'intrigue, gaie ou triste, bonne ou mauvaise; c'est d'une insuffisance parfaite, d'une monotonie désespérante.

Si les vers de Perrin sont comme toujours plus que médiocres, il est juste de dire qu'en compensation et conformément à son système de poëme lyrique, ils sont « courts et remplis de césures ». Il se croyait dans la bonne voie, et s'il se vante quand il dit que ce qu'il y a de remarquable dans sa pièce, « c'est une manière particulière de traiter les paroles de musique française, dans laquelle il y a des observations et des délicatesses jusqu'icy peu connues et qui demandent un art et un génie tout particulier », il ne faut pas trop lui en vouloir de son peu de modestie, et l'on doit lui pardonner en raison de l'intention.

Cambert se livra tout à loisir à la composition de sa partition; n'ayant point, comme son infortuné collaborateur, des *troubles domestiques* à redouter, il put consacrer le temps nécessaire à la réussite de leur œuvre.

Les documents que nous avons eu le bonheur de découvrir nous permettent même d'affirmer qu'il dut tout organiser à lui seul, puisqu'il lui fallut se passer du concours de Perrin.

En effet, le fils La Barroire n'avait pas lâché prise; il continuait ses poursuites avec acharnement, et celles-ci en arrivaient aux conséquences extrêmes dans un moment qui se trouvait fort mal choisi pour le malheureux poëte.

Dès le 11 août 1656 il y avait eu requête de Gabriel Bizet, sieur de La Barroire, tendant à ce que Perrin fût condamné à lui payer et rembourser la somme de 7,500 livres par lui payée en l'acquit dudit Perrin.

Le 18 août 1656, un arrêt est prononcé qui retient en la chambre de l'Édit les intimés, en ce qui concerne l'appel interjeté comme d'abus de la sentence de l'Official du 26 mai 1653.

Le 12 octobre 1656, Perrin se défend contre la demande en payement de Bizet du 11 août.

Le 13 avril 1657, survient un arrêt d'avant faire droit (1).

Enfin le 30 juin 1657 La Barroire obtient

---

[1] Arch. nat., Parlement, X, 2418.

un arrêt condamnant Perrin à lui rembourser la somme versée à Bruno et Martin, et à payer Desforges (1). Mais notre poëte avait soulevé un incident d'après lequel il voulait que compensation fût faite de ces sommes avec celles qui lui étaient dues, aux termes de son contrat de mariage, prétention à laquelle son adversaire opposa l'instance pendante par suite de l'appel comme d'abus.

A la date du 13 mai 1658, un commandement fut signifié à Perrin, et celui-ci ne s'étant pas exécuté, on revint devant la cour, qui prononça définitivement, le 16 novembre 1658, l'arrêt suivant :

« La cour ordonne qu'itératif commandement sera fait au dit Perrin de payer dans six semaines au dit Bizet la dite somme de sept mil cinq cens livres, et de lui apporter acquit et décharges du dit Desforges, de la somme de cinq mille livres suivant le dit arrêt du trente juin mil six cens cinquante-sept, autrement et à faute de ce faire y sera contraint *par emprisonnement de sa personne* en vertu du présent arrêt (2). »

Les six semaines écoulées, Perrin n'avait pas payé. Obtint-il un délai ou réussit-il à se

---

(1) Arch. nat., Parlement (minutes), X[1B], 1922.
(2) *Ibid.*, X[1B], 1978.

cacher quelques jours? Nous l'ignorons, mais nous savons que Fournier, huissier sergent à cheval au Châtelet, l'amena prisonnier ès prisons de Saint-Germain des Prés, et ainsi que nous avons pu le voir sur le registre d'écrou de la geôle, c'est le 23 janvier 1659 que l'introducteur des ambassadeurs près Monseigneur le duc d'Orléans, le poëte Pierre Perrin fut incarcéré (1). Il subissait pour la première fois, croyons-nous, la dure épreuve de la contrainte par corps. Ce ne devait pas être la dernière!

Voilà Cambert obligé de procéder seul à la mise en scène de l'œuvre commune. La scène française ne comptant alors que des acteurs tragiques ou comiques, sa première préoccupation dut être naturellement de former un personnel capable de chanter sa musique. Il lui fallait quatre chanteurs et trois chanteuses, ce furent des particuliers qu'il sut déterminer à lui prêter leur concours. Quant au choix du local, ne trouvant pas à Paris un endroit convenable, on s'adressa à De La Haye, orfévre du Roi, comme son père, et qui avait

---

(1) Arch. nat., Saint-Germain des Prés. Escrous de la geole et prisons de ce bailliage, Z^2, 3618.

à Issy une superbe maison de campagne. Tout fut assez rapidement organisé pour la solennité projetée, et vers la fin d'avril la *Pastorale* fut représentée.

D'après le registre d'écrou, c'est seulement le 24 septembre suivant que Perrin recouvra sa liberté; il en résulte ce fait assez piquant que le poëte infortuné ne put assister à l'épanouissement de son œuvre, au succès si ardemment souhaité des comédies françaises en musique!

Le jour de la première représentation, les amateurs affluèrent de tous côtés; mais la salle dans laquelle le théâtre avait été dressé ne pouvant contenir qu'un nombre restreint de spectateurs, trois cents environ, force fut donc à beaucoup de ceux qui étaient venus de rester au dehors ou de revenir un autre jour.

Ici nous ne saurions mieux faire assurément que de laisser la parole aux contemporains; leurs récits nous donneront la note juste, en nous disant l'effet produit par cette fameuse *Pastorale*.

Voici d'abord Loret, qui écrivait dans sa *Lettre* du 10 mai 1659 :

> J'allay, l'autre jour, dans Issy,
> Village peu distant d'icy,

Pour ouyr chanter en musique
Une Pastorale comique,
Que Monsieur le Duc de Beaufort,
Étant présent, écouta fort,
Et pour le moins, trois cens personnes,
Y comprises plusieurs Mignonnes
Aimables, en perfection,
Les unes, de condition,
Les autres, seulement Bourgeoizes,
Mais si belles et si courtoizes
Qu'à peine voit-on dans les cours
Des objets si dignes d'amours.
L'auteur de cette Pastorale
Est à Son Altesse Royale
Monseigneur le Duc d'Orléans ;
Et l'on l'estime fort, céans ;
C'est Monsieur Perin, qu'il se nomme,
Très-sage et sçavant gentilhomme,
Et qui fait aussi bien des vers
Qu'aucun autre de l'Univers.
Cambert, maître par exellence
En la Musicale science,
A fait l'ut, ré, mi, fa, sol, la,
De cette rare Pièce-là,
Dont les acteurs et les actrices
Plairoient à des Impératrices :
Et, surtout, la Sarcamanan,
Dont grosse et grande est la Maman,
Fille d'agréable vizage,
Qui fait fort bien son personnage,
Qui ravit l'oreille et les yeux,
Et dont le chant mélodieux,
Où mille douceurs se découvre,
A charmé, plusieurs fois, le Louvre.

Enfin, j'allay, je vis, j'ouys,
D'un friand plaisir je jouys,
Et mesmement, j'ûs deux oranges
Des mains de deux vizibles anges,
Dont à cauze qu'il faizoit chaud,
Je me rafraîchis, comme il faut.
Puis, l'action estant finie,
La noble et grande compagnie
Se promena dans le jardin,
Qui sans mentir n'est pas gredin,
Mais aussi beau que le peut être
Le jardin d'un logis champêtre.

En moins de paroles, Charles Perrault, autre témoin, dit dans ses *Mémoires* à peu près la même chose que Loret :

« Ce spectacle, écrit-il à propos des opéras en général, avait commencé par un petit opéra dont messieurs ... faisaient les premiers personnages. Il fut chanté d'abord au village d'Issi, dans la maison d'un orfévre, où il réussit beaucoup. On m'y mena à la première représentation, qui fut applaudie. »

C'est laconique, mais d'une grande précision (1).

---

(1) Rien ne prouve que Saint-Évremond ait été un des spectateurs de la *Pastorale*, car il servit en Flandre jusqu'à la suspension d'armes entre la France et l'Espagne (8 mai 1659). C'est bien des années après qu'il écrivit sur les opéras français dont *il ne vit jamais une représentation, à Paris du moins*, puisqu'il quitta la France en 1661 pour n'y plus revenir. Toutefois, quand il parle de l'Opéra, c'est toujours avec tant d'exac-

Voyons maintenant ce que nous dit Perrin, fort empêché, et pour cause, de parler d'après ses impressions personnelles, mais qui écrivit évidemment son récit d'après les témoignages que durent lui apporter son collaborateur et ses amis au parloir de la geôle. Nous empruntons ce qui va suivre à la lettre bien connue qu'il adressa à l'archevêque de Turin, à propos des représentations de la *Pastorale* (1).

« Vous sçaurez donc, Monseigneur, qu'elle a esté représentée huit ou dix fois à la campagne au village d'Issy, dans la belle maison de Monsieur de la Haye; ce que nous avons fait pour éviter la foule du peuple qui nous eut accablez infailliblement, si nous eussions donné ce divertissement au milieu de Paris. Tout nous favorisoit, la saison du Printemps, et de la naissante verdure, et les beaux jours qu'il fit pendant tout

---

titude et en homme si bien informé (par Cambert peut-être?) que nous croyons devoir citer ce qu'il dit de la *Pastorale* : « Ce fut comme un essay d'opéra qui eut l'agrément de la nouveauté; mais ce qu'il y eut de meilleur encore, c'est qu'on y entendit des concerts de flûtes, ce qu'on n'avoit pas entendu sur aucun théâtre depuis les Grecs et les Romains. »

Il y a une distinction à faire entre le texte même de Saint-Évremond et les notes qui accompagnent les diverses éditions de ses œuvres, car ces notes, dues à des éditeurs, sont assez souvent erronées.

(1) Cette lettre a été évidemment remaniée par son auteur lorsqu'il la fit imprimer en 1661 dans ses *Œuvres de Poésie*, puisque, datée du 30 avril 1659, elle mentionne la représentation de la *Pastorale* à Vincennes, laquelle eut seulement lieu à la fin de mai.

ce temps-là, qui invitoient les personnes de qualité au promenoir de la plaine ; la belle maison et le beau jardin, la salle tout à fait commode pour la représentation, et d'une juste grandeur ; la décoration rustique du théâtre orné de deux cabinets de verdure et fort éclairé, la parure, la bonne mine, et la jeunesse de nos acteurs et de nos actrices, dont celles-cy estoient de l'âge depuis quinze jusqu'à vingt et deux ans, et les acteurs depuis vingt jusqu'à trente, tous bien instruits, et déterminés comme des Comédiens de profession. Vous en connaissez les principaux, les deux illustres sœurs et les deux illustres frères que l'on peut conter entre les plus belles voix et les plus sçavantes de l'Europe, le reste ne les démentoit point. Pour la Musique vous en connoissez aussi l'Autheur, et les concerts qu'il vous a fait entendre chez monsieur l'abbé Charles, nostre amy, ne vous permettent pas de douter de sa capacité (1). Tout cela joint aux charmes de la nouveauté, à la curiositez d'apprendre le succèz d'une entreprise jugée impossible, et trouvée ridicule aux pièces italiennes de cette

---

(1) Cet abbé Charles, qualifié par Loret « d'homme digne d'être exalté, d'homme d'honneur et d'esprit, qui vaut mieux qu'un père conscrit, tant il a de sagesse extrême », donnait des concerts qui étaient en grande réputation, et dans lesquels tous les instrumentistes, les chanteurs et les chanteuses en vogue tenaient à se faire entendre. C'est chez lui, en 1656, qu'Étienne Moulinier fit répéter le service musical du bout de l'an pour son frère Antoine qui s'était tué l'année d'avant en tombant dans une trappe de cave. Nous croyons que c'est cet abbé dilettante que Spon cite parmi les curieux de Paris comme possédant des instruments de toutes sortes et demeurant quai de l'École. L'abbé Charles était peut-être encore un bibliophile distingué, car Talon, un des relieurs de Mazarin, est désigné dans un des comptes de reliures du cardinal comme « relieur de M. Charles ».

nature, représentées sur notre Théâtre; en d'aucuns la passion de voir triompher notre langue, notre Poésie et nostre Musique, d'une musique, d'une poésie et d'une langue étrangère; en d'autres, l'esprit de critique et de censure et dans la meilleure partie, le plaisir singulier et nouveau, de voir que quelques particuliers pour un pur esprit de divertissement et de galanterie donnoient au public à leurs dépens, et exécutoient eux-mêmes la première Comédie Françoise en musique représentée en France. Toutes ces choses attirèrent à sa représentation une telle foule de personnes de la première qualité, Princes, Ducs et Pairs, Mareschaux de France, Officiers de Cours souveraines, que tout le chemin de Paris à Issy estoit couvert de leurs carosses. Vous jugez bien, Monseigneur, que tout ce monde n'estoit pas dans la sale : mais nous recevions les plus diligents, sur des billets qu'ils prenoient de nous, que nous donnions libéralement à nos amis et aux personnes de condition qui nous en demandoient, le reste prenoit patience, et se promenoit à pied dans le jardin, ou faisant dans la Plaine une espèce de cours se donnoit au moins le passetemps du promenoir et des beaux jours. Il me sied mal, Monseigneur, de vous dire à la louange de la pièce, mais il faut pourtant vous le dire, puisque je me suis engagé à vous apprendre le succez, que tout le monde en sortoit surpris et ravy de merveille et de plaisir, et que de tant de testes différentes de capacité, d'humeur et d'intérêts, pas un seul n'eut la force de l'improuver et de s'empescher de la louer en toutes ses parties, l'invention, les vers, la représentation, la Musique vocale et les symphonies. »

On le voit, Perrin n'hésite pas à user de

son droit de collaborateur en confondant, dans son récit, sa personnalité avec celle de Cambert; il lui était difficile en effet de se dire absent dans un pareil moment, sans donner à son correspondant les raisons de cette absence, et, en conscience, lui, l'auteur de la pièce dont il raconte le succès, pouvait-il avouer que, pendant qu'on la représentait, il se trouvait sous les verrous? Cependant, dans son avant-propos de l'édition originale de la *Pastorale* qui se distribuait pendant les représentations, il s'effaça davantage, en reconnaissant « qu'on ne peut refuser à M. Camber (*sic*) la louange qu'il mérite, tant pour sa belle et sçavante composition, *que pour les soins qu'il s'est donnez pour son exécution* (1) ».

Il est donc certain que c'est le musicien qui fit ce qu'il y eut à faire pour mener à bonne fin, et les répétitions, et les représenta-

---

(1) *Première Comédie Françoise en musique représentée en France. Pastorale. Mise en musique par Monsieur Camber* (sic), *organiste de l'église collégiale de Saint-Honoré à Paris*. Paris, Robert Ballard, 1659, in-4°. (Bibl. nat., Y, 5897 A.) Le permis d'imprimer est daté du 16 mars 1659. Perrin dit formellement qu'à chaque représentation l'on distribuait ses vers pour le soulagement des spectateurs, mais que personne n'y eut recours, parce qu'on entendait les paroles distinctement. La *Pastorale* se trouve aussi dans les œuvres de Perrin (1661).

tions. Puisque tout marcha au mieux, c'est qu'il s'acquitta bien de sa tâche à cet égard. Il eût été fort intéressant de pouvoir apprécier également son mérite comme compositeur, mais il n'en est pas de sa musique comme des paroles de Perrin. Celles-ci ont été imprimées, et l'on peut les juger, tandis que la partition n'ayant pas été conservée, il est impossible aujourd'hui de se faire une opinion sur sa valeur.

Toutefois, grâce à quelques indications du livret imprimé, on peut se rendre compte assez exactement des moyens d'exécution. Ainsi, pour la partie vocale, nous voyons que les rôles d'hommes, trois bergers et un satyre, étaient remplis par une basse, une basse-dessus, une taille et une basse-taille, et ceux des trois bergères par des voix de dessus ou *soprani*. Les noms des amateurs composant cette petite troupe sont, jusqu'à présent, restés inconnus, à l'exception toutefois de la cantatrice qui remplissait le rôle de *Diane*. On l'appelait *mademoiselle Sercamanan l'aisnée*, et c'est ainsi que tous les historiens l'ont nommée jusqu'à présent; mais son vrai nom était Anne Fonteaux. Perrin, on a dû le remarquer, cite bien « deux illustres sœurs et deux illustres frères, que l'on peut conter entre les plus belles voix et les plus sçavantes de l'Europe »; mais quelle qu'ait été l'illustration de ces amateurs, elle n'a pas suffi pour nous conserver leurs noms (1).

---

(1) On a supposé que, désignée comme l'*aisnée* dans un autre passage de la *Muse historique* par Loret, mademoiselle Fonteaux, dite Sercamanan, devait avoir une sœur qui aurait joué près d'elle dans la *Pastorale*, et que les *deux illustres sœurs* dont parle Perrin étaient les deux demoiselles Sercamanan. La chose est possible, car Anne Fonteaux avait une sœur cadette, nommée Marie; mais l'incertitude subsiste, puisqu'on n'a aucune preuve qu'elle ait été chanteuse, et qu'en outre il y avait en dehors du rôle de Diane deux autres rôles de femmes, ceux de Sylvie et de Philis, qui purent très-bien avoir été remplis par deux autres sœurs. Il faut remarquer aussi que dans l'extrait que nous avons donné de Loret, cet auteur ne cite que la *Sercamanan*.

La mère d'Anne Fonteaux, devenue veuve, avait épousé Antoine Sercamanan, veuf lui aussi, qui était ingénieur géographe du Roi et commissaire ordinaire des guerres. Ses deux filles, âgées seulement de quelques années lorsque ce mariage se fit, furent élevées par Sercamanan avec les enfants de son premier lit et portèrent son nom. Anne Fonteaux, dite Sercamanan, avait de la réputation dès 1656 pour sa beauté et pour son talent. Elle chantait avec succès à côté de mesdemoiselles Labarre, Bergerotti et Hilaire Dupuy, la belle-sœur de Lambert. Reçue dans la musique du Roi, on la voit figurer dans les concerts, les ballets et les opéras exécutés à la cour, sous le nom de mademoiselle Sercamanan ou sous ceux de mademoiselle *des Fonteaux* ou des Fronteaux. Elle vivait encore en 1712, car, d'après l'*État de la France* de cette même année, elle touchait comme pensionnaire douze cents livres par an.

De ce que Benserade, en 1681, soit plus de vingt ans après la *Pastorale*, vanta la voix du comte de Fiesque en disant :

> Et les rochers le suivent quand il chante,

Castil-Blaze n'hésite pas à conclure que les *deux illustres frères* qui chantèrent à côté de la Sercamanan n'étaient autres que le

Quant à la partie instrumentale, on est également réduit, pour s'en faire une idée, à ce que dit Perrin : « La pièce, écrit-il, commence par une grande symphonie de Clavecins, Teorbes, Violes et Dessus de violons, qui tous ensemble jouent l'ouverture de l'acte. Ensuite une partie des instruments se tait, et l'autre accompagne les voix avec des Ritornelles dans les Entre-scènes jusques à la fin de l'acte que toute la symphonie reprend et conclut. »

Dans ceci il n'est pas question des concerts de flûtes dont Saint-Évremond nous a parlé, mais la note passablement sommaire du poëte ne cite que les instruments qui jouaient dans l'ouverture, et il est fort probable que dans le cours de l'ouvrage, pendant le silence des autres instruments, certaines scènes et leurs *ritornelles* étaient accompagnées par ces concerts de flûtes, c'est-à-dire par la famille des flûtes, le dessus, la haute-contre, l'alto et la basse.

---

comte et le chevalier de Fiesque! La vérité est que le comte n'était âgé, en 1659, que de douze ans alors que le plus jeune des acteurs avait vingt ans suivant Perrin; il n'avait point de frère, mais seulement trois sœurs. Donc, pas plus de chevalier que de comte de Fiesque à Issy, en 1659.

Il ne saurait y avoir de doute sur les intentions de Perrin et de Cambert en faisant cette tentative, car le premier qui, cette fois, crut devoir prendre la parole en son nom seul, s'en expliqua de nouveau dès le début de son Avant-propos imprimé avant la représentation. « Le Dessein de l'Autheur de cette pièce, dit-il, est d'essayer si la Comédie en musique peut réussir sur le Théâtre François, estant réduite aux loix de la bonne Musique, et au goût de la Nation, et ornée de toutes les beautés dont est capable cette espèce de représentation. Il expliquera dans une seconde impression les raisons de sa conduite : du succez et du mérite de l'ouvrage le Public en jugera. » Ce public, composé de gens du monde, d'hommes de lettres, d'artistes et en un mot de personnes ayant le goût du théâtre et s'y intéressant, n'eut donc pas à s'y méprendre; il s'agissait bien d'un essai d'opéra entièrement français, fait à l'imitation des pièces en musique italiennes. Triste imitation certainement et à bien des points de vue incomplète, car, s'il n'y avait ni les décorations, ni les machines, ni les danses, ni la richesse des costumes que les Italiens considéraient, dès le principe, comme une partie des éléments constitutifs de l'opéra, on ne peut certes pas dire que la beauté des vers ou l'intérêt de l'action y suppléaient avantageusement. Nous savons en effet ce qu'il faut penser de l'œuvre de Perrin. Est-ce donc la musique de Cambert qui compensa l'indigence de la mise en scène et la pauvreté de la poésie? Perrin, il est vrai, avait servi le compositeur à souhait, si toutefois on s'en rapporte à Saint-Évremond, qui dit que notre musicien « aimoit les paroles qui n'exprimoient rien », et ajoute même que les mots de « Nanette, Brunette, feuillage, bocage, bergère, fougère, oiseaux et rameaux, touchoient particulièrement son génie ». En tout cas, on peut croire que cet empressement de la foule à se rendre à Issy fut motivé par beaucoup de curiosité et aussi par un sentiment d'amour-propre national que nos auteurs avaient habilement éveillé.

Ce sentiment fut partagé par le cardinal Mazarin, et la *Pastorale* fut représentée à Vincennes, où il résidait alors, en présence du Roi et de la Reine. « Elle y eut, nous dit Perrin, une approbation pareille et inespérée, particulièrement de Son Éminence, qui se confessa surprise de son succez et témoigna à monsieur Cambert estre dans le dessein d'entreprendre avec lui de pareilles pièces. »

On le voit, c'est de Cambert seul qu'il est question, parce que là encore Cambert était seul présent pour recevoir les félicitations de Mazarin, que Perrin eût été ravi d'entendre; et Cambert, dans son mémoire déjà cité, ne raconte pas autrement, avec sa simplicité ordinaire, l'heureux résultat de ses efforts et ce qu'il en advint.

« La Pastorale, dit-il, réussit avec tant de succès et d'applaudissement, que le Roi voulut bien m'honorer de ses commandemens pour l'aller représenter à Vincennes, ce qui se fit au mois de may en 1659. Cette représentation eut une telle approbation de toute la cour que je receus ordre de Monsieur le Cardinal d'en faire une autre plus grande (1). »

C'est dans la dernière semaine de mai que, sous la direction de Cambert, les acteurs amateurs exécutèrent la *Pastorale* devant la cour, et Loret s'empressa, dans sa lettre

---

(1) Archives de la Comédie française.

du 31 mai 1659, de rendre ainsi compte de cette représentation :

> La cour a passé dans Vinceine
> Cinq ou six jours de la semeine,
> Chateau, certainement royal,
> Où monseigneur le Cardinal
> (Dont la gloire est par tout vantée)
> L'a parfaitement bien traitée.
> Leurs Majestez à tous momens
> Y goutoient des contentemens
> Par diverses réjouissances,
> Scavoir des Bals, Balets et Dances,
> A faire soldats exercer,
> A se promener et chasser,
> Et voir mainte Pièce comique,
> Et la Pastorale en muzique,
> Qui donna grand contentement
> Et finit, agréablement,
> Par quelques Vers beaux et sincères.
> Que la plus belle des bergères,
> Avec douceur et gravité,
> Chanta devant Sa Majesté,
> Qui, la regardant au vizage,
> Les écouta de grand courage.
> Ces quatre ou six vers estoient faits
> Sur le cher sujet de la paix,
> Et plûrent fort à l'assistance,
> Quoi qu'ils ne fissent qu'une stance.

Mademoiselle Sercamanan l'aisnée.

Voici maintenant les vers, faisant allusion à la paix qu'on venait de signer, qui furent chantés par Diane, « la plus belle des Bergères », soit par mademoiselle Fonteaux, dite Sercamanan :

> Grand Roy, secondez nos désirs ;
> Suivez l'amour, quittez les armes,
> Vous trouverez dans ses plaisirs
> Autant d'honneur et plus de charmes :
> Vous pouvez sans doute acquérir
> Beaucoup de gloire par la guerre ;
> Mais donner la paix à la terre,
> C'est plus que de la conquérir.
>
> Partout où marchent vos guerriers,
> La victoire les accompagne :
> Déjà des moissons de lauriers
> Vous attendent à la campagne,
> Vous allez sans doute acquérir,
>   Etc.

Ces vers, toujours aussi faibles et d'une morale un peu facile, furent écrits par Perrin derrière les barreaux de sa prison.

Quel dut être le désespoir du malheureux en un tel moment ! Dans ses rêves les plus ambitieux, il n'avait assurément pas entrevu, pour son début, une réussite aussi complète. Cette foule de personnes « de première qualité, couvrant de leurs carosses le chemin de Paris à Issy », et se disputant l'honneur d'être admises dans la salle ; puis, plus encore, par un bonheur inespéré son œuvre demandée à la cour, et lui, le poëte acclamé, l'introducteur des ambassadeurs, « l'homme de cour », comme il se plaisait à s'appeler, ne pouvant recueillir en personne les félicitations, les applaudissements du Roi, de la Reine mère, du cardinal Mazarin et de tous les grands du royaume! N'y avait-il pas de quoi lui inspirer d'amères réflexions, et ne dut-il pas confondre dans ses malédictions la vieille femme amoureuse, cause de ses malheurs, et le magistrat devenu plaideur, poursuivant sans cesse sa vengeance implacable?

III

ÉLARGISSEMENT DE PERRIN. — IL EST DE NOUVEAU INCARCÉRÉ A SAINT-GERMAIN DES PRÉS PENDANT DEUX JOURS. — *Ariane et Bacchus*. — *La Mort d'Adonis*. — PERRIN EMPRISONNÉ AU FOR L'ÉVÊQUE. — SES ŒUVRES DE POÉSIE. — SATIRE CONTRE BOILEAU. — SES PSAUMES ET CANTIQUES POUR LA CHAPELLE DU ROI. — SON TRAITÉ DE L'*Art lyrique*. — AIRS A BOIRE DE CAMBERT. — SON TRIO DE *Cariselli*. — PERRIN ENTRE A LA CONCIERGERIE. — SON ÉLARGISSEMENT.

Au milieu de ses désastres, Perrin n'était pas resté inactif. Stimulé sans doute par le désir d'assister aux représentations de son œuvre, qu'il ne devait, hélas! jamais voir jouer, il avait adressé au Parlement, à la date du 7 mai, une requête par laquelle il maintenait sa prétention de compenser les sommes qu'on lui réclamait avec les avantages résultant pour lui de son contrat de mariage. Il alléguait encore que les poursuites du jugement d'appel comme d'abus sur la validité de son union avec la veuve La Barroire pouvant tirer en longueur, il devait être mis en liberté.

Son élargissement lui fut en effet accordé par arrêt du 12 mai, mais à charge par lui d'avoir « à bailler bonne et suffisante caution (1) ».

En conséquence, au moment même où la *Pastorale* était jouée à Vincennes, Perrin présentait les garanties d'André Baudouin, avocat, et de Didier Guillaume, marchand de vin, dont la solvabilité fut contestée par Bizet de La Barroire. La veuve van Mol, qui n'abandonnait pas son ami infortuné, offrit elle aussi sa caution, également jugée insuffisante. Enfin, Jacques Mathieu, bourgeois de Paris, intervint (2), et cette quatrième caution acceptée, la cour rendit le 24 septembre seulement un arrêt qui mettait Perrin à la garde de l'huissier Verne (3). Celui-ci se rendit le 29 septembre à la prison de Saint-Germain des Prés, signifia l'arrêt de la cour au geôlier, et signa sur le registre d'écrou la décharge de son prisonnier (4).

---

(1) Arch. nat., Parlement, minutes X^{1B}, 5922.
(2) *Ibid*. Parlement, X, 5849.
(3) *Ibid*.
(4) *Ibid*. Écrous de Saint-Germain des Prés, Z^2, 3618.

Perrin put donc respirer au grand air; il avait, aux termes de sa requête, « provision de sa personne », mais il restait sous la surveillance d'un huissier. — Ce n'était qu'une demi-liberté, et de laquelle, après tout, il ne devait pas jouir bien longtemps.

Il fallait payer l'huissier chargé de sa garde, qui ne se contentait pas sans doute de la lecture des poésies dont son débiteur pouvait le gratifier. De plus, dans les prisons mêmes de Saint-Germain des Prés, où il venait de faire un séjour de huit mois, le malheureux Perrin s'était enrichi d'une nouvelle dette envers Louis Jacob, le gardien de ces prisons, auquel il devait 860 livres, pour aliments fournis ou autres causes, et que nous retrouverons désormais exerçant des poursuites aussitôt que La Barroire reprendra les siennes.

Enfin, le 16 février 1660, La Barroire lui-même faisait réintégrer Perrin à Saint-Germain des Prés (1), afin de le contraindre à un arrangement assez compliqué, mais qui est bien dans les habitudes des procédures tortueuses de cette époque.

---

(1) Arch. nat., Écrous de Saint-Germain des Prés, Z², 3618.

Le 18 février, deux jours après sa réincarcération, Perrin, amené entre les deux guichets comme en lieu de liberté, reconnaît par-devant Mᵉ Gabillon, notaire, devoir une somme de 9,335 livres pour prêt à Jacques Dalibert, conseiller du Roi en sa cour de Parlement de Metz et surintendant des maisons et finances de Son Altesse Royale Mgr le duc d'Orléans et de Son Altesse Royale Madame, duchesse d'Orléans, sa veuve (1). Au remboursement de cette somme (qu'en réalité Perrin n'avait pas reçue) s'obligent solidairement Jacques Chevrier, le propre procureur de Perrin, qu'il paraît avoir intéressé à son sort, et une autre personne, sans doute plus facile à attendrir, la veuve van Mol, que nous retrouvons ici, toujours dévouée au poëte, et qui hypothèque une maison située rue Guisarde, à l'enseigne de l'*Ane d'or*, et généralement ses biens meubles et immeubles.

Le même jour, par-devant le même notaire, Dalibert, devenu ainsi, sans bourse délier,

---

(1) Gaston venait de mourir à Blois, le 2 février 1660. Comptes de la maison de Gaston d'Orléans (Bibliothèque de l'Arsenal, Ms. 4208 à 4214).

le créancier de Perrin et de ses cautions, constitue à La Barroire une rente annuelle de 722 livres 4 sous 5 deniers.

Par ces deux actes Perrin a donc changé de créancier, et La Barroire de débiteur. Malheureusement Dalibert fit banqueroute par la suite, et La Barroire, n'étant plus payé de sa rente, se retourna contre Perrin, d'autant plus que le 6 mai 1660 il avait été contraint de payer 6,586 livres à Desforges, un de ceux qui, en 1653, avaient prêté de l'argent à Perrin, sous la garantie de la dame Grisson, alors sa femme (1).

Mais quand l'intervention de Dalibert avait été acceptée par La Barroire, Perrin, dégagé pour le moment envers celui-ci, était sorti de prison, juste à temps pour assister s'il le voulait aux cérémonies funèbres célébrées en mémoire de son maître le duc d'Orléans, à Saint-Denis le 20 février 1660, et les jours suivants dans diverses églises de Paris. Le duc, exilé de la cour depuis longtemps, ne pouvait être un protecteur bien influent; de plus, il payait fort mal; par conséquent, Perrin, qui ne perdait pas beau-

---

(1) Minutes de Me Gabillon.

coup en perdant un tel maître, dut s'en consoler aisément.

Le lecteur n'a pas oublié que Mazarin avait encouragé Cambert à composer un nouvel opéra. Il se mit à l'œuvre avec son collaborateur, et pour célébrer dignement la paix signée depuis peu, on choisit la fable d'*Ariane et Bacchus*. C'est dans sa prison, de mai à septembre 1659, que Perrin dut écrire son opéra, et c'est pendant le temps qu'il resta sous la garde de l'huissier Verne, qu'il y mit la dernière main. Toutefois on ne le représenta pas pour le moment, et cet échec eut pour cause, suivant Perrin, la mort de Mazarin (mars 1661), tandis qu'au dire de Cambert, l'obstacle aurait été « le mariage du Roi (1660) et d'autres affaires ayant interrompu le zèle pour les Opéra ».

Cependant le cardinal, qui tenait à ce que les fêtes du mariage de Louis XIV fussent entourées d'une grande pompe, avait fait venir d'Italie une nouvelle troupe d'opéra avec le maestro Cavalli. L'opéra de *Serse* de ce compositeur fut joué au Louvre, en novembre 1660, tandis que l'*Ercole amante* préparé pour ces fêtes ne fut chanté aux Tuileries par la même troupe qu'en février 1662.

Perrin fut donc privé de l'honneur de voir son ouvrage représenté. Il avait pourtant composé avec soin le prologue de son opéra de circonstance, en rivalisant avec Benserade, le grand maître des vers laudatifs; aussi dut-il regretter amèrement que le Roi n'eût pu apprécier son savoir-faire en ce genre :

Monarque des Français, ah! que les Dieux sont fous
  D'avoir fait naître un si grand Roi que vous
  Et d'avoir fait la terre si petite!
     Déjà vostre mérite
     Et vos exploits divers
Dans la fleur de vos ans ont rempli l'univers.
Vous estes jeune et beau, riche, vaillant et sage,
Et le censeur des Dieux, pour qui tout est mal fait,
  Qui peut blasmer leur plus parfait ouvrage,
     Vous trouve tout parfait!...

Si Perrin a donné plus de développements à son opéra d'*Ariane* qu'à sa *Pastorale*, il a continué à suivre les mêmes errements : pas d'action; des mots, des phrases sans grand rapport entre elles, et toujours beaucoup d'images passablement communes. Quant à la musique, il n'en reste que les indications instrumentales portées sur le manuscrit au commencement de chaque acte. L'ouverture se composait « d'un concert de trompettes, de tambours et de fiffres, après lequel commençoit la symphonie d'instruments accordez (les Luths et les Théorbes), qui accompagnoient les voix ». Au second acte, c'étaient les musettes; au troisième, une symphonie d'instruments « accordez »; au quatrième, un concert de hautbois, et enfin, au cinquième, une grande symphonie de violons.

Sans se laisser décourager par le retard qu'éprouvait la représentation, Perrin fit succéder à la comédie d'*Ariane* un ouvrage dans le genre tragique : *la Mort d'Adonis*. Cette fois, le compositeur chargé d'en écrire la musique fut Jean-Baptiste Boesset, surintendant de la musique de la chambre du Roi.

Cet artiste, dont le talent était loin d'être aussi estimé que celui de son père, n'eut jamais en réalité de grands succès; cependant Perrin croyait au génie de son musicien et fut même très-satisfait de la musique qu'il fit pour sa tragédie lyrique. Il s'en explique assez chaudement, et, après s'être étonné de ce qu'on préférât *Nanette*, une de ses chansons, dont Boesset avait fait la musique, à cet *Adonis*, « qu'on chanta l'une à pleine teste et qu'on fronda l'autre au petit coucher », il disait encore :

« La *Mort d'Adonis* est une tragédie, mise en musique par M. Boesset, dont Sa Majesté a entendu quelques pièces détachées à son petit coucher, chantées par sa musique, avec beaucoup de témoignages de satisfaction de sa part, et dont il a eu souvent la bonté de prendre la deffense contre toute la cabale du petit coucher, qui taschoit de l'abismer par des motifs particuliers d'intérests et de passion. Le public jugera de la composition des vers et bientost de celle de la musique, mon intention estant de luy donner imprimée celle qu'a composée cet intendant (Boesset) sur les premiers actes de cette pièce, pour luy faire voir ce que peut la cabale de cour pour abismer les choses excellentes, et comme on trompe en ce pays les oreilles les plus fines, aussy bien que les yeux les mieux éclairez; cette musique estant assurément la plus sçavante, la plus variée et la plus touchante qu'on ayt entendue; je ne dis pas en France, mais dans toute l'Europe, depuis plusieurs siècles. C'est ce que je soutiens publiquement et veux bien que le dementy m'en demeure si l'effet n'en répond à mes paroles, au jugement du public et de la postérité désintéressée. »

L'œuvre de Boesset ne fut ni imprimée ni exécutée au théâtre; on n'en connaît aucune copie manuscrite. Tout ce qu'on peut en dire se résume donc dans cette apologie, qui aurait plus d'autorité si Perrin eût été aussi désintéressé que la postérité dont il parle ; toutefois il paraît convaincu dans ses éloges, et cette appréciation est tout à la fois à l'honneur du poëte et du musicien.

Quant à la cabale du petit coucher, si Lully en faisait partie, son opposition n'était pas encore ce qu'elle devint plus tard et ne l'empêchait pas, à l'occasion, de mettre en musique des paroles de Perrin.

Cette tragédie-opéra, aussi peu animée qu'*Ariane,* renfermait cependant plusieurs tableaux susceptibles de produire quelque effet à la scène ; le dernier acte, entre autres, se passait devant le tombeau d'Adonis, et Vénus terminait la pièce en « arrosant de nectar » le cœur de l'infortuné chasseur, qui se changeait en anémone.

Enfin, ni *Ariane* ni *Adonis* n'étant joués, il fallut se résigner et attendre des jours meilleurs (1).

Perrin écrivit en 1660 diverses pièces de poésie à mettre en musique (2), et la traduc-

---

(1) Ces deux opéras figurent dans le recueil de Colbert, dont nous parlerons plus loin. (Bibl. nat., Ms. Fr. 2208.)
(2) *Paroles de musique pour l'arrivée de la Reyne à la frontière d'Espagne ; Récit pour la Reyne,* musique de Cambefort ; *Paroles pour le retour du Roy.* — *Œuvres de poésie,* 1661.

tion française de la *Pompe royale de l'entrée de la Reyne*, que Buray, son avocat et ami, avait composée en latin.

On trouve, à la date de 1661, de nouvelles paroles de musique (1) et enfin la publication de son volume le plus connu, ses *Œuvres de poésie*, dont le privilége est du 20 juin 1661 (2).

De même qu'Adrien de Montluc, Mazarin, le second patron de Perrin, était mort avant d'avoir pu lui rendre de grands services, et notamment avant d'avoir pu faire jouer cet opéra d'*Ariane* commandé par lui en quelque sorte. Perrin ne s'en posait pas moins ouvertement en protégé du cardinal, et il crut bien faire en dédiant son livre au mari d'Hortense Mancini, au duc de la Meilleraie, récemment fait duc de Mazarin, qui avait hérité de l'oncle de sa femme. Il se disait donc

---

(1) *Rondeau pour chanter devant Leurs Majestez*, musique de Lambert; un *Épithalame*, musique de Cambert; *Paroles pour Monsieur et Madame*; un *Motet* pour la messe de mariage des mêmes et un *Air de Ballet sur le Ballet des Machines*, musique de Sablières, toutes pièces insérées dans son volume de 1661.

(2) *Les Œuvres de Poésie de M. Perrin, contenant les Jeux de Poésie, Diverses Poésies galantes, des Paroles de Musique, Airs de cour, Airs à boire, Chansons, Noëls, Motets, une Comédie de Musique, l'Entrée de la Reyne, et la Chartreuse ou la Sainte Solitude.* A Paris, Estienne Loyson, 1661, in-12.

dans son épître dédicatoire serviteur zélé du défunt et accoutumé à lui faire de semblables présents.

« Assurément, Monseigneur, ajoutait-il, généreux comme vous estes, vous contez l'affection et le cœur des siens, qu'il vous a laissez en partage, pour une des meilleures parties de sa succession, et nous croyons tous que vous n'avez pas pour eux moins que luy de reconnoissance et de bonté. En mon particulier ayant perdu presqu'en une année en sa personne un grand protecteur, et en celle de feüe Son Altesse Royale un bon Maistre, je n'ay pas cru pouvoir mieux réparer ma perte qu'en recourant à vous, et mettant sous votre protection et sous l'aveu de vostre grand nom et ma personne et mes ouvrages, je me croiray désormais réconcilié avec la Fortune, si je suis bien auprès d'un de ses favoris et si vous agréez que je me dise, Monseigneur, votre très-humble, etc., etc. »

Perrin comptait trop sur le duc de Mazarin, car celui-ci, en héritant de la fortune de son oncle, n'hérita nullement de son goût pour les lettres et les arts. Il défendait à sa femme de faire jouer la comédie chez elle, et devait même plus tard briser les statues de la galerie du cardinal. Dans son accès de folie, ne trouvant pas que sa funeste besogne fût assez rapide, il y revenait encore, accompagné d'une escouade de valets; tous, armés de marteaux, frappaient et abattaient têtes, bras et jambes des chefs-d'œuvre que le grand cardinal avait tant aimés. Le Roi sévit contre un tel vandalisme, mais le mal était fait. Notre poëte, on le voit, avait choisi un bien singulier Mécène, et ce n'était pas encore là le protecteur qu'il lui fallait pour faire triompher la *Comédie en musique*.

Dans cette même année, Perrin avait été de nouveau incarcéré. Nous en trouvons la preuve dans un mémoire de Sablières et Guichard, où il est dit : « Mais Perrin n'oseroit disconvenir qu'en l'année 1661 le sieur de Sablières ne l'ait tiré du For l'Evesque de ses propres deniers qui lui sont encore deûs, la lettre produite sous la cotte N en fait foy, et s'il en disconvient, on rapportera l'écrou et la preuve entière de cette vérité (1). »

Les renseignements contenus dans ce factum nous inspirent toute confiance, car nous avons eu souvent l'occasion d'en contrô-

---

(1) Factum pour Jean de Granouillet, escuyer, sieur de Sablières, intendant de la musique de Monsieur, duc d'Orléans, et Henry Guichard, gentilhomme de Son Altesse Royale, opposants, demandeurs contre J. B. Lully, l'un des intendants de la musique du Roy, et le sieur Perrin, demandeurs, et encore messire Alexandre de Rieux, marquis de Sourdéac, et Laurens de Bersac, sieur de Champeron, deffendeurs. (Bibl. nat., in-4°.)

ler l'exactitude. Par malheur, les registres d'écrou du For l'Évêque n'existent plus, ou du moins ne se retrouvent ni aux Archives nationales ni aux Archives de la préfecture de police... Eux seuls pouvaient nous révéler exactement les causes de l'incarcération.

Enfin, une fois sorti de prison, il semble que Perrin soit dégagé de ses préoccupations d'affaires et libre de se donner tout entier aux Muses, au moins pendant quelques années. Ses *Œuvres de poésie* s'étant sans doute peu vendues, on fit en 1662 un carton pour en changer le titre (1); puis, comme le même jour où il avait obtenu le privilége de ce volume, il en obtenait un second autorisant une nouvelle édition de l'*Énéide*, il réussit à décider son éditeur à en faire les frais.

Cette fois elle fut publiée dans la forme in-12 et en deux volumes. On peut même dire qu'il y en eut deux éditions la même année, l'une avec le texte latin en regard de la version française, et l'autre ne donnant que le

---

(1) *Nouvelles Poésies héroïques, gaillardes et amoureuses. Ensemble un nouveau recueil des plus beaux airs de cour, à chanter, à danser et à boire : mis en chant par les meilleurs Musiciens de ce temps*. Paris, Estienne Loyson, 1662, in-12. Il n'y eut absolument que le titre de changé et une table ajoutée. (Collection Er. Thoinan.)

français seul. Il existe donc, par le fait, trois éditions de cette fameuse traduction (1).

Perrin fit des corrections; malheureusement elles étaient insuffisantes; il ne lui en fut pas tenu compte, et les critiques continuèrent à s'exercer aux dépens du poëte virgilien. Boileau, on le sait, ne le ménageait pas; c'est surtout dans les causeries littéraires et dans sa correspondance qu'il le maltraitait, car, lui refusant l'honneur de la discussion écrite, il se bornait dans ses *Satires* à citer dédaigneusement son nom à côté de ceux des poëtes les plus infimes de l'époque (2). Aussi son justiciable, piqué au vif, ne put résister au désir de lui répondre; il le fit en rimant avec rage une triste diatribe de plus de deux cents vers en *ique* et en *eau*, intitulée :

---

(1) *L'Énéide de Virgile fidellement traduite en vers héroïques avec le latin à costé et les Remarques à chaque livre pour l'intelligence de l'Histoire. Enrichie de figures en taille-douce.* Par M. Perrin, conseiller du Roy, etc. *Seconde édition, reveue et corrigée par l'autheur.* Paris, Estienne Loyson, 1664, in-12. Les gravures de la première édition servirent pour les deux nouvelles. La bibliothèque de l'Opéra possède l'édition sans texte latin qui nous semble assez rare, tandis que l'autre de ces éditions in-12 se trouve dans beaucoup de bibliothèques.

(2) Quarante ans après, dans une lettre à Brossette, il se moquait encore de ces deux vers de l'*Énéide* :
    Chacun presta silence, et l'esprit rappelé
    Tenoit la bouche close et le regard collé

Satyre en forme de virelay, contre Nicolas Boileau Des Préaux, poète satyrique.

Viste un cotret, une trique,
Que j'assomme ce critique,
Cet insolent de Boileau.
. . . .
. . . .
Quand un pauvre pastoureau
Reclus dans son domestique,
Pensera sous un ormeau
Chanter sur son chalumeau,
Et d'une chanson rustique
Ou d'un petit air bachique
Divertira son hameau,
Ce vilain petit noireau
Avec sa figure optique
Et sa mine judaïque,
Ce visage de Blaireau
Avec des yeux de pourceau
Nichez sous un chapiteau,
Son regard diabolique,
Son nez rond comme un naveau,
Où pend encore le morveau,
Son épaule de chameau,
Et ses jambes de fuzeau,
Plus jaune qu'un efférique,
Cet insolent de Boileau
Cassera fluste et pipeau.
Viste un cotret, une trique,
Etc. (1).

---

(1) Une copie de cette satire de Perrin se trouve dans le

Ce n'était pas la verve étrangement vulgaire de ce morceau qui pouvait valoir à son auteur un retour d'opinion. Les rieurs, c'est bien certain, restèrent tous du côté de Boileau.

Mais Perrin continuait toujours à versifier en vue de la musique et donnait de temps en temps de nouvelles paroles, des récits, des airs de ballet, morceaux que les musiciens du Roi, Lambert, Boesset, et même Lully, composaient pour les représentations et les concerts de la cour. Il s'engagea aussi dans une voie nouvelle quelque peu différente de son genre ordinaire : délaissant un instant les paroles françaises pour les paroles latines, il écrivit des cantiques et des motets pour le service de la chapelle royale, et publia même, en 1664, en un petit volume in-12, la traduction française des *Leçons et Pseaumes chantez aux Ténèbres du Roy* (1).

Quand il eut composé un certain nombre

Recueil de Maurepas de la Bibliothèque nationale, Ms. Fr. 12618.

(1) *Les Leçons et les Pseaumes chantez aux Ténèbres du Roy, mis en vers françois par M. Perrin, conseiller du Roy en ses conseils, introducteur des ambassadeurs près feu Mgr le duc d'Orléans. Présentez à Sa Majesté.* Paris, Estienne Loyson, 1664, in-12. (Collection Er. Thoinan.)

de chants d'église, il en fit faire une copie manuscrite avec une dédicace au Roi et la lui présenta (1).

Un peu plus tard, le succès s'étant accentué, Robert Ballard publia ce volume sous le titre de *Cantica pro Capella Regis*, avec la dédicace retouchée pour la circonstance et un *Avant-propos* fort intéressant sur lequel nous allons nous arrêter (2).

Perrin y disserte naturellement sur la manière dont il faut s'y prendre pour composer des paroles latines destinées à être chantées, et mêle à des idées parfois puériles

---

(1) Voici le titre de ce manuscrit ou de la copie qui existe à la Bibl. nat., section des manuscrits (Fr. 25460) : *Cantiques ou Paroles de Motets pour la Chapelle du Roy, pour les principales Festes de l'année, avec des Elévations pour la Messe, composés en Latin sur les préceptes de la Musique et rendus en vers françois.* Par M. Perrin. *Présentées à Sa Majesté.* In-8°.

(2) *Cantica pro Capella Regis. Latinè composita et Gallicis versibus reddita. Authore P. Perrin. Regi è secreteribus consiliis, et conductore Legatorum apud defunctum Ducem Aurelianensem. Parisiis. Ex officina Roberti Ballard et cum privilegio Regis*, 1665, grand in-8°. (Bibl. nat., V, 2554 A.) Le frontispice gravé représente Louis XIV donnant une lyre à un poëte couronné, et porte en tête l'exergue : *Non dignior alter.* Le poëte est représenté portant une barbe fort longue et une couronne. C'est David, personnifiant la poésie sacrée. Il y a lieu de regretter que l'artiste, au lieu de cette allégorie, n'ait pas représenté l'auteur lui-même, ainsi que cela était d'usage en pareille circonstance. Nous aurions ainsi de Perrin un portrait qui n'existe nulle part, et le sculpteur qui a exécuté son buste pour l'une des façades latérales du nouvel Opéra n'eût pas été réduit à inventer.

quelques réflexions assez sensées. On reconnaît facilement ici les tendances de son esprit toujours porté vers une théorie particulière du vers lyrique. « Pour la latinité, dit-il, j'ai tâché de la faire belle et bien construite, mais facile à concevoir, et pour cet effet je l'ay composée autant que j'ay pû de mots et de phrases respondantes à nos mots et à nos phrases françoises : ainsi mesme elle imite en quelque façon la simplicité du style de l'Écriture, comme il est ordonné par l'Église. »

Ce ne sont donc pas les bonnes intentions qui lui manquaient, car, dans sa persistance, il se livrait même depuis quelque temps à la composition d'un ouvrage sur le sujet qui l'intéressait tant; il l'annonce ainsi dans cet Avant-propos : « La manière de faire les vers lyriques et propres à la musique, nous l'avons expliqué dans notre *Art lyrique*, qui est un traité particulier, par règles et par exemples, de la façon de composer toutes sortes de paroles de musique latines et françoises, lequel le public verra quelque jour si je me détermine de le luy donner, et de révéler un art inconnu jusqu'ici qui m'a cousté tant d'étude et d'application, duquel sont parties ces Pseaumes et plus de cinq cents pièces de poésie lyrique, qui ont couru et courent tous les jours la cour et le monde, mises en musique par tous les illustres musiciens du royaume. »

Perrin nous parlera encore de ce fameux traité, resté par malheur inédit, de même qu'il nous apprendra que si ses vers latins furent critiqués par les uns, ils n'en furent pas moins approuvés par des cardinaux, des archevêques et des évêques. Le musicien Expilly choisit un de ses cantiques pour composer son morceau de concours à la maîtrise de la cour, et Louis XIV daigna dire que s'il avait remporté le prix, c'est « qu'il avoit combattu avec des armes avantageuses ». Henri Dumont, Gobert, Cambert et Sablières mirent en musique le plus grand nombre de ses motets et cantiques latins; Lully lui-même en composa quelques-uns et obtint un certain succès avec celui qui commence par les mots : *O lachrymæ*. Du reste, si Perrin dit vrai, « on l'aurait imité dans ses cantiques en Italie, où on en aurait écrit à Rome sur le modèle des siens ».

Que faisait Cambert pendant ce temps? Digne précurseur de la plupart de ceux qui après lui devaient tenter d'écrire des opéras, il attendait. Toujours organiste à l'église collégiale de Saint-Honoré, il avait encore été nommé maître de la musique de la reine Anne d'Autriche, mais nous ne pourrions dire au juste à quelle date. Ce fut très-vraisemblablement en 1662 ou 1663, les registres de la cour des Aides indiquant comme maîtres de la musique de cette princesse en 1661, Jean-Baptiste Boesset pour le premier semestre, et Sébastien Le Camus pour le second; tandis que les volumes de 1662 et 1663 manquant aux Archives, ce n'est que dans celui de 1664 qu'on voit ces artistes remplacés, le premier par Gabriel Bataille, et le second par Robert Cambert, qui conserva sa place jusqu'à la mort d'Anne d'Autriche, survenue en 1666.

En 1665, Cambert publia un petit volume d'*Airs à boire* à plusieurs parties et le dédia à M. du Mesnil-Montmort, conseiller au Parlement, qui prenait, il paraît, « quelque sorte de satisfaction à les entendre chanter ». On ne connaît malheureusement de cette publication que la partie de basse, ce qui rend impossible toute appréciation sur son mérite (1)

---

(1) *Airs à boire, à deux et à trois parties, de Monsieur Cam-*

Perrin, qui avait fourni les paroles de huit chansons sur les dix-huit dont se composait le recueil, adressa un quatrain à son ami, et celui-ci lui répondit de la même façon en plaçant les deux quatrains en tête de son livre. Du reste, voici l'*Advis au lecteur* que Cambert rédigea pour sa publication; il est vraiment intéressant :

« Ayant plusieurs ouvrages de musique à donner au jour comme Motets, Airs de cour, et Airs à boire, il eust esté plus séant pour moy, et peut-estre plus avantageux de débuter par des motets, et par des pièces graves et sérieuses; c'est aussi, Lecteur, ce que j'aurois fait si je n'avois esté extrêmement pressé par quelques-uns de mes amis, de commencer

---

bert, *maistre et compositeur de la musique de la Reyne Mère, et organiste en l'église collégiale de Saint-Honoré de Paris. Basse.* A Paris, par Robert Ballard, etc., 1665. Petit in-8º oblong. (Bibl. nat., Vm, 1348 E.) Il ne faut pas désespérer de retrouver les autres parties, car la découverte de ce petit volume est de date récente. Il fut annoncé dans un catalogue de librairie en décembre 1872, en même temps que quelques autres recueils d'airs de Dassoucy, Chancy, Cambefort, etc. L'un de nous, malgré son empressement à se rendre chez le libraire, arriva trop tard; le très-attentif M. Thierry-Poux, conservateur de la Bibliothèque nationale, avait acquis le tout. De pareils mécomptes ne sont pas rares en bibliophilie et ne laissent pas que d'être parfois fort sensibles à ceux qui les éprouvent; mais ici celui qui fut distancé s'en consola d'autant plus vite que ces raretés insignes, d'ailleurs parfaitement placées dans notre grande bibliothèque, lui furent communiquées quelques jours après par M. Thierry avec son amabilité et son obligeance bien connues des travailleurs.

l'impression avant que j'eusse transcrit et mis en bon ordre mes motets, ce que j'ay fait pendant l'impression de ces airs. J'espère, Lecteur, qu'ils ne vous seront pas désagréables, et que la beauté des paroles sur lesquelles ils sont composez suppléera au deffaut de la musique, puisque la meilleure partie est de M. Perrin, que tout le monde reconnoît pour excellent et incomparable pour la composition des paroles de musique. Vous y trouverez quelques nouveautéz singulières, et qui n'ont point esté pratiquées par ceux qui m'ont devancé, comme des Dialogues pour des dames, et des chansons à trois, dont tous les couplets ont des airs différents; vous observerez aussi que la pluspart des airs à trois se peuvent chanter en basse et en dessus sans la troisième partie, et se jouer en symphonie avec la basse et le dessus de viole, ainsi que je l'ay pratiqué dans quelques concerts. »

Tout en faisant la part de la courtoisie dont il est naturel d'user vis-à-vis d'un collaborateur, nous voyons que la réputation de Perrin, comme parolier, était bien établie; en outre, nous voyons que Cambert se proposait de publier des airs de cour et des motets de sa composition. Nous n'avons pu avoir la preuve que cette publication ait eu lieu, mais nous savons qu'en général la musique de l'auteur de la *Muette ingrate* et de la *Pastorale* d'Issy avait du succès. Les clavecinistes de l'époque prenaient volontiers les thèmes de ses morceaux, y adaptaient des variations, des *diminutions,* comme on disait, et ses compositions, peut-être seulement manuscrites, figuraient chez les rares amateurs d'alors à côté de celles des musiciens les plus en renom (1).

Mais s'il faut s'en tenir aux apparences à l'égard de toute cette musique, incomplète ou introuvable aujourd'hui, il n'en est pas de même d'une œuvre très-remarquable qu'on peut juger en toute connaissance de cause; nous voulons parler du trio bouffe composé pour le *Jaloux invisible,* comédie de Brécourt, jouée en août 1666.

Ce trio, connu sous le nom de *Trio de Cariselli,* est d'un excellent comique; la coupe en est heureuse et l'exécution très-amusante. On le chanta longtemps, et les amateurs le fredonnaient volontiers, comme il arrive toujours pour les airs dont le rhythme s'impose de lui-même à la mémoire (2).

Plus de trente ans après on s'en souvenait

---

(1) *Fugues et caprices,* à quatre parties, etc., de François Roberday. Paris, veuve Sanlecque, 1660, in-4° obl. Ce volume contient des variations de l'auteur sur des sujets « à luy présentez » par de La Barre, Couperin, *Cambert,* Cavalli, etc.

(2) M. Weckerlin l'a publié dans la *Chronique musicale,* n° du 15 novembre 1876, avec un accompagnement de piano très-bien approprié à la musique de Cambert.

encore, et on l'inséra dans un pastiche intitulé les *Fragments de Lully*, qui fut représenté à l'Opéra en 1702, puis dans les *Fêtes de Thalie* de Mouret (1).

Le succès attire tout à lui. Bien que le *Trio de Cariselli*, imprimé avec le nom de son auteur en même temps que la comédie de Brécourt, soit bien incontestablement de Cambert, on l'a attribué à Lully, et le fait est qu'il contribua au succès des Fragments dits *de Lully*. On a même imaginé toute une aventure où ce morceau aurait joué un rôle. Nous croyons devoir la reproduire en quelques mots.

A l'époque où Lully était au faîte des honneurs et de la fortune, il serait venu en France un compositeur italien, du nom de Cariselli,

---

(1) La cinquième entrée des *Fragments de Lully* intitulée *Cariselli* renferme le trio de Cambert; on le trouve dans tous les exemplaires de la partition, à la page 125. Les *Fêtes de Thalie* de Mouret ne furent représentées qu'en août 1714 et restèrent longtemps au répertoire, mais avec des additions et des changements fréquents. On ajouta d'abord une entrée intitulée : *la Critique des Fêtes de Thalie*, puis celle de *Cariselli* ayant servi aux *Fragments de Lully*, à laquelle on substitua plus tard le divertissement comique de *Monsieur de Pourceaugnac*, et puis encore plusieurs autres nouvelles entrées, toutes publiées à part. L'entrée de *Cariselli*, imprimée séparément avec une pagination spéciale, appartient aux *Fêtes de Thalie*, comme l'indiquent du reste deux notes placées au commencement et à la fin.

84 LES ORIGINES DE L'OPÉRA FRANÇAIS.

désireux d'offrir ses services à Louis XIV, avec la prétention de contre-balancer dans les bonnes grâces du Roi la faveur de son heureux compatriote. Le Florentin, au courant des intentions de ce rival qui lui tombait d'Italie, aurait trouvé pour s'en débarrasser un moyen assez original. Ayant instruit de leur rôle trois de ses chanteurs, quand Cariselli se présenta au château de Saint-Germain, ceux-ci s'inclinèrent profondément devant lui et se mirent à entonner le fameux trio :

> Bon di Cariselli,
> Sanità allegrezza.
> . . . .

Cariselli, dit-on, justement blessé de cette plaisanterie, serait subitement reparti pour son pays. Vraie ou non, l'anecdote est bonne à retenir en ce qu'elle peint admirablement le caractère de Lully. Se servir de la musique d'un confrère évincé par lui, pour en éloigner un autre qui pouvait le gêner, cela était bien un procédé digne de son esprit cynique et de son sans gêne habituel.

Nous savons qu'en 1665 Cambert avait publié quelques airs détachés sur des paroles de Perrin; dans cette même année, les poursuites de La Barroire contre le malheureux poëte recommencèrent, aussi impitoyables que jamais, et toujours pour les mêmes causes. La contrainte par corps est en effet entre les mains du conseiller au Parlement une arme dont il se sert toutes les fois qu'il espère obtenir quelque chose de son débiteur. On en verra la preuve dans ce qui va suivre.

Le 21 octobre 1665, Perrin fut de nouveau incarcéré, mais, cette fois, à la Conciergerie, en vertu des arrêts de 1658 et 1659, et le 26 octobre il fut recommandé à la requête de Jacob (1).

On se souvient qu'un procès en nullité de mariage avait été intenté en 1656, par suite de l'appel comme d'abus dont Perrin avait frappé la sentence de l'Official du 26 mai 1653. Ce procès n'était pas encore terminé au bout de près de dix ans! La Barroire, malgré l'influence que devait lui donner sa situation, n'avait pu triompher des lenteurs de la procédure. Il avait un grand intérêt cependant à faire prononcer définitivement la nullité de ce mariage, qui devait entraîner

---

(1) Registre de la Conciergerie. Archives de la Préfecture de police.

la nullité des institutions contractuelles dont Perrin invoquait le profit. Le but de cette dernière incarcération paraît avoir été d'en finir par une voie détournée. En effet, au bout de cinq mois de captivité, Perrin consentit, pour sortir de prison, à ce que la sentence de l'Official fût confirmée par un arrêt *par appoincté* (ce qu'on appellerait maintenant un *arrêt d'accord*), qui fut rendu le 7 avril 1666. Il statuait ainsi :

« Après que M⁰ Pierre Buray, advocat du dict Perrin, et Mᵉ Michel Guchery, advocat du dict Bizet, ont esté ouys au parquet, appoincté est, ouy sur ce le procureur général du Roy, que la cour en la Chambre de l'esdit, en laquelle les dicts intiméz ont esté retenus par arrest du dix-huit aoust mil six cens cinquante six, en tant que touche l'appel interjetté par la partie du dict Guchery, dict que mal, nullement et abusivement le dict mariage a esté célébré et non valablement contracté, et en conséquence, sur l'appel interjetté par la partie du dict Buray, a mis et met les parties hors de cause et de procès, condamne néanmoins le dict Perrin en l'amende de soixante sols parisis, et à aumosner la somme de quatre-vingt livres au pain des pauvres prisonniers de la Conciergerie du Pallais, sans despens entre les parties (1). »

---

(1) Archives nationales, Parlement, X, 5944.

Dès la veille, Perrin avait accepté les conditions imposées par La Barroire dans la transaction suivante :

« Je consens que M. Perrin soit mis hors des prisons de la Conciergerie du Palais, pour deux ans seulement de ce jourd'hui, après que le dit sieur Perrin m'a promis de me païer ce qu'il me doit, et de satisfaire, le dit temps passé, aux causes de son emprisonnement, conservant pour ce faire toutes mes actions et contraintes en toute force et vertu, sans y déroger, renonçant par le dit sieur Perrin à tous privilèges et caractère dont il pourroit ci-après estre revestu, lequel le garantiroit et exempteroit de la contrainte par corps, sans lesquelles renonciation et condition le présent eslargissement n'auroit esté consenti et accordé. Faict à Paris ce sixième auril 1666.

« *Signé* : Bizet.

« J'accepte et me soumets à toutes les conditions ci-dessus, ce sixième auril mil six cens soixante six.

« *Signé* : P. Perrin (1). »

Perrin, à peine libre, protesta le même jour par-devant notaire, disant que toutes ces concessions lui avaient été arrachées par la

---

(1) Registre de la Conciergerie.

force dans sa prison; puis, satisfait de cette protestation, dont l'effet juridique était fort contestable, certain tout au moins d'avoir deux ans de répit, il profita de sa liberté pour revenir à ses vers.

IV

PERRIN ADRESSE A COLBERT LE RECUEIL MANUSCRIT DE SES ŒUVRES, ET SA THÉORIE DES VERS LYRIQUES, EN PROPOSANT L'ÉTABLISSEMENT D'UNE ACADÉMIE DE POÉSIE ET DE MUSIQUE. — COLBERT LUI ACCORDE SA PROTECTION. — PERRIN FORME SA TROUPE D'OPÉRA. — LE PRIVILÉGE DES ACADÉMIES D'OPÉRA LUI EST DONNÉ LE 28 JUIN 1669. — PERRIN S'ASSOCIE D'ABORD AVEC CAMBERT. — ON RÉPÈTE *Ariane*

EN 1667, Perrin publia des *Paroles de musique* pour les concerts de la chambre de la Reine, dont J. B. Boesset avait fait la musique (1); mais, pour le distraire de son grand projet, ce n'était pas assez des cantiques et motets écrits pour la chapelle royale,

---

(1) *Paroles de Musique pour le concert de chambre de la Musique de la Reyne; pour des Airs, Dialogues, Récits, Pièces de Concert et Chansonnettes composées par M. Perrin, introducteur des ambassadeurs près feu Monsieur. Et mises en Musique par M. Boesset, Sur-Intendant et Maistre de Musique du Roy et de la Reyne.* Paris, 1667, in-4°. (Collection Er. Thoinan.)

des paroles profanes composées pour les concerts de la cour ou des soins à donner aux nouvelles éditions de ses poésies et de sa traduction de l'*Énéide*. Ayant toujours pour but d'introduire sur la scène des comédies ou des tragédies françaises entièrement chantées, cherchant à convaincre tous ceux qui pouvaient lui venir en aide, il finit par réussir auprès de l'homme qui avait seul l'autorité nécessaire pour réaliser ce rêve tant caressé d'un opéra français : nous voulons parler de Colbert.

Si ce n'est par son ordre, c'est au moins avec son assentiment que Perrin lui présenta un volumineux manuscrit — un dossier, allions-nous dire — contenant la collection complète des vers français ou latins qu'il avait faits pour être chantés, accompagnée d'un *Avant-propos* explicatif, et précédée d'une dédicace bien sentie. Il faisait remarquer quelle gloire il y aurait pour le Roi et la France à ne pas souffrir « qu'une nation, partout ailleurs victorieuse, soit vaincue par les estrangers en la connoissance de ces deux beaux arts, la poésie et la musique ».

Ce volume, entré dans la bibliothèque de

Colbert, nous a été heureusement conservé, revêtu d'une reliure à ses armes, la couleuvre en pal bien connue des amateurs. En voici le titre : *Recueil de Paroles de Musique de M. Perrin, Conseiller du Roy, etc., contenant : Plusieurs Chansons, Dialogues, Récits, Pièces de concert, Paroles à boire, Sérénades, Paroles de Musique pour des Mascarades et des Ballets, Comédies en Musique, Paroles françoises pour la dévotion, Cantiques et Chansons latines. Dédié à Monseigneur Colbert.* In-4° (1).

Nous l'avons étudié avec soin, et nous pensons que, écrit dans le but d'influencer le ministre, il peut n'avoir pas été inutile à Perrin. Il constitue en tout cas un des documents les plus intéressants à consulter pour l'histoire de l'Opéra, et nous le décrirons d'autant plus volontiers qu'il semble être resté complétement inconnu des écrivains qui se sont occupés de cette histoire.

Ce précieux manuscrit renferme, en effet, outre les œuvres connues et déjà imprimées de Perrin, beaucoup de pièces inédites. On y trouve les poëmes de ses opéras non

---

(1) Bibliothèque nationale, Ms. Fr. 2208.

représentés, *Ariane et Bacchus*, et la *Mort d'Adonis*, ainsi que d'autres pièces qu'on ignorait avoir été composées par lui : *Une Mascarade en Musique, Églogue ou Pastorale; le Mariage du Roy Guillemot*, autre mascarade en quatre entrées; *le Ballet des Faux Roys*, en quatre parties, et un certain nombre de récits pour les ballets et les concerts, parmi lesquels se trouve celui d'*Orphée*, musique de Lully, chanté par La Grille.

L'auteur ne crut pas devoir soumettre ainsi ses œuvres au ministre sans les accompagner du commentaire dont nous avons parlé, dans lequel il insiste sur les intentions qui l'ont fait agir; tout en renvoyant pour plus de détails à son *Art lyrique*, le fameux traité auquel il travaille depuis longtemps, Perrin s'étend longuement sur ses théories en matière de poésies destinées à être mises en musique. Sans doute, il ne s'est pas corrigé de l'affectation qui règne dans sa lettre au cardinal de la Rovère, il se laisse encore aller aux entraînements d'une rhétorique un peu cherchée et souvent nuageuse qui l'éloigne de la saine logique; mais il est si plein de son sujet qu'il s'explique, en somme, avec suffisamment de clarté, et qu'on le comprend aisément.

Cet avant-propos très-curieux, très-substantiel, a encore ceci de particulier qu'on y voit les aspirations de Perrin se faire jour et prendre pour la première fois une forme plus arrêtée.

« Il seroit à désirer, dit-il, que pour examiner et pour fixer les règles de cet art si utiles pour l'avancement et pour la conciliation de la Poésie et de la Musique, Sa Majesté voulut establir une *Académie de Poésie et de Musique*, composée de poëtes et de musiciens, ou, s'il se pouvoit, de poëtes-musiciens qui s'appliquassent à ce travail, ce qui ne seroit pas d'un petit avantage au public, ni peu glorieux à la nation. »

L'Italie avait mis les Académies de musique à la mode. Perrin y joint la poésie, et, après avoir donné tant de preuves de sa compétence, se considère sans doute comme désigné d'avance pour être un des membres de la future compagnie.

Le but auquel il visait dès lors était donc la fondation d'une Académie dont les attributions, il est vrai, auraient pu être définies avec plus de précision. La connaissance de ce projet nous fait comprendre en outre le sens exact d'une des phrases de la dernière transaction que La Barroire fit signer à son débiteur, et aux termes de laquelle Perrin renonce aux prérogatives d'une position privilégiée qu'il pourrait obtenir par la suite.

Se voyant soutenu par le ministre, Perrin se hâta de tout organiser afin d'être prêt à ouvrir son théâtre aussitôt qu'il en aurait obtenu la permission, désormais considérée comme certaine. Le mémoire de Cambert, déjà cité plus haut, indique brièvement les faits sans entrer dans de grands détails, mais les renseignements qu'il donne sont très-sûrs, ainsi que nous le verrons tout à l'heure. Après avoir dit qu'en 1660 « le mariage du Roi et d'autres affaires avoient interrompu le zèle pour les opéra », il ajoute : « M. Perrin et moi nous recommençâmes au mois de mars 1669 (1). » En effet, une chanteuse, nommée Catherine Suptille, nous apprendra que Cambert l'engagea dès le commencement du mois d'avril de l'année 1669, pour remplacer à l' « Opéra » une actrice qui en faisait déjà partie.

Il y eut donc un redoublement d'efforts à

---

(1) Archives de la Comédie française.

cette époque, efforts de différents genres sans doute, et que ces renseignements malheureusement trop sommaires ne permettent pas de déterminer, mais qui furent au moins décisifs, puisque c'est au mois de juin suivant que fut résolu officiellement l'établissement de l'Opéra.

On ne saurait trop insister sur l'influence évidente grâce à laquelle Perrin et Cambert réussirent, et qui ne fut autre que celle de Colbert, continuant ainsi l'œuvre de Mazarin. Tous ses actes démontrent bien clairement qu'il n'oublia jamais les leçons et les conseils de son maître. Il semble ici qu'il les ait suivis une fois de plus. Qui sait même si, dans les instructions qu'il lui laissa, le cardinal n'avait pas recommandé à son successeur, et la musique, et l'Opéra? Ce qui est certain, c'est que, jusqu'au dernier moment, nous retrouverons la main de Colbert dans les moindres rapports de l'administration avec l'Académie de musique.

Perrin reconnut plus tard tout ce qu'il devait à cette protection; il n'est pas le seul d'ailleurs qui, en proclamant hautement que l'établissement de l'Opéra en France était un des actes intelligents du ministre, lui en ait justement fait honneur. Le poëte Gilbert, entre autres, dans la dédicace de l'opéra *les Peines et les Plaisirs de l'Amour*, qu'il lui adressa, le dit presque à chaque ligne : « ...Si ces esprits ingénieux (les inventeurs « de l'Opéra) ont mérité une estime générale, « c'est à vous, Monseigneur, que la princi- « pale gloire en est deûe, puisque vous avez « bien daigné les encourager, et qu'ils n'ont « rien entrepris que sur l'assurance de « votre protection. Il est juste que le public « apprenne cette nouvelle obligation qu'il « vous a, et qu'il connoisse par cet exemple « que vous faistes sans faste et sans bruit « les choses même les plus louables. »

Le principe une fois admis, Perrin, se conformant à l'usage, dut adresser au Roi un placet dans lequel il spécifiait l'objet de sa demande, soit le privilége d'une *Académie d'opéra*, titre qui vient bien de lui, et qui devait plaire au ministre, déjà fondateur de plusieurs Académies. Ce placet nous est resté inconnu, mais la lecture du privilége y supplée, car, suivant l'habitude, on y répéta évidemment les principaux termes et motifs consignés dans la demande de Perrin.

Voici donc ce document, copié textuellement sur les registres du secrétariat de la maison du Roi (1). Il mérite d'être lu avec soin. Nous avons cru devoir en souligner quelques passages qui ont une grande importance pour l'histoire de l'opéra. Il nous suffira, sans y revenir, de les avoir signalés ainsi à l'attention du lecteur.

« *Privilège accordé au sieur Pierre Perrin pour l'establissement des Académies d'Opéra, ou Représentations en musique, en vers françois, à Paris et dans les autres villes du Royaume, pendant l'espace de douze années.*

« Louis, par la grâce de Dieu Roy de France et de Navarre, à tous ceux qui ces présentes lettres verront, Salut. Nostre amé et féal Pierre Perrin, conseiller en nos conseils et Introducteur des Ambassadeurs près la personne de feu Nostre très-cher et bien-aimé Oncle le Duc d'Orléans : Nous a très-humblement fait remonstrer, que depuis quelques années les Italiens ont establi diverses *Académies* dans lesquelles il se fait des Représentations en musique qu'on nomme *Opéra* : Que ces *Académies* estant composées des plus excellens Musiciens du Pape et autres Princes, mesme de personnes d'honnestes familles, nobles et gentilshommes de naissance, très-savans et expérimentez en l'art de la Musique, qui y vont chanter, sont à présent les plus beaux spectacles et les plus agréables divertissemens, non seulement des

---

(1) Archives nationales, O¹, 13.

villes de Rome, Venise et autres cours d'Italie, mais encore ceux des villes et cours d'Allemagne et d'Angleterre, où les dites *Académies* ont esté pareillement establies à l'imitation des Italiens ; que ceux qui font les frais nécessaires pour les dites Représentations se remboursent de leurs avances sur ce qui se reprend du Public à la porte des lieux où elles se font ; et enfin que s'il nous plaisoit luy accorder la permission d'establir dans nostre Royaume de pareilles *Académies* pour y faire chanter en public de pareils *Opéra* ou représentations en musique et en langue françoise, il espère que non seulement ces choses contribüeroient à Nostre divertissement et à celuy du Public, *mais encore que nos sujets s'accoustumans au goust de la musique, se porteroient insensiblement à se perfectionner en cet art, l'un des plus nobles des libéraux.* A ces causes, désirant contribuer *à l'avancement des Arts dans notre Royaume,* et traitter favorablement le dit Exposant, tant en considération des services qu'il a rendus à feu Nostre trèscher et bien-aimé Oncle, que de ceux qu'il nous rend depuis plusieurs années en la composition des paroles de musique qui se chantent tant en nostre Chapelle qu'en nostre Chambre : Nous avons au dit Perrin, accordé et octroyé, accordons et octroyons par les présentes signées de nostre main la permission d'establir en nostre bonne ville de Paris et autres de nostre Royaume, des *Académies* composées de tel nombre et qualité de personnes qu'il avisera, pour y représenter et chanter en public des *Opéra* et Représentations en musique et en vers françois, pareilles et semblables à celles d'Italie. Et pour dédommager l'Exposant des grands frais qu'il conviendra faire pour les dites Représentations, tant pour les Théâtres, Machines, Décorations, Habits qu'autres choses nécessaires; nous luy permettons de prendre du Public telles sommes qu'il avisera, et à cette fin d'establir des gardes et autres gens nécessaires à la porte des lieux où se feront les dites Représentations; Faisant très-expresses inhibitions et deffences à toutes personnes de quelque qualité et condition qu'elles soient, *mesme aux officiers de nostre Maison, d'y entrer sans payer, et de faire chanter de pareils Opéra ou Représentations en musique et en vers françois dans toute l'étendue de nostre Royaume pendant douze années, sans le consentement et permission du dit Exposant*, à peine de dix mil livres d'amende, confiscation des Théâtres, Machines et Habits, applicables un tiers à Nous, un tiers à l'Hospital Général, et l'autre tiers au dit Exposant. Et attendu que les dits *Opéra* et Représentations sont des ouvrages de musique tout différents des comédies récitées, et que nous les érigeons par ces dites Présentes sur le pied de celles des *Académies* d'Italie, où les Gentilshommes chantent sans déroger : Voulons et Nous plaist, que tous les Gentilshommes, Damoiselles et autres personnes puissent chanter au dit *Opéra,* sans que pour ce ils dérogent au titre de noblesse, ny à leurs Priviléges, Charges, Droits et Immunitez, révoquant par ces Présentes toutes Permissions et Priviléges que Nous pourrions avoir cy-devant donnez et accordez, tant pour raison des dits *Opéra* que pour réciter des comédies en musique, sous quelques noms, qualitez, conditions et prétextes que ce puisse estre. Si donnons en Mandement à nos amez et féaux conseillers les gens tenans nostre cour de Parlement à Paris et autres nos Justiciers et officiers qu'il appartiendra, que ces Présentes ils ayent à faire lire, publier et enregistrer, et du contenu en icelles, faire jouir et user le dit Exposant plainement et paisiblement, cessant et faisant cesser tous troubles et empeschemens au contraire : car tel est nostre plaisir.

« Donné à Saint-Germain en Laye, le vingt-huitième jour de juin, l'an de grâce mil six cent soixante-neuf et de nostre regne le vingt-septième. *Signé :* Louis, et sur le reply : Par le Roy. Colber »

Une fois muni de son privilége, Perrin s'associa naturellement avec Cambert. Il est bien question dans un de ses factums « d'une Société qui estoit entre lui, Cambert et autres musiciens (1) » ; mais évidemment il parle ici par extension, en comprenant comme faisant partie de la Société les musiciens avec lesquels lui et Cambert passaient de simples engagements.

Les ressources pécuniaires de Perrin, nous les connaissons ; celles de Cambert se bornaient aux émoluments de sa place d'organiste de Saint-Honoré ; même réunies, elles étaient donc des plus médiocres, sinon tout à fait nulles ; aussi semblent-ils n'avoir marché alors qu'avec l'aide immédiate de l'hôtelier de Perrin, le nommé Jean Laurent de Beauregard. Celui-ci eut assez foi dans l'avenir du poëte pour le recueillir à ses sorties de

---

(1) Archives de la Comédie française.

prison, le loger et le nourrir à crédit jusqu'à son dernier jour ; à cette époque, il hébergea même pour le compte de son hôte, et toujours à crédit, quelques-uns des chanteurs que celui-ci engageait. Perrin déclarait, en 1671, qu'il redevait encore « près de 4000 livres au sieur de Beauregard par obligation causée pour nourritures fournies à ses musiciens ».

Dès avant l'obtention du privilége, il existait donc un personnel de l'Opéra, car on se souvient de ce que nous avons dit de la demoiselle Suptille, admise en avril 1669 à l'Opéra, à la place de l'une des chanteuses précédemment engagées. Voici, du reste, comment s'explique à cet égard, dans un de ses nombreux mémoires, cette Catherine Suptille, qui, en nous faisant connaître les noms de plusieurs autres chanteurs de la troupe naissante, nous apprend de plus que la pièce choisie pour être représentée la première n'était autre qu'*Ariane*, composée après la *Pastorale* d'Issy :

« Il est à remarquer que Cambert m'est venu chercher pour l'Opera, dès le commencement du mois d'avril de l'année 1669, affin d'occuper la place de mademoiselle la Gaura (1) qui en estoit cy-devant, et ne manquoit pas de venir chez nous jusqu'à trois fois par jour, en me disant que c'estoit une affaire qui me vaudroit 6000 livres de rentes. Et m'en a fait prier par mademoiselle Aubry, messieurs Descarrières et Le Viel ses frères, enfans de M. Aubry, entrepreneur du pavé de Paris (2), ou il me fut donné un roolle de bergère dans la pièce d'*Arriane*, pour le chanter, ce que j'ai fait et exécuté du depuis. Mais il est survenu après que mademoiselle Aubry quitta l'Opéra, où elle avait le premier roolle, et comme on n'en trouva point qui fut capable de le chanter comme moy, il me fut préféré à toutes aultres, lequel roolle ayant appris, on ne manquoit du depuis de faire trois répétitions par chaque sepmaine dans le cloistre Saint-Honoré chez M. Brousse, chanoine de la dite église, lesquelles répétitions ont duré l'espace de cinq mois sans discontinuer, ce que je m'offre à prouver, sans les autres répétitions qui ont esté faictes chez le dit Cambert (3). »

Nous savons donc que mesdemoiselles La Gaura et Aubry, et sans doute aussi le beaufrère de celle-ci, le nommé Levié, faisaient

---

(1) C'est bien le nom de la Gaura que porte la copie du mémoire. Nous n'avons pu rien découvrir sur cette cantatrice, et nous ne savons si l'écrivain ne s'est pas trompé en copiant.

(2) Nous retrouverons plus tard mademoiselle Aubry et son beau-frère Levié, qui était musicien. Sous le nom de Descarrières, Catherine Suptille veut désigner un fils de Léonard Aubry, l'entrepreneur de pavage bien connu; on le nommait Jean Aubry des Carrières, pour le distinguer de son père. Il en sera aussi question plus loin.

(3) Archives de la Comédie française.

partie de la troupe de Perrin à son début, puisque Catherine Suptille remplaça la Gaura d'abord, et plus tard mademoiselle Aubry dans le rôle d'*Ariane*.

D'autre part, Perrin nous dit qu'aussitôt son privilége obtenu, « il avait assemblé les musiciens de tous costez et fait venir à ses despens de Bordeaux et Tholoze, Morel et Gillet (1) ». Il est vrai que ces deux artistes ne restèrent pas longtemps à ses gages; leurs belles voix furent remarquées, et, sous prétexte de les donner au Roi, Lully, dit-on, s'arrangea pour les forcer à quitter Perrin. Ils entrèrent en effet dans la musique royale, et ne chantèrent jamais à l'Opéra.

Les répétitions ne se faisaient pas seulement chez l'abbé Brousse, le chanoine dilettante, et chez Cambert; on répétait encore à l'hôtel de Nevers, où il y eut même plus tard des représentations devant un public choisi.

Le neveu du cardinal, Philippe de Mancini, duc de Nevers, avait le goût des beaux-arts, plus que son beau-frère l'iconoclaste; il était poëte d'ailleurs et ne pouvait mal

---

(1) Archives de la Comédie française.

accueillir un confrère qui se disait avoir été protégé par son oncle (1). Héritier de la partie de l'habitation du cardinal donnant sur la rue Richelieu, et qu'on appela désormais l'hôtel de Nevers, il s'y était installé. La galerie qu'il mit à la disposition de Perrin et Cambert était l'ancienne bibliothèque de Mazarin, et se trouvait au-dessus des écuries qui s'étendaient le long de la rue Richelieu. Cette partie de la demeure du cardinal a été détruite et remplacée par les constructions neuves donnant sur la place Louvois (2).

---

(1) Plus tard, en 1681, il devait écrire les paroles d'un divertissement intitulé : *les Critiques des Opéras français,* qui se joua devant Louis XIV à Fontainebleau dans la galerie des Cerfs. Cette pièce, en langue italienne, avait été mise en musique par le maître de musique de la Reine, Paolo Lorenzani, qui, à son arrivée à Paris, avait tant plu au Roi en chantant un motet devant lui, qu'il avait dû le répéter jusqu'à cinq fois.

(2) Il reste encore, au n° 58 de la rue Richelieu, la portion de ces bâtiments qui fut séparée du reste pour le percement de la rue Mazarin, aujourd'hui rue Colbert. Ce ne fut donc pas dans l'ancienne salle de lecture de la Bibliothèque nationale que les répétitions d'*Ariane* eurent lieu. Le bâtiment où se trouve cette salle, donnant sur la cour et non sur la rue, ne fut construit que plus tard.

V

APPARITION DU MARQUIS DE SOURDÉAC ET DU SIEUR CHAMPERON. — NOUVELLE ASSOCIATION POUR L'EXPLOITATION DU PRIVILÉGE DE L'OPÉRA FORMÉE ENTRE EUX, PERRIN ET CAMBERT. — ILS ENGAGENT D'AUTRES ACTEURS. — MONIER VA EN LANGUEDOC A LA RECHERCHE DE BELLES VOIX. — LES RÉPÉTITIONS ET LES EXÉCUTIONS PRIVÉES D'*Ariane* CONTINUENT. — RUPTURE DE L'ASSOCIATION. — CONVENTION VERBALE ET ASSOCIATION DE FAIT ENTRE PERRIN, SOURDÉAC ET CHAMPERON. — CAMBERT N'EST PLUS QUE COMPOSITEUR ET CHEF D'ORCHESTRE A GAGES.

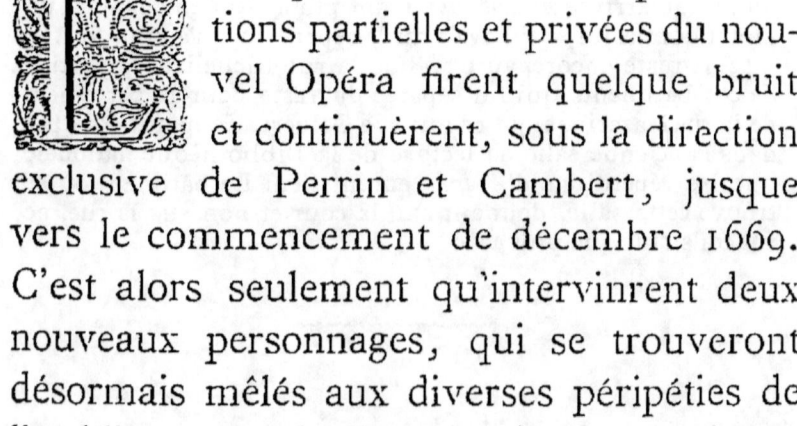

Les répétitions et les représentations partielles et privées du nouvel Opéra firent quelque bruit et continuèrent, sous la direction exclusive de Perrin et Cambert, jusque vers le commencement de décembre 1669. C'est alors seulement qu'intervinrent deux nouveaux personnages, qui se trouveront désormais mêlés aux diverses péripéties de l'établissement de l'Académie de musique; ils y joueront un rôle tellement important et despotique qu'il est indispensable de les faire connaître sous toutes les faces, en constatant bien toutefois que leur apparition dans l'affaire n'eut réellement lieu que longtemps après l'obtention du privilége et quand son exploitation était, pour ainsi dire, commencée.

Il s'agit du chevalier Alexandre de Rieux, marquis de Sourdéac, seigneur de Neufbourg, etc., et de Laurent Bersac, soi-disant de Fondant, et se prétendant escuyer, sieur de Champeron.

Le marquis de Sourdéac était un original que Tallemant des Réaux a ainsi dépeint : « Il se fait courre par ses païsans, comme on court un cerf, et dit que c'est pour faire exercice ; il a de l'inclination aux méchaniques ; il travaille de la main admirablement : il n'y a pas un meilleur serrurier au monde. » — On sait le retentissement qu'eurent les représentations de la *Toison d'or* de Corneille, faites au château de Neufbourg, en Normandie, avec les décors et machines de l'invention du châtelain ; puis le nouveau succès que cette pièce obtint, jouée, avec les mêmes décorations, sur le théâtre du Marais, à Paris.

Plus tard, le marquis fit construire dans son hôtel de la rue Garancière (1) un théâtre où il donnait de temps en temps des représentations gratuites, dans une salle qui pouvait, dit-on, contenir cinq à six cents personnes. Sa notoriété, en pareille matière, était donc réelle.

Il est vrai qu'au point de vue des relations d'affaires, il était loin d'inspirer une confiance absolue. Pierre Corneille avait eu à s'en plaindre, puisqu'il lui retira sa pièce un instant et faillit même ne pas la lui laisser jouer. Les comédiens du Marais eurent aussi avec lui des difficultés sérieuses, qui amenèrent une bataille dans laquelle les valets du duc de Guise prirent parti pour les comédiens contre l'huissier du marquis. Du reste, les registres du Parlement sont remplis de son nom, à propos de procès nombreux et de toutes sortes. Enfin il mena toujours une vie de désordre, forçant même sa femme, qu'il laissait sans pain, à lui intenter un procès scandaleux.

Quant au sieur de Champeron, il s'en était

---

(1) Hôtel aujourd'hui occupé par l'imprimerie-librairie Plon, dans les ateliers de laquelle a été imprimé le présent volume.

fallu de bien peu que le poëte besoigneux et lui ne se rencontrassent sur le préau de la geôle de Saint-Germain des Prés. Nous savons que Perrin y fut incarcéré le 23 janvier 1659; Champeron en était sorti le 19 mai 1658; il n'y avait passé que deux jours, et y avait été mis « faute de paiement à haut et puissant seigneur Annibal d'Estrée, chevalier des ordres du Roy, pair et mareschal de France... en vertu de certain bail des Aydes de l'élection de Tonnerre... (1). »

Champeron resta toujours l'associé de Sourdéac et le suivit dans toutes ses intrigues. Ayant tous deux les mêmes idées en affaires, retors au même degré, et sans plus de scrupules l'un que l'autre, ils s'entendirent parfaitement. Disons encore que Champeron eut lui aussi des démêlés judiciaires avec sa femme, Louise Lebel, qui plaida en séparation, et à laquelle le prévôt de Paris donna gain de cause (2).

Nous ne saurions mieux faire d'ailleurs pour montrer sous leur vrai jour ces deux individus que de reproduire un document

---

(1) Archives nationales. Registre d'écrou Z², 3618.
(2) Archives nationales. Parlement, X¹ª, 2480.

contemporain faisant partie de ceux qui ont été si heureusement conservés aux archives de la Comédie française. Cette pièce est-elle un rapport de police, ou un fragment de mémoire de procureur, ou encore une note d'avocat destinée à préparer sa plaidoirie ? Nous ne saurions le dire au juste ; mais quelle qu'elle soit, et bien qu'elle parle d'événements qui ne se passèrent que plus tard, elle est si intéressante que nous la transcrivons ici en son entier, quitte à y revenir lorsque les faits qui y sont mentionnés apparaîtront dans notre récit.

« Champeron qui se fait nommer Laurens de Bersac de Fondant Esc^r Sr de Champeron, s'appelle Laurens Bersac, est fils d'un sergent (ou laboureur) du bourg de Rancon en Limosin ; sa maison est une chaumière dans le bourg, dont les deux tiers appartiennent a une d^{elle} du Verger habitante du lieu. Il a premièrement esté sergent (1), et puis commis en de petits bureaux à Paris ; ensuite il fut employé dans les gabelles de la comté d'Eu, puis il se jetta dans les Fermes des Aydes et fut sous-fermier des Aydes de l'Election de Tonnere en l'année 1659, avec les nommés des Bordes et Rossin qu'il a trompés et ruinés. Il est chargé de debtes et notoirement insolvable ; et

---

(1) Les sergents étaient des bas officiers de justice qui remettaient les exploits, faisaient les saisies et exécutaient les prises de corps.

a passé la meilleure partie de sa vie dans les prisons ou dans la retraite ainsi que l'on peut justifier par divers escrous du Chastelet, du Fort l'Evesque et de la Conciergerie (1).

« Il se dit veuf, et la vérité est qu'il a sa femme qui porte son nom et demeure en Grève dans une sienne maison; d'avec laquelle il est séparé depuis dix-sept ans à raison de ses mauvais traitemens et de son insolvabilité.

« Il a esté taxé à la chambre de Justice comme Traitant à 2,000 livres lesquelles à raison de sa pauvreté, ont été réduites à 500 livres (2).

« Il a esté recherché comme faux noble et prenant faussement la qualité d'Escuyer, laquelle on l'a obligé de rayer et l'a-t-on condamné à l'amande.

« Il a esté dénoncé à la chambre de Justice pour plusieurs faussetez par luy commises dans sa commission des Aydes de Tonnerre, pour raison desquelles il y a eu des informations à Troyes par le Subdelegué du Procureur Général d'icelles, et décret de prise de corps en vertu duquel il a esté prisonnier au Fort l'Evesque d'où il n'est sorti qu'à caution de se représenter à toutes assignations.

« Il a deux frères : un nommé la Lande qui se fait à présent appeler Fondant, qui a esté aussi sergent et depuis commis à Blaye à la recepte du convoy de Bordeaux; ensuite, ayant les droits cédés de son frère en l'Election de Tonnerre, il y a ruiné plusieurs

---

(1). Le rédacteur de ce rapport aurait pu ajouter à ces trois prisons celle de Saint-Germain des Prés, sur les registres d'écrou de laquelle nous avons relevé sa sortie en mai 1658, comme il est dit plus haut.

(2) Les traitants recouvraient les impôts et deniers publics à des conditions réglées par un *traité* avec les fermiers généraux.

honnestes familles par procez et chicannes. C'est celuy qu'il a estably receveur des deniers de l'Opéra.

« L'autre frère est un moyne de Saint-Benoist, lequel il a commis au gouvernement des Machines sous le marquis de Sourdéac; qui place à l'Opéra le peuple dans les loges et y fait plusieurs actions scandaleuses sur le théâtre comme de siffler pour les Machines, et traitter les filles de discours et d'actions infâmes comme elles mesme le témoigneront.

« Il a logé ces deux frères avec luy dans l'Académie. Il a trois sœurs, dont il y en a deux très-pauvres, retirées dans le prieuré du susdit moyne, qui vaut cent escus de revenu; et l'autre est mariée à un notaire d'un village à trois lieues de Rancon, qui a deux enfans, dont l'un estudie à Poitiers.

« Ce sont gens chargés de crimes et de debtes, qui ont trente procès en toutes juridictions avec M. de Bergy aud[r]; Thomas serrurier; Bossières advocat au conseil; Giraut, commissaire du dit Champeron; Pioggion, pour la terre du Tronchoy, lequel ils ont ruiné; Renouuellen, Barbier, Ravès.

« M. de Sourdéac, au contraire, est un homme de la première naissance du royaume, chef des cadets de la Maison de Rieux, l'une des branches de celle de Bretagne. Avec cela c'est l'homme du monde le plus roturier dans sa conduite et dans ses mœurs. Il n'a jamais eû ny employ dans l'armée, ny charge à la cour, à la réserve que lors des guerres civiles, et à la faveur des troubles de l'Estat, il a piraté sur la coste de Bretagne sans aveu et sans ordre. Il est vrai qu'il est bon serrurier et bon menuisier, et qu'il entend un peu les machines de Théâtre; mais, au reste, c'est un homme chargé de crimes, soupçonné toute sa vie de faire de la fausse monnaye, à Neubourg, où dans les payements on demande si sera monaye du Roy où de Neubourg;

chargé d'une douzaine d'assassinats; usurier public prestant sur gages ouvertement à deux sous pour livre par mois, ainsi que toutes les revendeuses de Paris tesmoigneront; désordonné dans ses habits, courant au lieu de marcher par la ville comme un fou échappé, seul et sans équipages; allant seul à la Halle et au Marché et en rapportant sous son juste-au-corps du gibier et de la morue; jurant, blasphémant continuellement, en continuel discord avec sa femme, ses enfants, frères, sœurs et toute la famille qu'il ne voit point; toujours dans les cabarets et lieux infâmes, entretenant publiquement des femmes dans sa maison aux yeux de sa femme et de ses filles, mesme jusque dans l'Académie, où il en a deux logées avec luy; une nommée Manon dont il a eû un enfant depuis six mois, et faisant un scandale et des désordres continuels dans tout le voisinage, jurant, outrageant les ouvriers, les symphonistes, les musiciens et les filles de l'Académie de menaces, d'injures, de blasphèmes, de coups; faisant au reste des choses basses et indignes de sa naissance, recevant l'argent à la porte, sans chapeau et sans manteau, paraissant sur le théâtre nud en chemise, courant et dansant comme un insensé, siflant pour la conduitte des machines et faisant mille pareils scandales qui le rendent la risée de tout le peuple; ayant débauché une femme de l'Académie que son mari a répudiée, et maltraitant à son occasion et pour sa querelle toutes les filles qui chantent à l'Opéra.

« Rossignol se plaint qu'il l'a plusieurs fois injurié, menacé, traité de coquin, tiré l'épée sur luy pour le tuer, manqué de parole en ce qu'il luy avait promis de luy payer le service qu'il feroit à Paris, jusques au temps que l'Opéra commenceroit, sur lequel pourtant il n'a reçu que deux cens livres de plus de mille qui luy appartiennent légitimement et qui luy ont esté promises.

« Beaumavielle, autre musicien qu'il a fait venir de Languedoc, fait pareilles plaintes.

« Miracle de mesme, et de plus qu'aiant confié son traité de 1,500 livres pour un an entre les mains de Champeron, il le luy a retenu et ne le paye qu'à raison de mille livres.

« Et tous generallement de retardement et deffaut de leur paiement et de leurs menaces, injures et mauvais traittemens.

« Le père et la mère de la D^{elle} Hardy, fille âgée de seize ans, se plaignent hautement de Champeron, et ils ont porté leurs plaintes aux pieds du Roy.

« Toutes les filles de l'Académie se plaignent de ce qu'ils les outragent incessamment, leur tiennent mille sales discours; et quant à leurs paiements, qu'ils n'exécuttent point leurs traittés. Elles devroient avoir leurs quartiers d'avance, et elles ne sont pas achevées de payer à la fin. L'on leur a promis à toutes mille livres, sur lesquelles on leur retient à chacune deux-cents livres pour les faire instruire au chant, à la musique et à la danse; cependant on ne leur a point donné de maistres, quoiqu'elles en ayent fait diverses instances.

« Tous les machinistes ont déserté, ne pouvant souffrir les blasphèmes, injures et excès continuels du sieur de Sourdéac. »

On savait que Sourdéac avait été un original fieffé, menant mauvaise vie et très-peu scrupuleux en toutes choses; mais ce document précise les faits sans ménagements et l'accuse formellement d'avoir été pirate, faux monnayeur, douze fois assassin, usurier, et le reste. On ne pouvait donner une plus triste idée de ses mœurs et de son caractère; il n'est pas jusqu'à ce détail du gibier et de la morue qu'il rapporte de la halle, où, se conformant sans nul doute à l'usage, il avait échangé force jurons et aménités avec les dames de l'endroit, qui ne complète d'une façon saisissante le tableau des honteuses habitudes de ce singulier grand seigneur.

Le faux noble de Bersac, de Fondant, de Champeron, n'était, on le voit, ni un *financier*, ni un *homme fort riche,* ainsi qu'il a été faussement qualifié par beaucoup d'historiens de l'Opéra; couvert de dettes et insolvable au premier chef, ce repris de justice, poursuivi « en toutes juridictions », allait bien de pair avec un gentilhomme taré et avili comme l'était le marquis de Sourdéac. Accouplés ensemble, aidés du recors et du moine, les dignes frères de Champeron, ils ne pouvaient vraiment faire que de fort vilaine besogne, et ils n'y manquèrent pas.

Après ce que nous révèle ce réquisitoire impitoyable sur la fâcheuse notoriété qui s'attachait à ces deux personnages, leur conduite future dans cette affaire de l'Opéra

LES ORIGINES DE L'OPÉRA FRANÇAIS. 115

pourra être comprise bien plus facilement et jugée sans la moindre hésitation.

Comment Perrin et Cambert firent-ils leur connaissance, et surtout à quelle date eurent-ils la malencontreuse idée de les admettre dans leur entreprise? C'est ce qu'il est utile de bien déterminer dès à présent, afin de pouvoir, par la suite, se rendre compte exactement des situations faites aux uns et aux autres, dans les événements qui vont désormais se succéder rapidement.

D'après Perrin, le marquis de Sourdéac accourut de sa province sur l'avis de Champeron, longtemps après que la concession de l'Opéra eut été accordée, et cela « pour trouver l'occasion d'une banque à faire proffiter l'argent (1) ».

Il est dit encore dans un autre mémoire :

« Journellement l'on concertoit et répetoit à l'Hostel de Nevers et au cloître Saint-Honoré, *Ariane* qui avoit esté composée. Dans toutes ces répétitions point de marquis de Sourdéac. L'on ne le cognoissoit point, c'estoit le sieur Perrin à qui le privilége avoit esté accordé tant à cause de son méritte que des services qu'il avoit rendus (2). »

---

(1) Archives de la Comédie française.
(2) *Ibid.*

De son côté, Cambert nous apprend ceci :

« Les sieurs de Sourdéac et de Champeron s'estant présentés aux sieurs Perrin et Cambert pour estre de l'Opéra, on conclut une Société entre eux pour laquelle les sieurs de Sourdéac et de Champeron estoient obligés par-devant notaire de fournir tout l'argent nécessaire pour les avances et jusqu'au jour de la première représentation, auquel jour on partageroit également tous quatre, et que les sieurs Cambert et Perrin contribueroient seulement de leur sçavoir et crédit.

« Cette société fut passée environ le 12 décembre 1669... (1). »

Enfin, dans le mémoire auquel nous avons emprunté les quelques lignes citées plus haut, Perrin ajoutait encore :

« Le marquis de Sourdéac eust advis de ces représentations (celles de l'Hôtel de Nevers); il les vint voir, et comme son génie est plustôt disposé à ces sortes de spectacles par la confection de quelques machines qu'à de grandes actions, il crut qu'en travaillant aux machines nécessaires il ne seroit pas une partie inutille de l'Opéra, et que cela épargneroit un autre maître de machines, et il voulut y joindre Champeron.

« Pour recepvoir ces deux grands hommes, il fallut

---

(1) Archives de la Comédie française. — Malgré des recherches faites dans toutes les études de Paris, nous n'avons pu découvrir cet acte à la date indiquée par Cambert; s'il ne s'est pas trompé, ce contrat de société aurait fait partie de minutes aujourd'hui perdues.

rompre avec une autre société qui estoit entre les sieurs Perrin, Cambert et autres musiciens (1), et la société fut faite des dicts sieurs de Sourdéac, Champeron, Perrin et Cambert... »

En résumé, il demeure bien établi qu'un peu avant la date à laquelle Perrin reçut son privilége, lui et Cambert s'occupaient déjà de l'Opéra en engageant et formant des acteurs auxquels ils faisaient répéter *Ariane*; qu'ils continuèrent de le faire seuls, comme associés, après l'obtention des lettres patentes de juin 1669, jusqu'au mois de décembre suivant; puis qu'à cette époque, s'étant liés avec Sourdéac et Champeron, ils rompirent leur premier contrat et s'associèrent avec eux, soit comme le dit Cambert, vers le 12 décembre 1669.

Les rôles que chacun des associés avait à remplir sont suffisamment définis, à défaut de l'acte passé par-devant notaire, par les notes ci-dessus empruntées à Perrin et Cambert.

L'administration était ainsi dévolue à Sourdéac et Champeron, soi-disant bailleurs de fonds, tandis que la partie artistique restait du ressort du poëte et du musicien. En effet,

---

(1) Voyez page 100 ce que nous avons pensé de l'interprétation à donner à ces mots : « *autres musiciens.* »

les traités passés avec les chanteurs le sont aux noms seuls de Sourdéac et de Champeron, et il est même à remarquer que ceux-ci se faisaient adroitement désigner dans ces traités comme « Messieurs les Interressez au privilége de l'Opéra accordé par Sa Majesté *sous le nom* du sieur Perrin au mois de juin 1669 ».

Les engagements conclus en décembre, que nous avons pu découvrir et qui toutefois ne furent pas les seuls, sont ceux que signèrent Catherine Suptille aux gages de 1,200 livres et Pierre Monier, dont l'engagement fixé à la somme de 1,500 livres est daté du 28 décembre 1669. Ce dernier artiste appartenait à la musique royale; il figurait dans les ballets de la cour, notamment dans l'intermède de *Georges Dandin* (1668) et dans le ballet de *Flore* (1669). Il chanta plus tard sur le théâtre de Molière, dans *Psyché,* représentée en 1671 (1).

On ne trouva pas à Paris le nombre de voix nécessaire, et il fut décidé qu'on en chercherait en province. Comme on reconnaissait à Monier « un génie tout particulier pour

---

(1) Registre de Lagrange.

ce subjet, on lui proposa le voyage du Languedoc »; il accepta et partit immédiatement. Voici le récit de sa mission, emprunté à une note de plaidoirie de son avocat, car, on ne le verra que trop, grâce aux menées de Sourdéac et Champeron, presque tous ceux qui prirent part à la fondation de l'Opéra furent forcés d'avoir recours à la justice et de subir les conséquences des procès :

« On donna à Monier 336 livres en partant. Le sieur de Sourdéac lui donna son cheval pour le conduire jusques à Essonne, et pour asseurer ceux qu'il engageroit le sieur Champeron lui mist entre les mains le privilége de l'Opera escrit de sa main. Monier partit le jour de l'an dernier (1er janvier 1670). La cour peut se souvenir de la rigueur du froid. Il prit la poste, et en quatre jours il arriva à Montpellier, ce qui consomma toute l'avance qu'il avoit reçeu et d'une lettre de crédit de 300 livres dont on parlera dans la suite.

« Estant en Languedoc dans les dites villes que l'on luy avoit marquées, il ne trouvoit pas les musiciens qu'il cherchoit. Il s'en alla à Bésiers, où les Estats se tenoient, et ainsi il fallut y rester. Et après avoir descouvert quelques voix, leur avoir fait la proposition dont on l'avoit chargé, ils eurent de la peine à se résoudre à venir à Paris, joint l'injure du temps, l'esloignement de leur province, l'incertitude dans l'employ; de là il alla à Thoulouze, de Thoulouse à Alby trouver le nommé Rossignol. Il proposoit aux musiciens qu'il jugeoit capables l'employ de l'Opéra. Ils vouloient des assurances certaines; ma partie (Monier) en escrivit aux Intéressez (c'est-à-dire à Sourdéac et à Champeron). La response venue, il s'asseura de quatre musiciens qui ne peurent pas sytost partir parce que quelques-uns estoient engagez dans des chapitres. Il fallut attendre leur comodité pour se préparer au voyage pour Paris.

« Estant prêts à partir, ordre des Intéressez que les dits musiciens retardassent leur voyage pour des considérations particulières, et enfin ils seroient partis par la voye du messager, arrivez en cette ville au nombre de quatre avec ma partie (Monier).

« Ces Intéressez auroient payé leur voyage au messager, et ma partie ayant montré et fait chanter les quatre musiciens devant les Intéressez, ils en auroient esté satisfaits et l'auroient congratulé de l'heureux succès de son voyage.

« Deux jours après ils auroient été à Cève (Sèvres), pour se cacher, parce que le marquis de Sourdéac avoit peur que le Roy sachant l'excellence de leur voix ne les print. Ils ont toujours chanté à l'Opéra. Ma partie qui estoit de retour du 30 mars avec ses musiciens, qui continuoit à chanter et qui avoit avancé son argent pour les Intéressez, en ayant besoin, leur présenta son compte, qui se montoit à 1,113 livres. Ils refusèrent de lui en donner, le voulurent mesme maltraiter, luy qu'ils congratuloient deux jours auparavant, ne voulurent plus qu'il fust de l'Opéra, refusèrent de lui donner un roolle. C'est ce qui a donné lieu à la demande sur laquelle vous avez à prononcer, etc., etc. (1). »

Cambert, de son côté, confirme ainsi ce

---

(1) Archives de la Comédie française.

qui précède : « Les sieurs de Sourdéac et de Champeron commencèrent leurs avances en envoyant un homme exprès en Languedoc, et qui partit le 28 de décembre 1669, et en revint, accompagné de cinq, le dimanche de Pâques fleuries ensuivant, 1670 (1). »

Il y aura eu confusion dans les souvenirs de Cambert lorsqu'il cite la date du traité de Monier comme étant celle de son départ, lequel n'eut réellement lieu que quatre jours après, le 1ᵉʳ janvier 1670; il parle aussi de cinq musiciens, tandis que Monier dit n'être arrivé à Paris qu'avec quatre musiciens qu'il avait engagés ; mais le cinquième ne put-il pas faire le voyage seul, et un peu plus tard? On cite, en effet, comme venus du Languedoc, Clédière, Beaumavielle, Bourel-Miracle, Taulet et Rossignol. Enfin, la date de l'arrivée de Monier et de ses recrues est rigoureusement exacte, puisque le dimanche des Rameaux tombait bien cette année-là le 30 mars.

Jusqu'à présent on avait cru que c'était La Grille ou plutôt Dominique Normandin de La Grille qui avait été chargé de cette mission en Languedoc. Cet artiste, faisant

---

(1) Archives de la Comédie française.

partie de la musique du Roi, au moins depuis 1663, avait alors une certaine notoriété et était un ami de Perrin. De plus, lui qui chantait dans tous les ballets du Roi, ne figure justement pas au nombre des exécutants des divertissements de la cour, pendant le carnaval de cette année, entre autres dans les *Amants magnifiques,* de Molière, qui y furent représentés en février 1670. Mais il ne saurait y avoir de doute, ce fut bien Monier qui alla en Languedoc, car, outre les preuves sans réplique que nous venons de donner, il y a une excellente raison pour que La Grille n'ait pas voyagé à cette époque : c'est qu'il était en prison, d'où il ne sortit que le 18 mars (1).

Sauf Pierre Rossignol, que Monier engagea à Alby, Bernard Clédière, qui était de Béziers, et François Beaumavielle, il est difficile de désigner avec certitude les autres

---

(1) Ce fait résulte de l'ordonnance qui suit : « — De par le Roy — Sa Majesté ayant fait arrester et mettre dans les prisons de ce lieu de Saint-Germain en Laye le nommé La Grille, musicien de Sa Chambre, pour quelques rapports qui avaient esté faits à Sa Majesté, a ordonné, ordonne au capitaine Danville, exempt des gardes de la Prévôté de son Hostel, d'élargir et mettre hors des prisons ledit La Grille, et à cet effet d'en donner la descharge au geôlier en vertu du présent ordre. Fait à Saint-Germain en Laye, le 18 mars 1670. » (Archives nationales, registre du secrétaire du Roi, O^1, 14.)

membres de la nouvelle troupe venus du Midi; nous savons toutefois que Pierre Taulet et Jean Bourel-Miracle (1), qui passent pour en être originaires, faisaient alors partie de cette troupe, ainsi que Catherine Suptille et Marotte Labadoys, qualifiée d' « assez cogneue dans le monde ».

Nous avons dit que non-seulement on travaillait aux répétitions d'*Ariane*, mais encore qu'on en donna quelques représentations publiques. Catherine Suptille raconte en effet ceci : « Est arrivé que depuis la passation de mon contrat (décembre 1669) a esté faites plusieurs grandes représentations dans l'Hostel de Nevers, en public, devant quantité de personnes de qualitez, sçavoir : devant M. le Gouverneur de Paris accompagné de M. le grand prieur et Messieurs les comte et chevalier de Soissons, M. de Lyonne et M. de Nyel, premier valet de chambre du Roi (2), sans pour le moins 2,000

---

(1) Il semble qu'il y eût deux frères Miracle, l'aîné et le cadet, d'après les indications portées sur quelques livrets de ballets du Roi.

(2) Le gouverneur de Paris était le duc de Mortemart, père de M. de Vivonne, de mesdames de Montespan et de Thianges, et de l'abbesse de Fontevrault. Sa petite-fille, mademoiselle de Thianges, épousa le duc de Nevers dans la nuit du 14 au 15 décembre 1670. — Le grand prieur de France, Jacques de Souvré,

aultres personnes dont je ne scais pas le nom (1). »

C'est vraisemblablement au moment de l'arrivée des artistes du Languedoc qu'il y eut dans la direction de l'Opéra une nouvelle transformation produite par la dissolution de l'association entre Sourdéac, Champeron, Cambert et Perrin. Celui-ci dit, en parlant de cette société, « qu'elle ne dura pas longtemps, et qu'elle fut rompue trois mois après, à cause de l'humeur incompatible du sieur de Sourdéac (2) ».

Sans qu'on puisse en préciser la date, la rupture n'en est pas moins certaine, ainsi qu'il ressortira des divers faits qui seront

---

très-lié avec le duc de Mortemart, n'était pas moins renommé pour ses goûts littéraires que pour la bonne grâce de ses réceptions et le luxe de sa table. Boileau, dans sa IIIe satire, a fait allusion à la bonté des vins qu'on buvait chez lui, quand il n'était encore que commandeur de Saint-Jean de Latran. Souvré mourut le 22 mai 1670, très-peu de temps après les représentations d'*Ariane*. — Le comte de Soissons, prince de Savoie, était beau-frère du duc de Nevers, et son fils, Louis-Jules, chevalier de Soissons, qui l'accompagnait, n'avait alors que dix ans. Le prince Eugène fut le cinquième fils du comte de Soissons. — Quant à M. de Lyonne, nous ne savons s'il s'agit du comte ou du marquis. Si c'est du marquis, celui-ci, « sensible à tout », a-t-on dit, donna souvent, en effet, des preuves de son goût pour la musique. — Enfin, M. de Nyel ou de Nyers s'illustra par son talent remarquable dans l'art du chant. Lambert, dans sa jeunesse, avait pris ses conseils.

(1) Archives de la Comédie française.
(2) *Ibid.*

mentionnés à leur place. Écoutons d'abord Perrin. « Cette société rompue, dit-il, n'osta pas aux sieurs de Sourdéac et Champeron le dessein de l'Opéra; ils envisageoient le grand gain et le proffit que l'on pouvoit tirer de ses représentations, c'estoit un appas pour eux, Champeron en avoit besoin. Ils firent entendre au sieur Perrin, pour s'emparer de son privilége, qu'ils avoient de l'argent, quoyqu'ils n'en eussent pas, que, comme il falloit de grandes avances pour mettre l'Opéra sur pied, ils les feroient, etc. (1). »

Les engagements réciproques fixant la part qui revenait à chacun dans les charges et les bénéfices stipulés au contrat, par-devant notaire, devenaient lettre morte, puisque l'acte fut annulé par cette dissolution. C'est sans doute là où le marquis et son complice voulaient en arriver. Des clauses parfaitement définies, ayant force de loi pour les parties contractantes, les gênaient; ils préféraient le vague des conventions verbales, faciles à dénaturer et à nier, et le pauvre Perrin fut la dupe de sa confiance dans

---

(1) Archives de la Comédie française.

le vrai comme dans le faux gentilhomme.

On convint, au lieu de passer un acte, de continuer en commun l'exploitation de l'Opéra, et c'est de cette association de fait, sans la moindre convention écrite, que découlent toutes les tristes conséquences qui en résultèrent pour Perrin. De là aussi l'impossibilité dans laquelle se sont trouvés les historiens qui ont parlé de cette direction de l'Opéra d'en bien comprendre la nature, et par suite l'inexactitude de leurs jugements sur les responsabilités encourues par les uns et par les autres.

Sourdéac et Champeron continuèrent donc à diriger l'affaire, et le concours que Perrin leur apportait au vu et au su de tout le monde, puisqu'il leur donnait ses œuvres et qu'il prenait part aux répétitions, constituait une association de fait, évidente et indiscutable. Quant à Cambert, il devint, par acte en bonne et due forme, le compositeur et chef d'orchestre rétribué. On lui donnait 250 livres par mois, ou du moins on s'était engagé à les lui donner par cet acte dans lequel, au dire même de Cambert, le marquis et le faux écuyer « s'estoient si bien précautionnés qu'ils l'avoient lié sans s'obliger eux qu'à le payer, ce qu'ils ne faisoient point (1) ».

Voilà Cambert, de sa propre volonté, simple gagiste à l'Opéra, et Perrin absolument à la merci du seigneur de Neufbourg et de son complice, le *traittant* Champeron, tous les deux aussi processifs en réalité que « chargés de crimes », d'après leur triste renommée.

Ceux-ci furent toutefois assez habiles pour ne rien laisser soupçonner de leurs intentions, et chacun semble avoir d'abord prêté son concours sans trop d'arrière-pensée, quoique Monier, envers lequel Sourdéac et Champeron ne tinrent pas leurs engagements, ait dû les actionner en justice. Dès le mois de mai 1670, il les assignait au Châtelet, pour qu'ils eussent à lui payer 1,500 livres suivant son traité et 1,113 livres pour les frais du voyage en Languedoc.

---

(1) Archives de la Comédie française.

VI

On abandonne l'opéra d'*Ariane* pour celui de *Pomone*. Perrin loue le jeu de paume de Béquet, première salle projetée d'opéra. — Répétitions et exécutions de *Pomone* chez Sourdéac a Sèvres et au jeu de paume de Béquet, a Paris. — Continuation des procès avec les acteurs. — La Barroire poursuit encore Perrin, qui obtient des lettres de répit. — La salle louée par Perrin est fermée par ordre. — Sourdéac et Champeron louent en leur nom le jeu de paume de la Bouteille. — Chanson sur Lully. — Publication de l'argument de *Pomone* avec un avant-propos de Perrin.

Au lieu d'*Ariane* qui paraissait désignée tout naturellement pour servir d'ouverture au nouveau théâtre, c'est une simple pastorale que les associés préférèrent représenter. Perrin s'était mis au travail et avait écrit le poëme de *Pomone*, dont Cambert composa la musique en moins de trois mois. Celui-ci instruisait en même temps les futurs acteurs et actrices, parmi lesquels il y en avait (ceux venus du Languedoc) qui ne parlaient le français qu'imparfaitement, et d'autres qui ignoraient même les plus simples éléments de la musique : tous, ou à peu près, du reste, n'avaient jamais figuré sur la scène, et de ce côté leur éducation était entièrement à faire.

Il fallait aussi construire un théâtre, et l'on chercha un jeu de paume, pour le transformer, suivant l'usage d'alors, en une salle de spectacle. Le 13 mai 1670, par acte passé par-devant Lévesque et Leboucher, Perrin loue le jeu de paume de *Béquet*, avec maison basse, jardin et dépendances, le tout situé rue de Vaugirard, « attenant l'hostel de la
« Trémoille, pour servir aux représentations
« des opéra en musique en langue françoise,
« establis par Lettres patentes de Sa Majesté,
« obtenues sous son nom au mois de juin
« dernier, qui sont concerts de chant, de
« musique, ballets, danses et machines et
« décorations et théâtre, amphithéâtre et
« loges, et conservera le dit sieur preneur,
« pendant le cours du dit bail, autant que sera
« possible le nom de *Béquet* au dict jeu de
« paulme, dans tout ce qu'il fera au subjet des

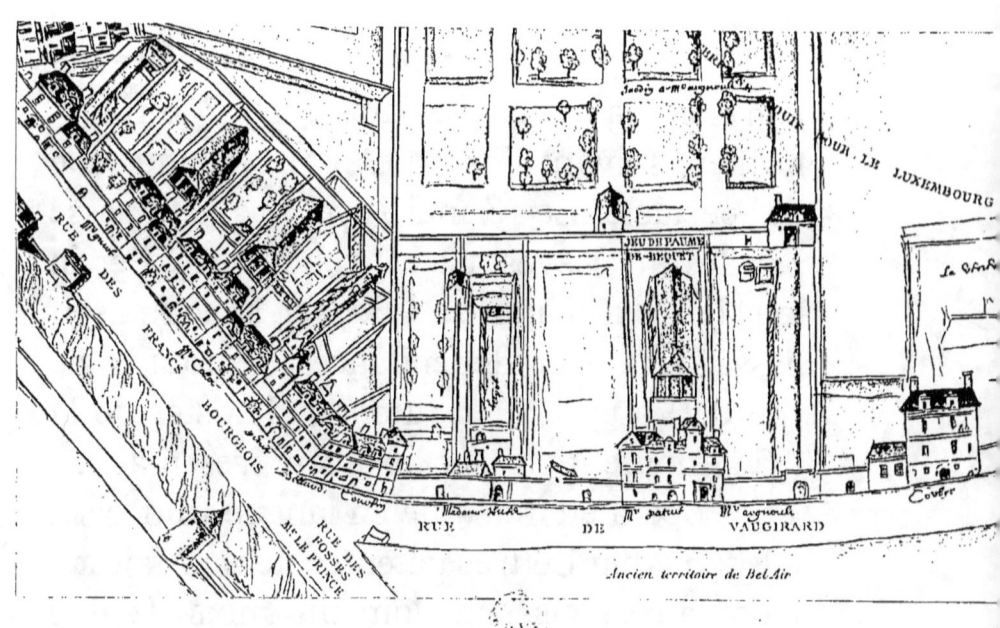

« dites représentations ». Les bailleurs sont demoiselle Marguerite Patru, veuve de Pierre Adam, avocat à la cour; M. François Le Gaigneur, avocat à la cour et conseils de Sa Majesté, pour son fils né de son mariage avec défunte Marie Patru et Olivier Patru. Le Gaigneur et Gédéon Tallemant, écuyer, sieur des Réaux, agissaient à la suite d'un abandon de biens, au nom des créanciers d'Olivier Patru dont on sait que Tallemant était l'ami (1).

---

(1) Le petit plan ci-contre est extrait d'un plus grand, existant aux Archives nationales (S. 869) et reproduit en entier par Berty dans sa *Topographie du vieux Paris*. Il a été dressé vers 1610 par les architectes Quesnel et Vellefaux, experts jurés dans un procès entre la Confrérie aux Bourgeois et l'abbé de Saint-Germain des Prés. L'exactitude en est scrupuleuse, surtout pour le point qui nous intéresse particulièrement, soit le jeu de paume de Béquet. Comme Lully, lui aussi, y installera son théâtre, les renseignements suivants, puisés dans la *Censive de la grande confrérie de Nostre-Dame de Paris* (Arch. nat., S. 870-871), ne nous paraissent pas étrangers à l'histoire de l'Opéra.

Jean Béquet, *maistre esteuvier*, et sa femme Peronne Bonnyer, acquirent partie de cette propriété de leurs deniers, en 1570, des héritiers d'Honoré Chevalier, et partie par échange, en 1576, d'Antoine Arnault, conseiller du Roi, contrôleur général de ses finances, qui possédait de vastes terrains aux alentours. Le jeu de paume de Béquet existait déjà, au moins à cette dernière date, car il est mentionné dans l'acte d'échange, ainsi que le jeu de paume à découvert, dit *de Loron*, situé sur la propriété à gauche, et qu'on appela plus tard le *jeu de paume rouge*.

Un seul des enfants de Béquet, Claude, était maître paumier; il mourut avant octobre 1605, et, à partir de cette date jusqu'en septembre 1607, Jean Patru, procureur au Châtelet,

On se souvient du piquant récit qu'il nous a laissé sur le mariage de Perrin, qui ignorait évidemment ce que l'auteur des *Historiettes*, encore manuscrites, avait raconté de lui. Ce jour-là ils se rencontrèrent lors de la signature du bail qui fut fait pour quatre ans et six semaines, moyennant un loyer de 800 livres par an. En même temps et par-devant les mêmes notaires, il est donné quittance à Champeron de la somme de 800 livres, versée pour le loyer de la dernière des quatre années, et Sourdéac et Champeron se rendent solidairement cautions de Perrin,

---

acheta successivement aux enfants, aux frères et à la sœur de Claude leurs parts respectives de l'héritage paternel.

Le plan de Quesnel et Vellefaux, conforme à la description des lieux faite dans ces actes, peut encore servir pour 1670, quant au jeu de paume, car des actes postérieurs à cette date énoncent comme existant toujours les mêmes dispositions locatives. Il n'y eut que le côté gauche de la propriété qui subit des changements par le fait des constructions neuves élevées sur la rue de Vaugirard.

La clause du bail passé avec Perrin, insistant pour que le nom de Béquet fût conservé, démontre, tout au moins, que ce jeu de paume était très-connu sous ce nom. Cependant il était souvent désigné sous le nom de jeu de paume de Bel-Air, et voici pourquoi : le côté opposé de la rue de Vaugirard faisait partie à l'origine d'un territoire appelé Bel-Air au seizième siècle, et qui s'étendait le long de la rue appelée plus tard des Fossés de Monsieur-le-Prince. Une des maisons construites en face de la maison Patru avait même nom Bel-Air, et il est vraisemblable que c'est, sinon dans cette maison, au moins dans le voisinage que se trouvait le cabaret de Bel-Air tenu par le beau-père de Lambert. Le jeu de paume rouge ayant été

des prix, charges et conditions du bail, promettant d'indemniser au besoin le sieur Nicolas Coudray, maître raquetier paumier, qui avait donné sa garantie, « attendu qu'il « n'est intervenu au dit bail que pour faire « plaisir au dit sieur Perrin (1) ».

Pendant que l'on travaillait à la construction de la première salle d'opéra, c'est à Sèvres, dans la maison de campagne de Sourdéac, où il avait dressé un théâtre, que les études se faisaient, mais avec quelque mystère, nous l'avons vu, de peur que les chanteurs ne fussent enlevés pour la musi-

---

démoli, ainsi que nous en avons la preuve par des actes antérieurs à 1670, celui de Béquet resta le seul établissement de ce genre en cet endroit, et, toute confusion étant impossible, on comprend qu'au lieu de dire : *le jeu de paume de Béquet vis-à-vis Bel-Air*, l'usage ait prévalu de dire simplement : *le jeu de paume de Bel-Air*.

Le terrain clos de murs à droite de Patru fut acheté par Marie de Médicis, quand elle acquit d'Arnault, pour le Luxembourg, tous ceux qu'il possédait. Elle le donna à l'Italien Laurent Storna en dédommagement d'une autre propriété plus à l'ouest qu'elle lui avait prise. C'est là que l'hôtel de la Trémoille fut élevé en 1653.

L'immeuble de madame Buffet, à gauche de Patru, resta longtemps à ses descendants, puis il appartint à Claude de Thiard, comte de Bissy.

(1) C'est encore à M. Monval que nous sommes redevables de la connaissance de ce bail. Il a découvert les actes des 4, 9 et 12 juillet, relatifs à l'Opéra, dont nous allons parler, parmi les minutes de M⁰ Loyer, notaire de la Comédie française, et c'est dans le premier de ces contrats que sont visés les trois actes du 13 mai 1670.

que du Roi, comme il en avait été pour Morel et Gillet. On alla relativement assez vite, puisque le 12 juin 1670, soit seulement un peu plus de deux mois après l'arrivée des chanteurs languedociens, il fut possible de donner sur le petit théâtre de Sèvres une répétition générale de *Pomone* devant des amis, M. de Bellinzani entre autres. L'expérience se renouvela même quelques jours après, le 24 juin, fête de Saint-Jean, mais cette fois ce fut à Paris, dans le jeu de paume de Béquet.

Pendant les répétitions de *Pomone*, Catherine Suptille avait paru insuffisante, et on lui avait retiré son rôle sans vouloir la payer. Elle intenta, elle aussi, un procès à Sourdéac et Champeron, et ce n'est qu'après bien des alternatives que ce procès se termina en mars 1671. Nous empruntons à un de ses mémoires la citation suivante, remplie d'intérêt par les divers détails qu'elle contient :

« Est arrivé que la nommée Marotte Labadoys qui est assez cognëue dans le monde et particulièrement du dict Cambert, laquelle m'a dict qu'elle donnait à prendre au dict Cambert sur sa pension la somme de deux cent cinquante livres, ce qui a esté cause qu'il ne m'a pas esté donné le premier roolle qui m'estoit deü parceque je n'ay pas voulu addérer à luy en accorder autant sur ma pension, ce qui a faict qu'il m'a donné un roole qui n'est exécuté d'ordinaire dans les opperatz d'Italie que par un homme déguisé en nourrice, et comme son insolence va jusqu'à dire que j'ay le visage difforme et que je ne suis pas capable de chanter un roolle tendre d'autant qu'il dit que ma voix est affeblye à cause de ma grossesse, ce qui est une preuve très-grande de son ignorance, laquelle je suis preste à faire veoir devant Monsieur De Nyel, premier valet de chambre du Roy, les sieurs Dambruy et Molière, musiciens qui m'ont ouye et veuz chanter le premier roolle et faire mon personnage dans la pièce d'*Arianne,* qui faict tout le sujet de la pièce, lesquelz après me l'avoir veuz représenter ont advouez et dit hautement devant l'assemblée qu'il n'y avoit que moy au monde capable d'executer ce rolle ; et que sans moy l'oppéra ne vaudroit pas la peine d'être entendu, et m'offre à le chanter présentement devant les plus expertz de Paris qu'on pourra choisir pour arbitres. Et feray veoir l'annerie de Cambert en ce rencontre, et que j'ay autant de capacité présentement que j'avais en ce temps-là pour le chanter. Ce n'est pas pour ambitionner tous les premiers roolles ce que j'en fais, mais seulement pour faire voir que les dits Intéressez aux oppera ne devoient pas, lorsque parlant du dernier roolle qui m'a esté donné dans la seconde pièce nommée *Pomone,* dire que je ne chanterais ny celuy-là, ny un autre, et que je ne serois plus de leur oppera, et que je n'avois qu'à me retirer, ce qui m'oblige de conclure à l'encontre d'eux à ce qu'ils aient à me payer la pension à quoy ils sont obligez par leur escript et me dédommager de la somme de deux mil livres à laquelle ils m'ont obligez par le dict traitté puisqu'ils m'ont faict signifier par leurs deffences que j'eusse à rendre mon roolle pour ne plus estre du dit Oppera (1). »

Jusqu'à la fin, nous entendrons force plaintes des artistes contre leurs directeurs; dans celles qui précèdent l'accusation portée contre Cambert a son importance au point de vue des mœurs théâtrales de l'époque, puisqu'on y voit que la pratique des pots-de-vin y régnait déjà. Enfin, pour en revenir aux répétitions de Sèvres, nous pouvons d'autant mieux compléter nos renseignements à cet égard, que c'est au compositeur, au chef d'orchestre lui-même que nous allons avoir recours. Cambert, en effet, en parle avec la plus exacte précision et de la manière suivante :

« Pour réponse, dit-il, à la demande que les sieurs de Sourdéac et de Champeron font d'avoir nourri le sieur Cambert pendant trois mois qu'il a esté à Sèvres à quoy ils estoient obligez par leur traité de tout avancer, s'il falloit compter tous les repas que l'on s'est donnez, le sieur Cambert auroit bien plus de raison de compter toute la nourriture qu'il a donnée aux sieurs de Sourdéac et de Champeron et leurs valets, pendant quatre mois que les assemblées

---

(1) Archives de la Comédie française. Le mari de Catherine Suptille signait les actes de procédure des noms de Jean Manmes Le Ternes sieur de Choisy.

se faisoient tous les jours, où le sieur Cambert leur donnoit à boire et à manger, et pour montrer le peu de vérité en tout ce qu'ils demandent quant à ce qui regarde la nourriture du valet du sieur Cambert, c'est que le dict valet se rompit le bras huict jours après être entré à Sèvres et n'y a pas retourné depuis. Quant à la nourriture qu'ils demandent de mademoiselle Cambert, il est constant qu'elle n'y a mangé qu'une fois, le dict Cambert ne voulant pas qu'elle y revint davantage pour plusieurs raisons, joinct que cela n'est point d'un homme de qualité de reprocher un dîner qu'il donne à ceux qui luy font l'honneur de le venir voir à sa maison de campagne.

« Quant à ce qu'ils se plaignent que le sieur Cambert a esté cause que l'on n'a pas représenté l'opéra si tost que l'on aurait dû par la négligence qu'il auroit eue pour instruire tant les hommes que les filles, on répond que jamais il n'a paru tant de science ni tant de soins dans un homme, puisqu'il est constant que le dict sieur Cambert a fait l'opéra de *Pomone* en moins de trois mois, qu'il a instruit des gens qui à peine entendoient la langue, qu'il a instruit des filles qui ne sçavoient pas une note de musique et a rendu ces gens-là capables de représenter l'opéra le 12 juin sur le Théâtre de Sèvres en présence de M. de Beilinzani et à Paris, le jour de la Saint-Jean, en suivant, dans le jeu de paume de *Bel Air*. On peut donc voir que ce n'est pas sa faute si on n'a commencé que le mois de mars 1671 (1)... »

---

(1) Archives de la Comédie française. — Nous avons déjà dit que cette désignation du jeu de paume de Bel-Air s'appliquait au jeu de paume de Béquet, vis-à-vis Bel-Air.

Si ces naïves explications nous apprennent en passant qu'on s'amusait sans trop de retenue à Sèvres, elles nous prouvent aussi que Cambert avait quelque dignité dans le caractère et respectait assez sa femme pour ne pas vouloir l'exposer dans des réunions où évidemment la gaieté dépassait les bornes permises. Mais outre ce petit tableau de mœurs assez amusant, on trouve encore dans ce mémoire la preuve que le premier opéra destiné au public était prêt à être joué longtemps avant que la représentation en eût lieu.

Sur ces entrefaites, les embarras de Perrin recommencèrent; La Barroire, en effet, le poursuivit de nouveau et de si près que, poussé à bout, le malheureux poëte, qu'on allait encore jeter en prison, n'eut plus qu'à recourir à la bienveillance de Colbert pour obtenir, par son entremise, des lettres de répit du Roi.

Ce *Respy en connaissance de cause* portait qu'il revenait à Perrin 20,000 livres et davantage sur la succession du duc d'Orléans, somme plus que suffisante pour satisfaire ses créanciers; qu'en conséquence, pour attendre que le Roi eût pourvu au payement de ce que la liquidation de son oncle devait, et pour donner à l'impétrant « les moyens de « continuer à s'appliquer à la conduite de « l'opéra » suivant les lettres patentes qui lui avaient été accordées, « il était fait expresses « défenses de le contraindre au payement de « ses dettes et ordonné qu'en cas d'emprison- « nement il soit incontinent mis en liberté ». Cette ordonnance, datée du 3 octobre 1670, était valable pour six mois; Perrin se trouvait donc à l'abri de ses créanciers jusqu'au 3 avril 1671, époque à laquelle le succès de l'Opéra l'aurait mis à même, croyait-il, de recouvrer son entière indépendance (1).

En même temps, Sourdéac présenta au Parlement le privilége de Perrin pour l'enregistrement, mais le procureur général ne jugea pas cette formalité nécessaire; assimilant ce privilége à celui d'un livre, il renvoya devant le Châtelet, où on l'enregistra sur le livre de police, par sentence en date du 6 octobre 1670.

Nous avons vu que Perrin avait loué, pour y installer l'Opéra, le jeu de paume de

---

(1) Archives nationales, O¹14, et Bibliothèque nationale, Ms. Fr. 6652.

Béquet, rue de Vaugirard, et qu'on y avait même répété. Il fallut en sortir cependant, par ordre du lieutenant de police. Voici, en effet, ce que nous apprend une transaction passée le 4 juillet 1671, par-devant Mᵉ Loyer. Il y est dit que les sieurs de Sourdéac et Champeron « seroient entrés en jouissance du
« dit jeu de paume dans l'espérance d'y faire
« les représentations des opéra suivant le
« privilège qu'ils en ont obtenu de Sa Majesté
« sous le nom de Pierre Perrin par Lettres
« patentes du 28 juin 1669, et fait des dépen-
« ses considérables pour la construction des
« loges, théâtre, amphithéâtre et autres cho-
« ses qui ont esté inutiles *par le moyen des*
« *deffenses verbales à eux faites de la part*
« *de M. de la Reynie.* de parachever ces
« travaux et de faire suivre la représentation
« des opéra dans le dit jeu de paume de
« Béquet, les ayant obligés d'en sortir; au
« moyen de quoi lesdits sieurs le Gaigneur
« et consorts ne pouvoient prétendre le paie-
« ment des loyers dudit jeu de paume et
« encore moins la continuation du bail pour
« avoir esté mis dehors *par force et autorité*
« *supérieure,* après avoir perdu plus de
« 20,000 livres ». Pour terminer le débat

pendant au Châtelet, Sourdéac et Champeron, malgré leur humeur processive, durent se résigner à transiger. Outre la somme de 800 livres versée d'avance, ils consentirent à payer 1,100 livres à titre d'indemnité (1).

Lorsque Lully louera plus tard, ainsi que nous l'avons dit, ce même jeu de paume, on lui imposera si formellement dans le bail l'obligation d'avoir à se munir de l'autorisation du lieutenant de police, qu'il y a peut-être lieu de croire que si Perrin vit fermer son théâtre, c'est uniquement pour avoir négligé cette formalité. Quoi qu'il en soit, à la suite des défenses expresses de M. de La Reynie, il fallut bien faire choix d'une autre salle, et l'on se décida pour le jeu de paume de la Bouteille, rue des Fossés de Nesles, depuis rue Mazarine. Le premier bail, comme on l'a vu, avait été passé au nom de Perrin, seul titulaire des lettres patentes de 1669. Cette fois il n'en fut pas de même : sa triste situation financière, aggravée encore par les nouvelles poursuites de La Barroire,

---

(1) L'affaire n'ayant pas été jugée, il était inutile de rechercher une sentence. Quant aux autres pièces de procédure qui auraient pu nous renseigner sur la cause de l'expulsion, elles n'existent pas dans le fonds du Châtelet de Paris, très-incomplet pour le dix-septième siècle.

offrait de grands dangers pour l'entreprise. Les oppositions, les saisies sur les recettes et le matériel de l'Opéra n'allaient-elles pas en compromettre l'existence? Cela n'était que trop à craindre. Aussi Sourdéac et Champeron surent-ils profiter habilement de l'embarras dans lequel se trouvait Perrin, et ils y réussirent d'autant plus aisément que la confiance qu'il avait alors en eux ne devait être ébranlée qu'après l'ouverture de l'Opéra : trop tard par conséquent.

Le nouveau bail fut donc passé avec le propriétaire Maximilien de Laffemas, par Sourdéac et Champeron seuls, le 8 octobre 1670 (1). Ainsi que dans la transaction du 4 juillet 1671 et dans les actes qui suivront, il n'est fait mention de Perrin que d'une façon incidente assez perfide, et cela quand les preneurs s'expliquent au sujet de la construction du théâtre qu'ils entendent faire élever, « pour les représentations en musique nom-« mées opéra, en conséquence de la permis-« sion et privilège qu'ils en ont obtenu par « les Lettres patentes de Sa Majesté sous le « nom du sieur Perrin ».

---

(1) Minutes de M⁰ Raveneau.

Perrin déclara plus tard qu'il était malade quand ce bail fut signé, et qu'il avait confié le privilége pendant sa maladie en présence de témoins devant lesquels Sourdéac « pro-
« mit de luy en rendre bon compte, en ajou-
« tant encore, qu'il estoit aussy bien entre ses
« mains comme dans celles mêmes de luy
« Perrin ».

Une fois toutes les formalités remplies, on se mit à l'œuvre pour transformer le jeu de paume en salle de spectacle. L'organisation d'un théâtre lyrique n'a pas cessé d'être une entreprise des plus difficiles : pour nous bien renseigner sur ce qu'il en était au dix-septième siècle, écoutons ce que Sourdéac et Champeron disent dans un de leurs factums :

« Il a fallu choisir des voix, les former à cette
« espèce de chant qui est tout extraordinaire et auquel
« les plus habiles musiciens ne sont point accous-
« tumés. Il a fallu les former aux actions de théâtre,
« préparer les décorations et les machines, amasser
« des joueurs d'instruments de toute sorte pour
« composer la symphonie, disposer les ballets, choisir
« et instruire des ouvriers pour le travail qui est tout
« particulier, et acheter toutes les choses nécessaires,
« ce qui ne put se faire sans des peines incroyables et
« une despense de plus de cinquante mille escus.
« Quand toutes choses ont été disposées il a fallu
« louer un lieu propre et des maisons joignantes, il a

« fallu construire une salle, un théâtre, des amphi-
« théâtres, des loges, exhausser des bastiments, en
« construire de neufs, creuser plus de vingt pieds en
« terre pour les mouvements des machines et ajuster
« toutes choses pour les décorations. Il a fallu louer
« les personnes qui devaient entrer dans la composi-
« tion de ces représentations, les joueurs d'instru-
« ments, les danceurs, les musiciens, les machinistes,
« les ouvriers, les gardes et une infinité d'autres per-
« sonnes et, comme l'on a esté longtemps dans ce
« projet auparavant que d'en pouvoir venir à l'exécu-
« tion, on n'a pas laissé pendant tout ce temps là
« d'entretenir ces personnes et de leur fournir leur
« subsistance (1). »

Ce n'est qu'après cinq mois que la nouvelle salle fut construite et entièrement prête pour les représentations de l'opéra.

Il eût été très-intéressant d'avoir un plan exact de cette salle de la rue Mazarine, berceau de l'opéra français. Par malheur les documents graphiques font défaut. On en connaît toutefois l'emplacement. Dans l'*Estat et partition de la ville et fauxbourgs de Paris*, dressé au 1ᵉʳ janvier 1684, « la maison des « demoiselles de Laffemas, occupée par les « comédiens », est indiquée à la suite d'une

---

(1) Causes et moyens d'opposition pour le marquis de Sourdéac et le sieur de Champeron. (Archives de la Comédie française.)

maison appartenant à une veuve Meignan et comme la vingt-troisième en commençant à gauche du côté de la rue de Bussy (1). C'est l'immeuble qui porte actuellement le n° 42. Il y a déjà longtemps que le propriétaire, M. Barbier, architecte, nous a obligeamment communiqué des plans dressés au commencement du siècle et ses titres de propriété; malgré nos recherches, il ne nous avait pas été possible de reconstituer la série des mutations, en remontant jusqu'à la famille Laffemas. M. Vitu a très-heureusement tourné la difficulté et a pu établir que la maison voisine, où se trouve le passage du Pont-Neuf, est celle qui appartenait jadis à la famille Lemeignen (2). Il n'y a donc plus de doute sur la situation de l'immeuble, et le comité des inscriptions parisiennes a décidé qu'une plaque commémorative y sera posée.

Quant aux dispositions de la salle, les plans que nous avons eus entre les mains ne nous apprennent rien. Les énonciations du bail de 1670 portent sur le jeu de paume, « où est pour enseigne la bouteille, deux

---

(1) Bibliothèque nationale, Ms. Fonds Mortemart, 62.
(2) Bulletin de la Société de *l'histoire de Paris* et de *l'Ile-de-France*, 10ᵉ année, p. 163.

« cours aux costés dudict jeu et deux corps
« de logis ayant face sur la rue, avec partie
« de la place du chantier du costé de la rue
« de Seine, à prendre quatre toises jusqu'aux
« dehors du mur que les preneurs pourront
« faire faire à leurs dépens, au-dessus duquel
« mur pourront faire telle eslévation que bon
« leur semblera pour porter la charpente du
« comble qu'ils désirent faire pour la con-
« struction du théâtre qu'ils entendent faire
« du costé du dict chantier, pour les repré-
« sentations en musique nommées *opéra* ».
Le dit bail était fait pour cinq années moyennant 2,400 livres de loyer. Une quittance, passée le 9 juillet 1671 par-devant M⁰ Loyer, nous apprend que les ouvrages de peinture furent exécutés par Charles Hérault (1), peintre du Roi en son Académie royale, Florentin Damoisellet et Guillaume de Sauzières, maîtres peintres à Paris. Malheureusement la quittance ne porte que sur une somme de 400 francs restant due pour parfait payement de tous les ouvrages de peinture, et le chiffre

---

(1) Voir sur ce peintre et sur Damoisellet le *Dictionnaire critique de biographie et d'histoire* de Jal. Dans l'acte que nous avons eu entre les mains, le domicile de Charles Hérault est indiqué « sur le quay de Gesvres. » Damoisellet demeure rue Mortellière et Sauzières sur le pont Notre-Dame.

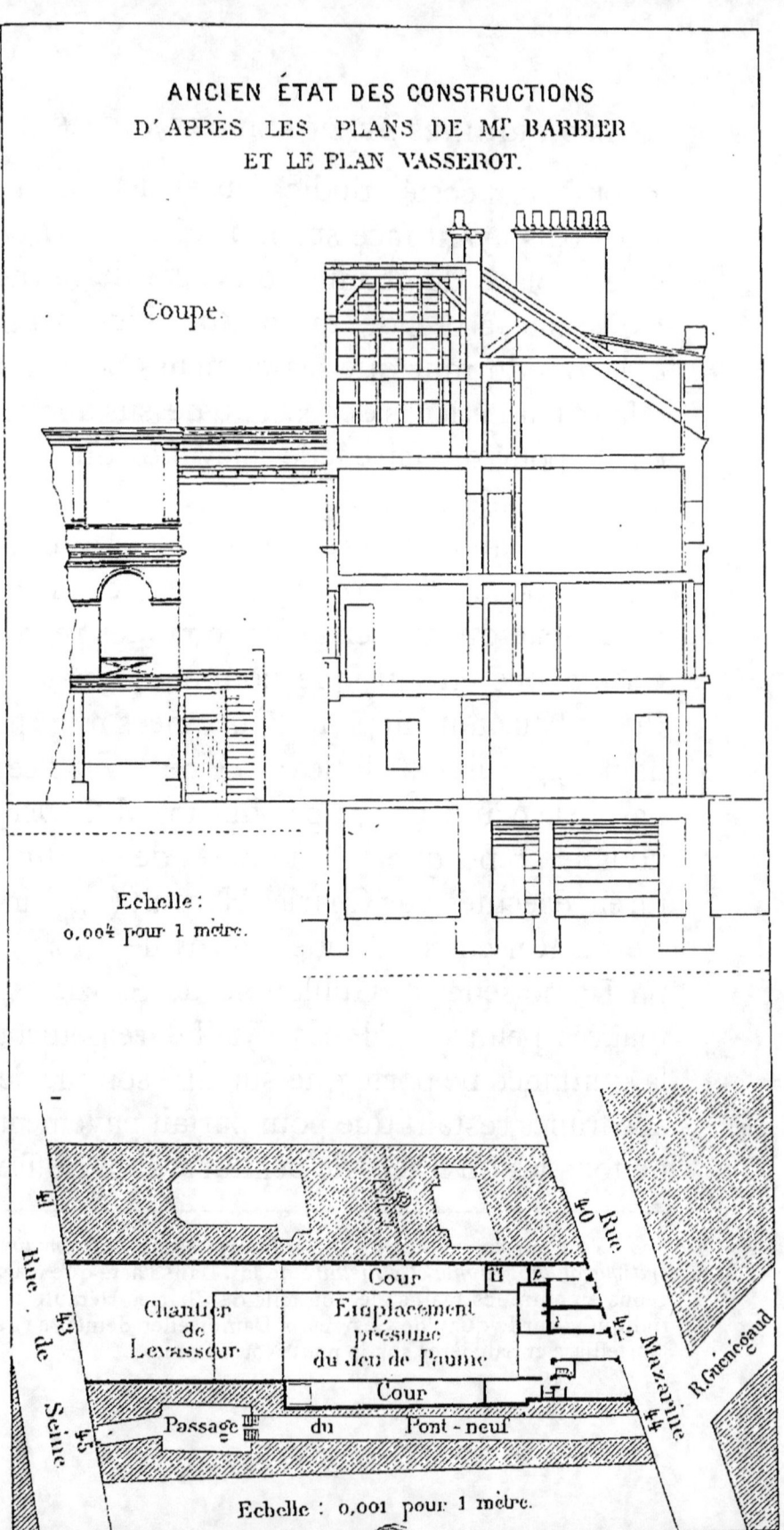

total des devis et marchés n'est pas indiqué.

Cette salle fut détruite en 1688, mais il paraît qu'il en subsista longtemps des vestiges, et Baron, dans ses *Lettres sur la danse* publiées en 1824, en parle comme s'il avait pu les voir. Ce qu'il en dit s'appliquait probablement aux portiques encore visibles dans l'un des plans que nous reproduisons et qui donnent l'état des lieux avant 1849. Ces plans sont tellement conformes aux indications des actes de 1670 qu'il est permis de croire que les dispositions générales n'avaient pas changé. Nous avons cru dès lors pouvoir indiquer l'emplacement probable du jeu de paume *de la Bouteille,* et nous hasardons d'autant plus volontiers cette conjecture, que l'examen des plans permet au lecteur d'en être juge et d'apprécier le degré de vraisemblance qu'elle peut offrir.

Quant à l'aménagement intérieur de la salle, le théâtre ayant servi à partir de 1673 aux Comédiens, c'est encore aux archives de la Comédie française que nous avons découvert quelques renseignements. Le plus important est une maquette de décoration faite par le peintre Pizzoli pour *Psyché* et contre-signée par La Grange et Le Comte.

L'échelle de toises qui y est jointe permet de déterminer la largeur de la scène, qui était d'environ trente pieds. Enfin, à défaut de documents plus précis, nous avons été fort heureux de trouver dans les lettres de Robinet les détails suivants, à la date du 18 avril 1671 :

> Je l'ai vû cet opéra-là,
> Et je pensais n'avoir pas là
> Suffisamment d'yeux et d'oreilles,
> Pour toutes les rares merveilles
> Que l'on y peut ouïr et voir,
> Et qu'à peine on peut concevoir.
> A commencer donc par la sale
> Où ce grand spectacle s'étale,
> C'est un vaisseau large et profond,
> Orné d'un superbe plafond,
> Avecque trois beaux rangs de loges,
> Aussi lestes que pour des doges.
> Et qui plus est, de bout en bout,
> Afin que nul n'y soit debout,
> Un très-commode amphithéâtre
> D'où l'on peut tout voir au théâtre (1).

Cette dernière indication est précieuse. Elle prouve qu'à la salle de l'Opéra, on n'avait pas établi le parterre, ce parterre debout, souvent tumultueux, arbitre du sort

---

(1) *Lettres en vers* à Monsieur. (Bibliothèque Mazarine, 296 A⁵.)

des ouvrages, et qui donnait leur physionomie particulière aux anciennes salles de spectacle. Cette disposition de l'amphithéâtre occupant la salle dans toute sa profondeur, rappelle le théâtre construit au Palais-Cardinal pour Richelieu, par l'architecte Lemercier, où la scène, d'après Sauval, était élevée « à l'un des bouts et le reste occupé par vingt-sept degrés de pierre qui montaient mollement et insensiblement ». De plus, par une nouvelle coïncidence, à la rue Mazarine la largeur de la scène, que nous avons indiquée, se trouvait être la même qu'au Palais-Cardinal. Quant à la contenance de la salle, on peut s'en faire une idée par les registres de la Comédie : Dans les grands jours on plaçait plus de deux cents personnes aux deuxièmes loges et près de six cents au parterre, car les comédiens, qui ne s'adressaient pas au même public, n'avaient rien eu de plus pressé que de réduire à peu de chose, dès 1673, l'amphithéâtre de Sourdéac, pour le faire disparaître complétement vers 1681 (1).

---

(1) Archives de la Comédie française. Registres des recettes à la porte. Années 1673 et 1681. On peut remarquer que dans les diverses salles d'opéra, au Palais-Royal, au boulevard Saint-

On comprend que l'on parlât beaucoup de la nouvelle entreprise, et naturellement, si quelques-uns en disaient du bien, le plus grand nombre critiquaient et prédisaient l'insuccès. Il est vrai que le nom de Perrin n'inspirait pas une entière confiance; sa réputation était médiocre, et, malgré sa prétention à la science spéciale des vers propres à être chantés, on ne le prenait guère au sérieux. Parmi les détracteurs de l'œuvre, il en est un qui se fit particulièrement remarquer : c'est Lully.

Après la *Pastorale* d'Issy et quand Perrin écrivait en français et en latin pour les concerts de la cour et pour la chapelle royale, il fut en rapports avec Lully, puisque celui-ci composa la musique de différents morceaux sur ses paroles. Il est probable que notre poëte, qui connaissait l'influence du compositeur favori du Roi, dut chercher à le convertir à ses idées concernant la création d'un Opéra français. Mais il n'y réussit pas, et, chose singulière, son contradicteur faisait entrer en ligne de compte ce préjugé que la

---

Martin, rue Richelieu, rue Le Peletier, aussi bien que dans la salle actuelle, l'amphithéâtre a toujours existé. L'Opéra est le seul théâtre où se trouve ce genre de places, qui, on le voit, remonte par tradition jusqu'à l'origine.

langue française ne pouvait se prêter à la musique, lorsque depuis nombre d'années il composait des airs et des chansons presque uniquement sur des paroles françaises. Lully se trompait donc sans qu'on pût l'accuser de mauvaise foi, car si, à cette époque, partageant l'opinion contraire, il avait entrevu un seul instant le succès possible pour un Opéra français, son crédit était tel à la cour qu'il lui aurait été facile d'avoir, bien avant Perrin, le privilége que celui-ci eut tant de peine à obtenir.

Mais quand ce privilége fut donné, et sitôt que les préparatifs de son exploitation se dessinèrent, Lully commença à craindre de voir atténuer la prépondérance musicale qu'il avait su se ménager; il eut peur d'une rivalité à laquelle il n'avait pas cru d'abord, et ses critiques, plus intéressées désormais, devinrent plus acerbes. Il dissimulait si mal son mécontentement et ses appréhensions, il donnait chaque jour des preuves si évidentes de son dépit, qu'on s'en moquait à la ville et même à la cour. Quoiqu'il amusât tout le monde, il comptait, on le sait, moins d'amis véritables que d'envieux toujours prêts à le dénigrer. La polémique sur ce

projet d'un nouveau théâtre était publiquement engagée, et, comme en France tout se traduisit longtemps par des chansons, l'Opéra ne pouvait manquer d'avoir la sienne. C'est Lully qui en fit les frais. Les Parisiens chantèrent donc ceci sur l'air : « *Quand Flori-*
« *mond, les coudes sur la table.* »

Quand l'o-pé-ra tant van-té par La Gril-le, Au jour pa-raî-

tra, Toute la cour l'ad-mi-re-ra ; Baptis-te ren-tre-ra dans sa co-

quil-le. Ce que les ballets ont d'admi-ra-ble, Les concerts, les

airs ; la voix, les ins-tru-ments, Et tout ce que la fable a d'a-gré-

ments, On le verra dans son jour vé--ri--ta----ble (1).

---

(1) Nous adressons ici nos plus vifs remercîments à M. de

Enfin le grand jour approchait. Perrin ne fit pas imprimer les paroles de *Pomone,* il n'en fit distribuer que l'argument précédé, suivant son habitude, d'un nouvel avant-propos (1). Cette pièce était restée inconnue comme les avant-propos des cantiques et du recueil présenté à Colbert; elle a cependant une grande importance dans la question, car Perrin s'y applique à répondre aux critiques que son projet avait soulevées; critiques de tendance le plus souvent et qu'il combat de son mieux. Il proclame la langue française aussi propre au chant que l'italienne, pourvu qu'elle soit employée d'après certaines règles, son système à lui, bien entendu. Il avoue que nos chanteurs et nos compositeurs ont encore à progresser pour égaler les Italiens,

---

Boislisle, qui a bien voulu nous signaler ce couplet. Le succès en fut assez grand pour que plus tard on indiquât le premier vers : « Quand l'opéra tant vanté par La Grille » comme timbre des chansons faites sur le même air au lieu des paroles de l'ancienne chanson. (Recueil de Maurepas, Bibliothèque nationale, Ms. Fr. 12618.)

(1) Nous n'avons trouvé cet argument nulle part, mais nous avons été plus heureux avec l'avant-propos; ce morceau détaché fait partie d'un recueil factice où il nous a été possible de le copier dans son entier. Ce recueil de pièces concernant le théâtre et la musique, conservé à la Bibliothèque nationale sous la cote Y 5498 A, est bien connu des travailleurs spéciaux; aussi doit-on s'étonner qu'aucun d'eux n'ait signalé au public l'intérêt que présente cet avant-propos pour l'histoire de l'Opéra.

ce qu'ils ne manqueront pas de faire, suivant lui, quand ils auront eu les moyens de se produire. Il trouve nos danseurs et nos costumiers bien supérieurs à ceux d'Italie, mais il reconnaît que la France ne possède qu'un machiniste, et il part de là pour faire un éloge pompeux de Sourdéac, sur lequel il revient encore dans sa péroraison :

« Et pour la connaissance profonde de cet Art (Opéra) dont nous manquons en France, on ne doit faire aucun doute que ces représentations en musique ne le mettent en crédit, et n'inspirent dans les cœurs un amour pour la musique et un désir de se perfectionner dans un art si charmant, pareil à celui des peuples d'Italie, particulièrement pendant le cours de la longue et florissante paix dont notre monarque nous fait jouir.

« Voilà les raisons qui m'ont guidé dans cette entreprise et qui m'ont fait obstiner à la pousser à bout malgré tous les caquets de l'ignorant critique et toutes les traverses des envieux, qui ont esté infinies depuis près de deux ans que j'ay travaillé à ce grand ouvrage, trop grand véritablement et trop au-dessus des forces d'un particulier, si le Roy n'avait eu la bonté de m'appuyer de son authorité, Monseigneur Colbert de sa protection et M. de Sourdéac de ses soins et de ses conseils. »

VII

OUVERTURE DE L'OPÉRA PAR LA PREMIÈRE REPRÉSENTATION DE *Pomone* LE 3 MARS 1671. — LES VERS DE PERRIN; LES CRITIQUES DONT ILS SONT L'OBJET. — LES SEULS FRAGMENTS QUI NOUS RESTENT DE LA MUSIQUE DE CAMBERT. — LES EXÉCUTANTS DE *Pomone*. — LA MISE EN SCÈNE. — LES GAZETTES DE LA GRAVETTE DE MAYOLAS ET DE ROBINET.

'OUVERTURE du nouveau théâtre ne pouvait plus tarder; les décorations étaient achevées, les machines prêtes à fonctionner, les costumes terminés, les chanteurs, les cantatrices, les danseurs, les chœurs et l'orchestre avaient eu le temps de faire les répétitions nécessaires; enfin, tout étant bien prêt, l'Académie des opéras ouvrit ses portes, pour la première représentation de *Pomone*, le mardi 3 mars 1671 (1).

---

(1) Cambert fixe au 3 mars l'ouverture de l'Opéra, et Perrin,

Cambert a parlé de ce grand jour avec amertume, et nous transcrivons ici ce qu'il en a dit, quitte à y revenir plus tard quand nous en serons arrivés aux tristes événements qui firent évanouir ses espérances de tant d'années.

Il raconte donc qu'il a tout quitté pendant deux ans pour se consacrer entièrement à la nouvelle entreprise, et il ajoute encore :

« J'ay dépensé tout ce que j'avais ne gagnant rien jusques au *troisiesme* de mars de l'année 1671 que

en prouvant et affirmant comme lui que l'Opéra « n'avoit commencé que le 3ᵉ mars », relève un mensonge intéressé de Sourdéac et Champeron qui établissaient de soi-disant comptes sur la date du 1ᵉʳ. La Gravette de Mayolas, dans sa lettre en prose du 3 mars, fait dire à son héroïne *Célidie* qu'elle eut « le plaisir le plus agréable du monde, se trouvant à la comédie en musique, après laquelle on ne peut rien entendre de plus charmant ». Enfin, un traité passé par Sourdéac et Champeron, avec Georges Roussel, marchand fruitier, et Louis de Lafont, marchand oranger, dit qu'ils occupent leurs boutiques au-dessous de l'amphithéâtre depuis le 3 mars (minutes de Mᵉ Loyer). Cette date est donc incontestable. Si Beauregard, l'hôtelier de Perrin, indique celle du 4 mars, sa mémoire a très-bien pu le tromper, car ce fait remontait alors à dix ans. Quant à la date du 18 mars, elle a été imaginée par un écrivain du dix-huitième siècle et répétée ensuite sans contrôle par les copistes qui suivirent.

Il est fâcheux pour les amateurs de rapprochements singuliers que cette date du 18 mars ne soit pas exacte, car l'avénement de la Commune ayant pour la première fois interrompu l'administration régulière de l'Académie de musique, on aurait pu dire que l'Opéra dirigé par Pierre Perrin avait été inauguré le 18 mars 1671, et qu'à deux cents ans de distance, jour pour jour, le 18 mars 1871, le même Opéra, alors sous la direction de M. Émile Perrin, cessait d'exister.

l'Opéra a *commencé* avec succez et honneur, mais j'oseray dire qu'il vaudroit mieux qu'il n'eust point eû un si heureux succez, parce qu'il n'auroit pas esté tant envié et je ne me verrais pas sans employ pour avoir trop bien réussy (1). »

Ainsi que nous pourrons le constater, les plaintes du pauvre artiste ne furent que trop légitimes, mais pour le moment il nous faut en rester à *Pomone* et à son apparition devant le public.

Perrin fut plus heureux cette fois qu'il ne l'avait été lors de la représentation de la *Pastorale* à Issy; il put assister au succès de *Pomone* et jouir de son triomphe. Triomphe pour l'innovateur, mais non pour le poëte, car le malheureux fut assailli dès les premiers jours par les quolibets et les rires de la foule, accueil, il faut le dire, passablement justifié par son triste poëme.

A l'exemple des Italiens, Perrin avait fait un prologue étranger à la pièce et tout à la louange du souverain; son compliment, d'ailleurs assez court, ne valait guère moins que ceux qui se faisaient alors en pareille circonstance. Mais quant à ce qui est de son

---

(1) Archives de la Comédie française.

opéra, il faut avouer que malgré toutes ses théories longuement développées, il a prouvé une fois de plus en l'écrivant qu'il ne possédait aucune des qualités qui font l'auteur dramatique. L'action, non moins absente que l'intérêt, échappe à l'analyse et ne saurait vraiment se raconter.

Les vers, d'une pauvreté et d'une trivialité sans exemple, faisaient de sa nouvelle pastorale le pendant de celle d'Issy, mais avec une aggravation de plaisanteries badines du plus mauvais goût. Les mots de *bourrique,* de *cajoleur,* de *racaille,* de *bedaine,* de *cornard* lui semblent suffisamment poétiques; c'est ce qu'il appelle le style « enjoué et rustique » dont on peut encore citer comme spécimen ce singulier refrain :

Fringue la tasse, fringue,
Masse a luy, tope et tingue.

Dans ses imprécations contre l'amant qui la dédaigne, Béroë s'écrie :

Hé bien, cruel, saoule-toy de mon sang,
Déchire-moi le flanc.

Et, de leur côté, les bourgeoises de Lampsaque et les jardiniers chantent en chœur :

> *Allons sur les vertes fougères*
> *Cueillir le doux fruit de l'amour.*

Le dieu des jardins proclame que dans l'empire amoureux

> *. . . . . . . le vigoureux*
> *Est souvent plus heureux*
> *Que le sage et le tendre.*

Puis il offre une corbeille de truffes et d'artichauts comme présent de noces à Vertumne et Pomone, trouvant que

> *Dans un jour pareil la truffe et l'artichaud*
> *Valent mieux que la pomme.*

Enfin, pour nous résumer, disons avec Saint-Évremond que les paroles de *Pomone* étaient fort méchantes, et qu'on les entendait avec dégoût. La critique est courte, mais strictement juste.

Quand on songe que le malheureux Perrin n'avait pas publié sa pièce « pour ne pas être « obligé, disait-il, d'expliquer les secrets d'un « art qu'il avoit découvert par un long étude, « et qu'il estoit bien aise de réserver »! N'était-ce pas avoir une conviction robuste? Enfin il se décida à faire imprimer *Pomone*, en l'accompagnant, comme toujours, de l'inévitable *avant-propos* et d'une dédicace au Roi. Il le suppliait d'honorer les représentations de sa royale présence; mais ce fut peine inutile, Louis XIV ne vint jamais à l'Opéra de la rue des Fossés de Nesles (1).

L'avant-propos, qui sera le dernier de ceux qu'écrira Perrin, nous apprend, dans un style de procureur dont ses mésaventures judiciaires lui avaient donné l'habitude, qu'il a changé, « pour éviter procès », trois ou quatre vers dont les expressions avaient été trouvées trop basses et trop vulgaires; on a vu qu'il en laissa subsister encore assez pour donner une idée de ce que pouvait être son texte primitif, et permettre d'apprécier sévèrement son œuvre.

Il est plus difficile de se faire une opinion raisonnée sur la musique composée par Cambert pour *Pomone*, puisque l'on ne possède qu'un fragment de la partition, quarante

---

(1) *Pomone. Opéra ou représentation en musique. Pastorale. Composée par M. Perrin, conseiller du Roy en ses conseils, introducteur des ambassadeurs près feu Monseigneur le duc d'Orléans. Mise en musique par Mons. Cambert, intendant de la musique de la feüe Reyne. Et représentée par l'Académie royale des opéra.* A Paris, de l'imprimerie de Robert Ballard, seul imprimeur du Roy pour la musique, rue Saint-Jean-de-Beauvais, au Mont-Parnasse, 1671. — Avec privilége de Sa Majesté, in-4° (Bibliothèque nationale, Y, 5496).

pages seulement. On peut même affirmer que c'est tout ce qui en fut imprimé, car l'exemplaire de la Bibliothèque nationale, relié aux armes du marquis de Brancas, est complété par du papier blanc sur lequel on se proposait certainement de copier la fin de l'opéra (1). L'impression, faite en caractères mobiles et non par la gravure, fut interrompue suivant les vraisemblances quand la fermeture de l'Académie des opéras eut été ordonnée, à la suite de la révocation du privilége de Perrin, remplacé par un nouveau privilége donné à Lully. Toujours est-il qu'il ne nous reste que la musique du prologue, du premier acte et d'une faible partie du second (2).

Ici encore nous n'avons que des renseignements fort imparfaits sur le personnel chantant qui prit part à l'exécution de *Pomone*, car il faut considérer comme nul et non avenu ce qu'en ont dit, à peu près au hasard, les écrivains du dix-huitième siècle. Il est à présumer que ce furent bien Beaumavielle et

---

(1) Le Conservatoire de Paris possède une copie manuscrite de cette partition ou plutôt de ce fragment de partition. Cet exemplaire, dans une reliure ancienne et du temps, était également accompagné de papier blanc réglé, destiné à la copie du complément.

(2) M. Weckerlin a récemment publié ces fragments avec accompagnement de piano.

mademoiselle Cartilly qui remplirent les rôles de Vertumne et de Pomone, mais aucun indice ne permet de dire avec une apparence de certitude par quels chanteurs ou cantatrices les autres rôles furent joués. Tout ce que nous savons, c'est que la troupe du théâtre de la rue des Fossés de Nesles comptait à cette époque au nombre de ses pensionnaires : François Beaumavielle, Pierre Rossignol, Bernard Clédière, Pierre Taulet, Jean Bourel-Miracle, Tranquille Le Tellier, Anthoine Lemercier, Marie-Madeleine Jossier, femme Cartillier dite Cartilly, Marie Hardy, et Marie-Élisabeth Boüet (1); de plus, un nommé Lespinal, dont les fonctions nous sont inconnues. On

---

(1) L'orthographe que nous donnons à tous ces noms est prise dans une pièce de procédure revêtue des signatures mêmes de ces artistes. Le mari de la Cartilly, nommé Christophe Cartillier, se qualifiait l'un des grands valets de pied du Roi et demeurait faubourg Saint-Germain, rue Mazariny, paroisse de Saint-Sulpice. Jean Bourel-Miracle est simplement désigné dans de nombreux actes de cette époque sous le nom de Bourel.

Marie Hardy avait seize ans d'après le document relatif à Sourdéac et Champeron que nous avons inséré plus haut, et dans lequel on voit que les parents de cette jeune fille se plaignirent au Roi de la conduite de Champeron à son égard.

Nous avons signalé dans notre histoire des ballets, en tête du présent volume, cette particularité assez curieuse de la part prise par plusieurs artistes de l'Opéra à l'exécution à la cour de *Psyché* en janvier 1671, soit avant l'ouverture du théâtre de Perrin. Ces artistes désignés dans le livret sont Beaumavielle, Rossignol et Miracle. On y voit aussi un Miracle le cadet.

se souvient que les engagements de Monier, de Marotte Labadoys et de Catherine Suptille avaient été rompus, comme ceux de La Gaura, de mademoiselle Aubry et de Le Vié.

Beaumavielle, basse-taille, se fit remarquer immédiatement et devint un des meilleurs chanteurs de l'époque; il appartient du reste par sa carrière artistique à l'histoire de l'Opéra (1).

Il en est de même de Clédière, haute-taille, qui eut quelques succès (2). Rossignol, basse-taille, resta à l'Opéra, où il chanta dans les chœurs et eut à remplir, à l'occasion, de petits rôles. Nous ne savons si Bourel-Miracle suivit ses camarades chez Lully; s'il le fit, ce ne fut que pour peu de temps (3). Nous

---

(1) En 1678, Beaumavielle fut parrain d'un des enfants jumeaux d'André Philidor, et l'acte de baptême le qualifiait d' « ordinaire de la musique de Monsieur, frère du Roi ». Il ne paraît pas avoir fait partie de la musique royale, quoiqu'il chantât souvent à la cour dans les opéras de Lully. Il avait succédé chez le duc d'Orléans à Étienne Richard comme dessus de viole; Jean-Baltazar Kailer le remplaça à sa mort, arrivée en 1688.

(2) Clédière entra à la chapelle royale en 1675, il mourut en 1711.

(3) Cet artiste, appelé indifféremment Jean Bourel, ou Miracle, ou enfin Jean Borel de Miracle, fut survivancier en 1679 d'une place de haute-taille à la chapelle-musique du Roi, et devint titulaire de la place de Nicolas Fernou en 1687. Il se retira en 1723 avec une pension de 300 livres et mourut le 7 novembre 1728.

ignorons aussi ce que devinrent Taulet, Le Tellier, Lemercier, mesdemoiselles Hardy et Boüet.

Mademoiselle Cartilly, mise en évidence par sa création de *Pomone*, se vit ensuite recherchée dans les concerts particuliers. En 1673, par exemple, le sieur Filz, qui tenait une institution pour les jeunes gens de bonne famille, tels que le marquis de Marigny, le comte de Fiennes, le fils Bellinzani, etc., faisait jouer à ses élèves des tragédies avec intermèdes de danse et de musique. Le Seur, le maître de danse de la maison, réglait les danses, assisté de Beauchamps, qui de plus composait la musique de ses intermèdes. On joua, au mois de septembre de cette même année 1673, les deux tragédies de *Sédécias* et de *Zénobie*, dont les rôles chantants furent remplis par MM. Beaupuits et Prunier, et par mesdemoiselles *Cartilly* et Turpin (1).

Cartilly allait aussi avec Dassoucy et ses deux pages de musique chez un dilettante passionné, le comte de Saint-V*****, qui leur

---

(1) *Sédécias et Zénobie, tragédies qui seront chantées dans la maison de M⁰ Filz, au faubourg Saint-Germain, rue de Seve, le lundy 11, le jeudi 14 et samedy 16 septembre et les mêmes jours de la semaine suivante.* Paris, P. Esclassan, 1673, in-4°. (Bibliothèque nationale, Y, 6051.)

faisait faire bonne chère et les régalait de *grands pastez* de jambons. « Comme il aimoit extrêmement la symphonie et que les plus vertueux de Paris luy donnoient de charmantes visites, ce n'estoit dans son appartement que Festins et que Musique où mademoiselle de Cartillis, moy et mes enfants, avoient bonne part (1). »

Nous ne l'avons ensuite retrouvée qu'en 1682, à la Haye, où dans l'opéra de *Thésée* de Quinault et Lully, joué pour l'entrée dans cette ville de Son Altesse Royale la princesse d'Orange, elle chanta les deux rôles de Médée et de Minerve (2). Nous savons qu'elle séjourna longtemps dans les Pays-Bas et qu'elle y exerça ses talents dans différentes villes.

C'est le danseur Des Brosses qui, au dire de Cambert, régla les ballets et dirigea la danse jusqu'au jour où il céda sa place à Beauchamps, ce qui eut lieu deux mois avant

---

(1) *La Prison de M. Dassoucy*. Édition d'Émile Colombey, chez A. Delahays, p. 454.

(2) *Thésée, tragédie en musique, etc., représentée par l'Académie de musique, ce 18 may, pour l'heureuse arrivée de Son Altesse Royale Madame la princesse d'Orange, etc.; dédiée à Son Éminence Monseigneur le marquis de Grana, gouverneur et capitaine général des Pays-Bas, etc.*, 1682, in-12. (Collection de M. le baron J. Pichon.)

la fin des représentations de *Pomone* (1). Aucune femme ne dansait dans les ballets, car ce n'est que beaucoup plus tard que les danseuses figurèrent sur le théâtre de l'Opéra. Nous sommes toutefois sans renseignements positifs sur les noms des danseurs placés sous les ordres de Desbrosses d'abord et de Beauchamps par la suite.

Il nous reste à examiner en quoi consistaient la mise en scène, les transformations et les machines imaginées par Sourdéac et exécutées sous ses ordres. Pour les costumes, nous voyons que Vertumne n'en avait pas moins de cinq; celui de son rôle et ceux de ses divers déguisements, en Dragon, en Plutus, en Bacchus et en Béroë; il lui arrivait pendant l'action de reprendre tout à coup sa figure naturelle. Ce changement appartient à l'enfance de l'art, comme la scène amusante du Faune et des bouteilles : au moment où le Faune va s'en saisir, elles disparaissent successivement, soit dans les coulisses, soit en l'air, soit sous terre, sauf la dernière dont il s'empare, mais dans laquelle il ne trouve que de l'eau au lieu de vin. Quant aux fameux

---

(1) Archives de la Comédie française.

vols des machines, il y en avait au troisième acte et au cinquième. C'était d'abord un nuage enflammé tombant du ciel au milieu des éclairs et du tonnerre, et duquel descendaient des follets fantômes qui emportaient Béroë dans les airs; puis enfin, au cinquième acte, que Perrin considérait comme une apothéose, puisqu'il plaçait son dénoûment au quatrième acte, on voyait, pour la célébration des noces de Vertumne et de Pomone, des nues de plusieurs grandeurs portant des Dieux, des Muses et des Amours, chantant ou jouant des instruments, et qui par des développements successifs formaient des groupes différents jusqu'au tableau final sur lequel le rideau tombait.

C'était assurément une mise en scène brillante, surtout pour le temps; aussi le succès fut réel.

La Gravette de Mayolas, dans sa lettre du 3 mars déjà citée, fait un éloge amphigourique des voix, de la composition, des paroles et des sujets, ainsi que de « l'estude et du soin qu'on y avoit apportés et qui, disait-il, estoient asseurément dignes d'admiration ». De son côté, Robinet, qui se trouvait le jour de la première représentation de *Pomone* au théâtre du Marais où l'on jouait ce soir-là les *Amours du Soleil,* n'entretient ses lecteurs de l'Opéra français que plus tard et après que son patron y eut assisté. En effet, si le Roi ne daigna pas céder aux vœux de Perrin en allant voir *Pomone,* son frère Philippe d'Orléans s'y rendit plusieurs fois avec sa fille, la princesse Louise, alors âgée de neuf ans, et qui devait devenir reine d'Espagne. Voici du reste comment, à la date du 11 avril 1671, Robinet a raconté la seconde visite du prince et la façon dont il fut reçu au théâtre de la rue des Fossés de Nesles :

> A propos le grand Opéra
> Qui fait tant de bruit dans Lutèce,
> Attira la Royale Altesse
> Pour qui je m'escrime des doigts,
> Mardy pour la seconde fois,
> Avec sa jeune et belle Infante
> Déjà si vive et si brillante.
> Deux des plus illustres sauteurs,
> Avec pareil nombre d'acteurs,
> Collation leur présentèrent,
> Que les derniers accompagnèrent
> D'un compliment très-musical.
> Or cet agréable régal
> Se faisoit ainsi qu'on le prône
> De par la déesse Pomone
> Qui des beaux fruits de son jardin,
> Voulut les régaler soudain,

> Avec une galanterie
> Qui paraît une enchanterie.
> Je dois être à mon tour mardi
> De ce grand spectacle ébaudi,
> Et puis je ne faudray d'en mettre
> Un plus ample article en ma Lettre (1).

Tenant sa promesse, il consacra la plus grande partie de la lettre suivante, datée du 18 avril 1671, au nouveau théâtre. Nous y avons pris la description de la salle donnée plus haut. La publication de ces gazettes en vers et en prose, d'une excessive rareté, ayant été commencée par M. le baron James de Rothschild et devant se continuer sous la direction de M. Émile Picot, nous croyons superflu de transcrire les cent cinquante vers que Robinet consacre au récit très-détaillé de la pièce et les pompeux éloges qu'il donne à Perrin, Cambert et Sourdéac. A l'entendre, ce dernier aurait dépensé

> ...deux fois vingt mille ducats
> Qui font, la chose est très-constante,
> Partout deux mille escus de rente (2).

Pomone se maintint pendant plusieurs

---

(1) *Lettres en vers* à Monsieur. (Bibliothèque Mazarine, 296 A³.)
(2) *Ibid.*

mois sur l'affiche, et, dans toutes les classes de la société, le public montra un tel empressement à assister aux représentations, qu'il fut évident dès lors que l'Opéra français pouvait réussir et devenir une bonne affaire.

Les lettres patentes de Perrin portaient bien que l'entrée gratuite de l'Opéra était interdite même aux officiers de la maison du Roi qui jouissaient de cette immunité dans les autres théâtres, mais Sourdéac et Champeron, qui furent toutefois contredits par Perrin à cet égard, prétendirent qu'on avait accordé des entrées de faveur « avec beaucoup d'honesteté, la pluspart des personnes ayant esté introduites gratuitement ou à cause de leur qualité, ou mesme afin de mettre ces sortes de représentations en crédit et leur donner de la réputation dans le monde (1) ».

Peu après l'ouverture de l'Opéra, soit au mois de mars, il y eut aux portes du théâtre d'assez graves désordres causés par des laquais et gens de livrée voulant, malgré les gardes, forcer l'entrée de la salle, comme du reste ils le faisaient souvent aux autres

---

(1) Causes et moyens d'opposition par Sourdéac, etc. (Archives de la Comédie française.)

théâtres. Cette fois, on le comprend, la curiosité était vivement surexcitée par la nouveauté et la pompe du spectacle; aussi lesdits laquais « auroient passé jusqu'à cet « excès d'insolence que de vouloir briser les « portes de l'Opéra et forcer les gardes, « aucun desquels auroient esté grièvement « blessez à coups de pierres et de bastons ». Il parut, à la suite de cet incident, une ordonnance du lieutenant criminel d'après laquelle il n'y allait rien moins que des galères pour punition de semblables violences; mais le lieutenant de police, M. de la Reynie, ayant trouvé la mesure excessive, l'ordonnance fut abandonnée (1). Du reste, la peine des galères pouvait déjà être considérée comme une atténuation en matière de police théâtrale. Les affiches de l'hôtel de Bourgogne portaient, vers 1660, cette mention : *Défense aux soldats d'y entrer sur peine de la vie* (2).

---

(1) M. A. de Boislisle a publié cette ordonnance dans le tome II des *Mémoires de la Société de l'Histoire de Paris et de l'Ile-de-France*. Il a été fait un tiré à part du travail de M. de Boislisle sous le titre de : *les Débuts de l'opéra français à Paris*. Paris, 1875, grand in-8°, 19 pages.

(2) Cette affiche, ainsi que les autres affiches du dix-septième siècle, appartenant aux archives de l'Opéra, a été textuellement reproduite dans le n° du *Moliériste* du 1ᵉʳ juillet 1880.

Les preuves certaines de l'excellent accueil que le public fit à l'Opéra ressortent d'ailleurs avec évidence de l'ardeur avec laquelle la lutte s'engagea entre les divers compétiteurs du privilége qui en assurait la direction.

VIII

RÉSULTATS FINANCIERS DE L'OPÉRA. — PERRIN, NE POUVANT SE FAIRE RENDRE DES COMPTES, ATTAQUE EN JUSTICE SOURDÉAC ET CHAMPERON. — LES ACTEURS DE L'OPÉRA NON PAYÉS EN FONT AUTANT. — LA BARROIRE RECOMMENCE SES POURSUITES ET FAIT EMPRISONNER PERRIN A LA CONCIERGERIE. — SABLIÈRES VIENT EN AIDE A PERRIN, QUI TRAITE AVEC LUI DE SON PRIVILÉGE. — PERRIN CÈDE CE MÊME PRIVILÉGE A LA BARROIRE, QUI PAR SUITE LE FAIT SORTIR DE PRISON. — LE STELLIONAT COMMIS PAR PERRIN ÉTANT DÉCOUVERT, LA BARROIRE LE FAIT RÉINTÉGRER A LA CONCIERGERIE, OU IL RESTE PENDANT PLUS D'UNE ANNÉE.

Au point de vue financier, le succès de l'Opéra ne saurait être chiffré avec certitude. Les affirmations des uns et des autres à ce sujet, comme les renseignements donnés sur le prix des places, sont sans valeur, car la vérité est qu'on n'a à cet égard aucune pièce authentique. Il n'y avait ni caisse régulière, ni comptabilité; c'était un désordre voulu. Sourdéac et Champeron, au dire formel de Perrin, recevaient eux-mêmes l'argent à la porte, tête nue, en bras de chemise et munis de petites balances pour vérifier le poids des louis d'or qu'ils mettaient en poche. Champeron le frère, l'ancien recors, les assistait et prêtait main-forte au besoin, tandis que le troisième Champeron, le moine de Saint-Benoît, introduisait les spectateurs et les plaçait dans la salle. Avec l'intention bien arrêtée de rendre tout apurement de comptes impossible, on s'explique qu'il ne soit resté aucune trace écrite des sommes encaissées.

Par la citation empruntée à Sourdéac et Champeron, on a vu que beaucoup de gens seraient entrés sans payer, fait assez vraisemblable, mais pourtant contesté par Perrin; il dit, en effet, qu'au contraire « tous ceux qui ont assisté à ce spectacle peuvent rendre tesmoignage qu'ils n'y ont point esté gratis puisque mesme on empêchait les officiers de la maison du Roy, qui entrent, à cause de leur charge, dans toutes les comédies, d'y entrer sans payer (1) ».

---

(1) Archives de la Comédie française. Le privilége défendait

Sourdéac et Champeron disent encore que les représentations durèrent seulement sept à huit mois de l'année; qu'il y eut des moments où l'on ne joua qu'une fois par semaine. Suivant eux, chaque représentation revenait au commencement à huit cents livres environ, à six cents livres plus tard, et « très souvent, affirment-ils, il n'a pas esté reçu la moitié de ces frais ordinaires ». Ils avaient intérêt, il est vrai, à présenter les choses sous ce jour défavorable, et il faut en tenir compte.

Perrin, de son côté, traite de dépense imaginaire celle que ses adversaires alléguaient avoir été de cent cinquante mille livres; il dit « qu'il est nottoire qu'ils recevoient des sommes immenses pour des moindres par eux dépensez »; il évalue qu'il y eut cent quarante-six représentations dont les moins productives furent de mille livres, tandis que certains jours la recette alla jusqu'à quatre mille livres; puis il prétend que chacune des représentations a donné un bénéfice moyen,

---

aux officiers de la maison du roi d'entrer à l'Opéra sans payer; aussi, d'après l'âpreté au gain des deux intéressés qui s'étaient faits leurs propres contrôleurs, peut-on croire que Perrin dit vrai.

une fois les dépenses soldées, de onze à douze cents livres (1).

Enfin, malgré l'absence de toute preuve positive permettant d'établir des chiffres exacts, il est hors de doute que l'affaire se présentait bien et paraissait excellente à tout le monde, quoique Sourdéac et Champeron fissent tout pour persuader le contraire.

Cambert, d'après le nouveau traité qu'il avait passé avec eux, s'était engagé à raison de deux cent cinquante livres par mois; les mois se succédèrent sans qu'il reçût même le plus petit à-compte sur ses appointements. Parmi les chanteurs, les danseurs et autres employés, il y en eut sans doute qui réussirent à se faire payer, quoique nous n'en ayons pas la preuve; mais ce que nous savons, c'est que presque tous furent traités exactement comme Cambert; ils ne touchèrent absolument rien.

Quant à Perrin, il aurait eu, dit-on, trente mille livres pour sa part. Quelle dérision! Le malheureux ne reçut pas un sou. Il avait cru en Sourdéac et en Champeron jusqu'au dernier moment, et il avait patienté; toutefois,

---

(1) Archives de la Comédie française.

quand l'Opéra fut ouvert et qu'on y fit des recettes sans qu'il pût en obtenir la moindre parcelle, il lui fallut bien se rendre à l'évidence et reconnaître qu'on l'avait leurré, qu'il se trouvait victime des manœuvres de gens retors et de mauvaise foi.

Et cependant, sa *Lettre de répit* expirant le 3 avril, La Barroire allait reparaître inexorable et sans pitié. Que faire? Sur sa sollicitation, le Roi lui accorde de nouvelles Lettres de répit le 14 avril 1671; il ne craint donc plus La Barroire, du moins quant à présent. Se croyant débarrassé de ce côté, il se retourne alors, avec la résolution d'en finir, contre ceux qui se moquent de lui impudemment.

Mais quels moyens avait-il d'arriver à se faire rendre justice? Le bail des lieux occupés par l'Opéra étant au nom des usurpateurs de son privilége, ceux-ci étaient absolument chez eux. Il avait consenti à ce qu'on représentât sa *Pomone*, et la preuve matérielle de ce consentement résultait non-seulement de ce qu'il avait dirigé lui-même les répétitions, mais encore des affiches portant son nom et la mention de son privilége, apposées pendant plusieurs mois, sans qu'il se fût plaint, sur les murs et à la porte du théâtre. Comment aurait-il pu interdire tout à coup ces représentations qui avaient donné lieu à de grandes dépenses, alors que ces dépenses étaient la conséquence de son adhésion à l'exploitation de son privilége et de son opéra? Cette adhésion n'était-elle pas doublement incontestable par sa coopération en nom comme en personne et par la publication de l'argument de sa pièce et de la pièce elle-même, précédés de ses avant-propos très-explicites? Quand, escortés du recors et du moine, Sourdéac et Champeron auxquels il s'était livré, il faut bien le dire, pieds et poings liés, encaissaient les louis d'or du public, de quelle autorité et par quel moyen juridique Perrin les en aurait-il empêchés? Il n'avait aucun acte à invoquer, aucun contrat en règle à produire; toute saisie ou même une simple opposition immédiate était donc impossible et impraticable. Eût-il obtenu d'un juge quelconque d'exécuter l'une ou l'autre, n'était-ce pas encourir le danger d'une demande reconventionnelle entraînant des dommages-intérêts considérables? Il n'avait, par conséquent, qu'une chose à faire : commencer un procès, et laisser aller les événements comme il plairait à ses adversaires de les conduire, jusqu'au prononcé du jugement.

C'était un procès peu aisé et rendu encore plus difficile par la triste situation dans laquelle il se trouvait, situation trop bien connue de ses adversaires pour qu'ils ne l'exploitassent pas sans le moindre remords de conscience. Il assigna donc Sourdéac et Champeron, et, par exploit du 9 mai 1671, il leur fit défense « de plus s'immiscer, ni continuer à l'advenir les représentations d'opéra, demandant qu'ils soient contraints par corps à luy rendre les Lettres patentes qu'ils ont subtilisées et à lui restituer les sommes reçues ». Et voilà le malheureux auteur de *Pomone*, le véritable titulaire du privilége de l'*Académie des opéras*, avec deux procès sur les bras : l'un où il est défendeur, l'autre où il est demandeur !

Sourdéac et Champeron ne s'émeuvent pas; ils se disent même disposés à un arrangement, et c'est le président La Barroire qu'ils proposent pour juge amiable. On voit où ils voulaient en venir.

Pendant ce commencement de procédure, les acteurs de l'Opéra, non moins malheureux que Monier et Catherine Suptille, ne recevaient rien, avons-nous dit, malgré leurs demandes réitérées; aussi, encouragés par Perrin et profitant de son action en justice, ils assignèrent de leur côté Sourdéac et Champeron, déclarant qu'ils avaient toujours cru s'engager avec Perrin.

« Les lettres patentes de Sa Majesté et affiches mises pour les représentations, disaient-ils, estoient en son nom et ne faisoient mention d'aucun aultre que luy. Néantmoins il est arrivé que les dits sieurs de Sourdéac et Champeron prenant advantage de l'indisposition du dit sieur Perrin détenu au lict, se sont emparés et rendus maistres des lieux, et faict toutes les fonctions et choses nécessaires pour les dites représentations, mais avec tant de menaces, violences, juremens, blasphèmes, tant à leur égard que des autres personnes servant aux dites représentations, et une conduitte si désordonnée et scandaleuze que les supplians pour ce subjet et pour l'exécution de leurs traitez, sont obligez, voyant que leurs plaintes verballes n'ont aucun effet, de se pourvoir à la cour, etc. (1). »

Ils demandaient à être déchargés de l'exécution de leurs traités vis-à-vis de Sourdéac et Champeron, offrant de les exécuter pour le compte de Perrin, sauf à eux à se pour-

---

(1) Archives de la Comédie française.

voir contre les premiers pour les sommes qui leur étaient dues par le fait des représentations dont ceux-ci avaient reçu l'argent.

Cette assignation fut lancée, le 9 juin 1671, par Rossignol, Beaumavielle, Clédière, Taulet, Bourel-Miracle, Le Tellier, Lemercier, Marie Jossier dite Cartilly, Marie Hardy et Marie Bouët. Par un exploit signifié le même jour, les plaignants déclarent encore ne plus vouloir chanter, ni assister aux représentations de l'Opéra, « attendu les violences, menaces, juremens, blasffesmes et *voyes de fait* commises en leurs personnes par les dits sieurs de Sourdéac et Champeron et le nommé Fondan, frère du dit Champeron, et attendu le refus qu'ils ont fait de les payer conformément à leurs traitez (1) ».

Cependant la Cartilly et Marie Bouët se présentèrent à l'Opéra, et, d'après leur déclaration par-devant notaires, voici ce qui s'y passa :

« Ayant esté ce dit jour (9 juin 1671), à leur ordinaire en la maison et lieu où se fait l'oppera, auquel elles ont esté employées comme actrices depuis l'établissement d'icelluy oppera, au lieu d'y estre reçeues

---

(1) Archives de la Comédie française.

pour y chanter comme elles ont cy-devant fait, elles auroient esté retenues par force et viollences par les domestiques et quelques gens du dit oppera appartenans à M. le marquis de Sourdéac qui les auroient maltraittées et conduittes dans l'appartement du dit sieur marquis, où l'on aurait continué de les maltraitter de plusieurs paroles injurieuses et menasser de les despouiller si elles ne signoient à l'instant un papier à l'advantage du dit marquis qui leur auroit esté présenté par un homme mandé à cette fin, ce qu'elles auroient fait sans scavoir le contenu de ce qui estoit escript dans le dit papier, pour éviter l'exécution des menaces qui leur estoient faites par les gens et domestiques du dit seigneur Sourdéac et faire cesser l'appréhension qu'elles avoient d'estre entre les mains de tels gens, la dite femme Cartillier estant enceinte et preste d'accoucher. C'est pourquoy elles ont protesté de nullité contre le dit acte qui ne leur pourra nuire ny préjudicier, etc. (1). »

Armés du procès-verbal rédigé par le commissaire Gazon (2) et obtenu par les moyens qu'on vient de voir, Sourdéac et Champeron répondirent le même jour, 9 juin, par une requête au Palais réclamant mille livres et l'exécution de leurs traités par chacun des contrevenants.

---

(1) Archives de la Comédie française.
(2) Les minutes manquent aux Archives nationales. Le commissaire Gazon avait une triste réputation; « il laissait jouer chez madame de La Guette, où il se faisait des blasphèmes exécrables, et il tolérait ce scandale parce qu'il en tirait une rétribution ». (Bibl. nat., Ms. Clairambaut, 558, p. 481.)

Le scandale fut énorme, et Robinet s'empressa d'en raconter les péripéties dans ses *Lettres en vers à Monsieur*, du 20 juin :

> Le Grand Opéra plus n'opère,
> Dont maint ici se désespère.
> La Discorde aux poils coulevrins,
> Qui se nourrit de noirs chagrins,
> Et des Plaisirs est l'Ennemie,
> En a troublé l'Académie.
> Les Intendans, et les Autheurs,
> Les Musiciens, et les Acteurs,
> Tous sont tombez en guerre atroce,
> En guerre incivile et féroce :
> Et Pomone, à ce que l'on dit,
> S'est vue en ce cruel conflit,
> De main sacrilége, outragée,
> C'est-à-dire de coups chargée,
> Sans respect (quelle indignité !)
> De théâtrale Déité.
> Or ils ont eu, sur leur Grabuge,
> Chez dame Thémis, leur refuge,
> Et c'est elle qui doit régler
> Leur querelle ; et bref démêler
> (Ce qui n'est pas affaire aisée)
> Une si plaisante Fusée.

Le président La Barroire gagné, on s'en doute bien, à la cause du marquis, n'arrangea rien du tout ; aussi Perrin avait-il obtenu le 14 juin que pouvoir fût donné à MM. Bellinzani et de Cestre pour rendre une sentence arbitrale entre les parties (1). Il reprend confiance : la sentence, il n'en doute pas, lui donnera gain de cause; c'est pourquoi, le même jour, se croyant certain d'être remis en possession de tous ses droits, il signe sous seing privé avec Jean Granouillet, sieur de Sablières, intendant de la musique du duc d'Orléans, un traité de société par lequel, lui, Perrin, « cédait la moitié de son privilége, pour jouir conjointement de tous les profits provenants des représentations des opéras (2) ».

Il dut se croire sauvé, mais non! son illu-

---

(1) Minutes de M⁰ Lenormand. — François de Bellinzani portait le titre de conseiller du Roi en ses conseils. Il avait été protégé par le cardinal Mazarin et était intendant du duc de Mazarin. Colbert l'employa et en fit un directeur du commerce. Il n'y avait pas d'affaires un peu importantes à cette époque sans que Bellinzani s'y trouvât mêlé. » C'était, d'après le *Mercure galant,* un homme infiniment éclairé, très-intelligent et aussi honnête pour ceux qu'il fallait qu'il écoutât que zélé à obliger ses amis. » Il mourut en 1684. Son fils, élève de l'institution du sieur Filz, et qui y jouait la tragédie, comme nous l'avons vu plus haut, paraît avoir eu une existence passablement accidentée. Il fut enfermé à Saint-Lazare, d'où il sortait en 1704 pour partir en exil avec sa femme à trente lieues de Paris. On lui permettait d'y revenir le 4 juin 1710, mais le 10 on l'obligeait encore à quitter la capitale et à ne résider qu'à une distance d'au moins trente lieues.

Pierre de Cestre s'intitulait « écuyer, secrétaire du Roy et maistre des requestes du contrôle général des finances de France ».

(2) Factum de Sablières et Guichard. (Bibliothèque nationale.)

sion ne fut que de courte durée, car l'huissier ayant omis de joindre l'assignation à la signification des nouvelles *Lettres de Répit* du 14 avril faite à La Barroire, ce défaut de formalité entraîne la nullité du répit royal. Aussi, le 15 juin 1671, à la requête de M. le président Bizet, seigneur de La Barroire, et en vertu de l'arrêt de 1658, Perrin est incarcéré entre six et sept heures du matin dans les prisons de la Conciergerie (1).

C'est sans nul doute à son instigation que les acteurs de l'Opéra s'étaient soulevés, car lorsqu'il ne fut plus là, le *grabuge* n'eut pas de suite. En dépit des injures et des coups reçus on s'apaisa, et les choses s'arrangèrent probablement au moyen de quelques à-compte et de belles promesses. En effet, en terminant cette même lettre du 20 juin où il avait raconté « la guerre incivile et féroce » pendant laquelle *Pomone* « avait été outragée

---

(1) Registres de la Conciergerie. Depuis que Perrin avait été rendu à la liberté, l'ordonnance civile de 1667 avait aboli la contrainte par corps, excepté pour quelques cas spéciaux; mais l'article I du titre XXXIV défendait seulement aux juges de l'ordonner à l'avenir et laissait subsister les moyens d'exécution des arrêts précédemment rendus. Le lundi 14 novembre 1667, le Roi, étant en son conseil, avait arrêté que les contraintes par corps obtenues avant l'ordonnance auraient lieu et seraient exécutoires.

« par une main sacrilége et de coups chargée »,
Robinet écrivait ceci :

> En achevant ce mien écrit
> J'aprens de personne d'esprit
> Ce qu'il faut donc que je publie,
> Que la concorde est rétablie
> Entre messieurs de l'Opéra,
> Et qu'hier même il opéra
> En reproduisant sa Pomone
> Plus vermeille qu'une Anémone,
> Et qu'on reverra pour certain
> Encor, au même lieu, demain,
> Ainsi que tout du long de l'aune
> L'annonce leur Affiche jaune (1).

Le lendemain de l'arrestation de Perrin, Louis Jacob, qui n'avait pas été payé de ses huit cent soixante livres, le *recommande* à la garde du geôlier de la Conciergerie (2), et obtient contre lui un jugement par défaut le 17 juin (3). Perrin protestait judiciairement pendant ce temps contre un emprisonnement opéré au mépris de ses *Lettres de répit*. Sa position était alors fort pénible ; sans ressource, sans crédit auprès du geôlier trop

---

(1) *Lettres en vers à Monsieur*. Bibl. Mazarine, 296 A⁵.
(2) Reg. de la Conciergerie.
(3) Archives nationales. Parlement, X, 6042.

bien édifié sur son insolvabilité par la *recommandation* de son confrère de Saint-Germain des Prés, l'ex-introducteur des ambassadeurs, auquel la pistole était par conséquent interdite, n'avait qu'à se soumettre au dur et maigre régime de la prison, et à gémir sur « l'estat déplorable où ses ennemis l'avoient « réduit dans la Conciergerie où il estoit prest « d'estre mis sur le préau avec ce qu'il y a de « plus malheureux et coucher sur la paille, « estant malade et chagrin au point que si « ce désordre luy arrivoit il ne respondoit « pas de sa vie ». Tel est du moins le tableau qu'en trace le musicien Jean Granouillet de Sablières, son nouvel associé, qui l'avait déjà tiré du Fort-l'Évêque en 1661, qui l'avait habillé, lui avait prêté de l'argent à plusieurs reprises, et qui, cette fois encore, vint à son aide en adoucissant les rigueurs de sa prison (1).

On se souvient que cet ami fidèle dans l'adversité avait été l'un des compositeurs qui écrivirent le plus de musique sur les paroles du poëte prisonnier. Quoique sans grande notoriété artistique, il était cependant estimé

---

(1) Factum de Sablières et Guichard. (Bibl. nat.)

comme musicien et occupait dans le monde une situation fort honorable. Né en 1627, il était fils de Guillaume de Granouillet, escuyer, seigneur de la Renaudière et procureur promissionnel de la Vacquerie, diocèse de Lodève en Languedoc. Il avait été nommé en 1652 intendant de la musique du duc d'Anjou, frère du Roi, qui prit à la mort de Gaston, son oncle, le titre de duc d'Orléans. Il remplit cette place toute sa vie. Voici du reste les qualités qui lui sont données dans différents actes que nous avons eus entre les mains : Jean de Granouillet, escuyer, seigneur de Sablières, de la Triballe et de Champlong, vicomte de Condry, et seigneur de Neuvy en partie, conseiller maître d'hôtel ordinaire du Roi, intendant et contrôleur général des meubles de la couronne de France, et intendant de la musique de Monsieur, frère unique du Roi. Il était, on le voit, très-convenablement titré!

En 1656, il épousa Élisabeth Gargan, veuve de Jean Vaussin, échevin de la paroisse de Saint-Merry (1), et en eut plusieurs enfants. Quand il fit son traité avec Perrin, il était

---

(1) Archives nationales. Insinuations, Y, 192.

veuf et habitait chez Léonard Aubry, maître paveur (1).

La situation embarrassée de Perrin n'était pas sans danger pour ceux qui traitaient avec lui; pour y parer, il imagina une nouvelle combinaison assez compliquée, mais qui paraissait offrir plus de garanties que l'acte de société du 14 juin. Un notaire fut amené à la Conciergerie le 8 août 1671, et, entre les deux guichets, comme en lieu de liberté, les actes suivants furent passés entre Perrin et Sablières :

« 1° Au lieu d'un traité de société par moitié, il fut fait une vente pure et simple du total du privilége, pour éviter le trouble que les créanciers de Perrin auroient causé dans la Société, par la connaissance qu'ils auroient voulu prendre de la mise et recepte de l'Opéra.

« 2° Un second contrat fut signé le mesme jour, qui establit la vérité de la Société, en ce qu'il dit qu'encores que par le susdit contract, Perrin ait vendu la totalité du dit privilége; néantmoins la vérité est qu'il leur appartiendroit en commun, pour

---

(1) Ce Léonard Aubry était le père de Marie Aubry, future actrice de l'Opéra; de Jean Aubry, dit des Carrières, fiancé de Geneviève Béjard, belle-sœur de Molière, et de Sébastien Aubry, un des principaux acteurs dans le procès entre Lully et Guichard. Léonard Aubry demeurait rue Saint-Honoré, vis-à-vis la rue des Prouvaires. On sait que grâce à sa caution, généreusement donnée en 1645, Molière, qui avait répondu des dettes de l'*Illustre théâtre*, put sortir de prison.

en jouir par égalle portion pendant le temps porté par iceluy, et plus s'il estoit continué par Sa Majesté, dans lequel le sieur de Sablières reconnoist aussi de bonne foy, n'avoir pas donné les sommes portées par le premier traité de vente.

« 3º On fit un troisiesme contract, aussi en mesme temps en faveur des dits créanciers, qui marque qu'on désiroit qu'ils fussent tous payez (1). »

Par le premier de ces actes, Perrin vendait donc à Sablières « tous ses droits, parts et portions dans le privilége pour la représentation des opéras », ainsi que tous ses droits sur le matériel du théâtre; ladite vente faite « pour demeurer quitte envers le dict sieur Sablières de la somme de vingt mille livres qu'il lui devoit pour diverses promesses et obligations qu'il lui avoit passées, pour prests qu'il avait faicts pour subvenir en ses affaires suivant le compte aujourd'hui faict à l'amiable entre eux, lesquelles promesses et obligations ont esté rendues comme nulles ».

Ces actes furent signés très-probablement après que MM. de Bellinzani et de Cestre eurent rendu leur sentence arbitrale dans l'instance que Perrin avait engagée contre

---

(1) Minutes de M. Levasseur et Factum de Sablières et Guichard. (Bibl. nat.)

Sourdéac et Champeron. Cette sentence nous est restée inconnue, mais elle fut certainement prononcée; elle devait même, ainsi qu'il ressort d'un texte cité plus loin, être en faveur de Perrin, et conclure à une indemnité pécuniaire et à la restitution de son privilége. Cela ne veut pas dire que Sourdéac et Champeron se soient exécutés, puisque, au contraire, ils persistèrent plus que jamais dans leur parti pris de tout garder. Le privilége restait toujours entre leurs mains, tout aussi bien que l'argent perçu aux portes de l'Opéra, où *Pomone* continuait à attirer la foule.

Sur ces entrefaites, Perrin, mal conseillé ou obéissant à une malheureuse inspiration, usa d'un fâcheux moyen pour reconquérir sa liberté et se débarrasser de celui qui avait cessé d'être son beau-fils, mais qui était toujours resté son créancier, M. le président Bizet, sieur de La Barroire. Au mépris des engagements qu'il venait de prendre vis-à-vis de Sablières envers lequel il était tenu à une certaine reconnaissance, et avec une légèreté incroyable, Perrin, incarcéré depuis deux mois, fait venir à la Conciergerie un nouveau notaire le 17 août 1671, et là, toujours entre les deux guichets, comme lieu de liberté, il se reconnaît débiteur envers La Barroire de diverses sommes sur lesquelles il convient de déduire deux mille livres reçues par ledit La Barroire « ès années 1664 et suivantes « sur ce qui estoit dû au dit sieur Perrin par « la succession de deffunt mon dit sieur le « duc d'Orléans; reste encore celle de vingt-« trois mille livres avec plusieurs despens, « pour le paiement de laquelle somme de « vingt-trois mille livres le dit sieur Perrin « cède et transporte au dit sieur Président et « acceptant la moitié de tout ce qui luy ap-« partient tant par le *privilége de l'establis-« sement d'une Académie des Opéras de « musique...* que par la sentence arbitrale « rendue par MM. de Bellinzani et de Cestre « entre le marquis de Sourdéac, Champeron « et le dit sieur Perrin (1) ».

Outre cette moitié de ses droits cédée à La Barroire, Perrin céda à d'autres petits créanciers la moitié de l'autre moitié, se réservant un quart.

Le jour même où est passé cet acte, Perrin est élargi et sort de la Conciergerie (2).

---

(1) Minutes de Me Garnier.
(2) Registre de la Conciergerie.

Par malheur, le lendemain 18 août, Sablières, se mettant en règle, signifie à Sourdéac et à Champeron la cession que Perrin lui a faite par l'acte de vente en date du 8 août; il les somme de lui restituer les lettres patentes portant privilége qu'ils détiennent indûment, d'avoir à lui rendre compte des deniers qu'ils ont touchés et toucheront à l'avenir, en raison des représentations de l'Opéra, leur déclarant en outre que reprenant, aux lieu et place de Perrin, l'instance pendante au Palais, il allait en poursuivre le jugement (1). La Barroire, qui, lui aussi, avait été autorisé par son acte à retirer l'original du privilége des mains de Sourdéac et de Champeron, et qui était en droit de leur adresser les mêmes sommations que Sablières, apprend par eux l'existence de cette cession antérieure à la sienne. Justement irrité, il recommence immédiatement ses poursuites, et Perrin, qui, s'étant peut-être cru fort habile, jouissait à peine de sa liberté, est traqué de nouveau. Trouvé, le 29 août, à l'entrée de la rue des Petits-Champs, il est ramené à la Conciergerie et incarcéré

---

(1) Factum de Sablières et Guichard. (Bibl. nat.)

« pour n'avoir pas le dit sieur Perrin fait
« jouir le dit sieur président de La Barroire
« de l'effet du Transport qu'il luy a faict le
« 17 du présent mois des choses y conte-
« nues, lesquelles le dit sieur Perrin avoit dès
« auparavant par fraude, et le 8ᵉ du mesme
« mois, déjà cédé et transporté au sieur de
« Sablières (1) ».

Le cas était grave et aurait pu avoir des conséquences plus sérieuses qu'un emprisonnement pour dettes; mais c'est encore Sablières qui, bien que compromis par la fourberie de Perrin, semble s'être interposé et avoir réussi à le tirer de ce mauvais pas. Dans son factum, Sablières parle des obligations de toutes sortes que son associé lui avait et ajoute encore : « qu'il a esté obligé
« d'abandonner ses propres affaires, n'ayant
« peu mesme se dispenser d'en soustenir
« pour Perrin, qui ont eû des suites où
« l'honneur et la fortune du sieur de Sa-
« blières se sont trouvez fortement engagez,
« qui eussent reçeu une atteinte dangereuse,
« s'il n'eûst par de grands soins et grandes
« dépenses, recouvré des pièces authentiques

---

(1) Registres de la Conciergerie.

« pour conserver l'un et l'autre dans leur
« entier... »

Délivré du danger qu'il avait couru en commettant cet acte de stellionat, le malheureux Perrin, rentré dans sa prison après onze jours de liberté, ne devait plus en sortir qu'au bout d'un an, au commencement de septembre 1672. Louis Jacob s'était empressé de le *recommander*, suivant son habitude (1), et le Parlement, par un arrêt du 18 septembre 1671, repoussa définitivement la demande d'élargissement de Perrin basée sur les *Lettres de répit*, qu'un vice de forme rendait sans effet (2).

---

(1) Registres de la Conciergerie.
(2) Archives nationales. Parlement, X, 6049.

IX

LE DUC D'ORLÉANS CHARGE GUICHARD D'ÉCRIRE UN OPÉRA POUR LES FÊTES DE SON MARIAGE. — GUICHARD FAIT REPRÉSENTER A VERSAILLES SON OPÉRA DES *Amours de Diane et d'Endymion*, MUSIQUE DE SABLIÈRES. — NOUVEAU TRAITÉ PASSÉ A LA CONCIERGERIE ENTRE PERRIN, SABLIÈRES ET GUICHARD. — CEUX-CI TRANSFORMENT LEUR PREMIER OPÉRA EN UN NOUVEAU SOUS LE TITRE DU *Triomphe de l'Amour*. — IL EST REPRÉSENTÉ A LA COUR EN FÉVRIER 1672. — SOURDÉAC REMPLACE *Pomone* PAR LES *Peines et les Plaisirs de l'Amour*, PAROLES DE GILBERT, MUSIQUE DE CAMBERT.

Les représentations de *Pomone* n'en continuaient pas moins, et l'on en parlait toujours. Ce succès donna l'idée à Philippe d'Orléans de faire jouer un opéra pour les fêtes de son mariage, et c'est Henri Guichard, gentilhomme ordinaire de sa maison, qui fut chargé de tout organiser pour cette représentation.

Ce nouveau personnage est connu surtout

par les procès retentissants qu'il eut à soutenir plus tard contre Lully qui l'accusait d'avoir voulu l'empoisonner. Toutefois il nous appartient dès à présent, et son nom ne saurait être passé sous silence dans l'histoire de la fondation de l'Opéra, puisqu'il eut assez de foi dans l'avenir du nouvel établissement pour vouloir s'y intéresser.

Henri Guichard, né à Paris le 21 octobre 1634, était fils de Nicolas Guichard, valet de chambre de Gaston, duc d'Orléans, et argentier du prince Henry de Bourbon, évêque de Metz, prince du Saint-Empire, abbé commandataire de l'abbaye de Saint-Germain des Prés. C'est cet illustre prélat qui daigna le tenir sur les fonts baptismaux, le 12 mars 1635, avec la marquise de Saint Laurent (1). Son père et sa mère étant morts, l'un en 1641, l'autre en 1645, il hérita de trente mille écus et fut mis sous la tutelle de M. de Marsollier, payeur de rentes, qui avait épousé sa sœur. Il resta au collége des Jésuites de 1647 à 1653. En avril 1657, il fut nommé surintendant et commissaire général

---

(1) Le baptême avait été différé de quelques mois « pour attendre la commodité dudit sieur Evêque ». Archives nationales. Minutes de l'officialité de Saint-Germain des Prés.

des vivres des camps et armées du Roi; le 30 décembre de la même année, il devint encore intendant et ordonnateur quatriennal des bâtiments du Roi, et fut fait conseiller d'État par lettres de provision du 10 janvier 1658. Quelques jours après, le 17, il épousa Jeanne Le Vau, fille du célèbre architecte du Roi, qui lui apporta soixante mille livres de dot. Sa charge d'ordonnateur des bâtiments du Roi, supprimée en 1667, lui avait valu une indemnité de remboursement. Enfin, en 1670, le 21 avril, il fut reçu gentilhomme ordinaire de Monsieur, duc d'Orléans (1).

Henri Guichard, à l'occasion du fameux procès qu'il eut avec Lully de 1675 à 1678, a publié une quantité de factums, mémoires, requêtes ou placets formant un ensemble de plus de mille pages in-folio et in-4°; nous pouvons dès à présent en extraire les renseignements qui vont suivre.

« Cette nouveauté de divertissement, dit-il en parlant de l'Opéra, fit qu'au mois d'octobre 1671, Monsieur (frère unique du Roi) commanda au suppliant (à lui Guichard), auquel il faisoit l'honneur de donner ordinairement le soin de ce qui regardoit

---

(1) Plus tard, soit le 19 septembre 1673, il obtint la place d'intendant général des bâtiments et jardins du même prince.

ses plaisirs, de faire faire un opéra en musique, pour estre représenté devant Madame, lorsqu'il la recevroit, à Villerscotrets après la célébration du mariage de Leurs Altesses Royalles, dans la ville de Chaallons; le suppliant engagea le sieur de Sablières, Intendant de la musique de Monsieur, à travailler à cet opéra; mais Son Altesse Royale ayant changé de pensée, le Roy voulut qu'on le représentat à Versailles, ce qui fut fait suivant l'ordre de Sa Majesté, et par les soins du suppliant le troisième novembre de la mesme année 1671. »

Guichard et Sablières n'eurent pas de temps à perdre; c'est, disent-ils, en quatorze jours seulement qu'il leur fallut faire apprendre et répéter les rôles du nouvel opéra intitulé : *les Amours de Diane et d'Endymion*. Cette pièce, mêlée de scènes de chasse, devait être représentée le jour de la Saint-Hubert que l'on fêta cette année-là à Versailles avec quelque apparat. Toutes les répétitions se firent dans la maison du maître paveur Léonard Aubry, chez lequel, nous l'avons dit, Sablières demeurait.

On peut se demander ce que dut être cet opéra, improvisé pour ainsi dire, à une époque où les éléments pour composer un pareil spectacle existaient à peine. Néanmoins on arriva, paraît-il, à un assez bon résultat, puisque la *Gazette* en parla avec quelque éloge.

« La semaine passée, lit-on dans une note datée de Versailles, le 13 novembre 1671, la feste de Saint-Hubert fut célébrée, ici, par de continuelles chasses, où les dames se trouvèrent en un ajustement des plus lestes ; et ce divertissement fut suivi, deux fois, de celuy d'une pastorale, *les Amours de Diane et d'Endymion,* composée de récits et d'entrées de balet, laquelle fut représentée sur un magnifique théâtre, dans l'appartement neuf de la Reyne, en présence de Leurs Majestés et de toute la cour merveilleusement surprise de cette agréable galanterie qui avoit esté préparée en quinze jours. »

Robinet, de son côté, ne pouvait manquer de parler de la pièce de son ami Guichard, qui, disait-il, était *ordinaire* de son patron,

> Mais de mérite extr'ordinaire,

et de la musique de Sablières faisant également partie de la maison du duc d'Orléans. Du reste, dans ses *Lettres* de cette année 1671, il cite très-souvent avec emphase celui dont il se reconnaît « l'indigne trompette ».

> C'est à sçavoir Monsieur Guichard
> Qui d'Apollon sçait le bel art,
> Et quand il veut apollonise
> D'une façon que fort l'on prise.

Enfin il ne lui fallut pas moins de deux cents vers pour raconter cet opéra de *Diane et Endymion* depuis le commencement jusqu'à la fin, et pour faire l'éloge des auteurs et des exécutants (1).

Ajoutons à ces renseignements que le principal rôle, soit celui de *Diane*, était rempli par Marie Aubry, attachée d'ailleurs à la musique du duc d'Orléans; que Pierre Le Vié, ex-musicien de la reine Anne d'Autriche en qualité de haute-contre, et qui avait épousé une sœur de Marie Aubry, représenta *Endymion* (2); qu'enfin le rôle de l'*Amour* fut joué par la « jeune mignonne » mademoiselle Turpin (3).

A la suite des deux représentations de cet ouvrage qui venait de faire connaître Guichard comme librettiste, il intervint une nouvelle modification au traité de Perrin avec Sablières; Guichard y fut associé pour un

---

(1) *Lettres en vers à Monsieur*. Bibl. Mazarine, 296 A⁵.

(2) Pierre Le Vié, engagé un des premiers par Perrin, mais qui ne resta pas avec lui, fut un des principaux témoins dans le procès Lully et Guichard; il se disait : docteur en médecine de la faculté de Montpellier, inventeur d'un remède propre à étancher le sang, chevalier, médecin général de l'ordre et milice du Saint-Esprit, archi-hospitalier de toute la chrétienté. (L'Ordre du Saint-Esprit de Montpellier.)

(3) Mademoiselle Turpin chantait sur les théâtres particuliers et dans les concerts. Nous verrons plus loin qu'elle se fit entendre dans *Psyché*, sur le théâtre de Molière, « à visage découvert ».

tiers. On passa, le 23 novembre 1671 (1), un nouveau contrat de vente par lequel Sablières « vendit au sieur Guichard la « moitié du Privilège, en présence et du « consentement de Perrin qui l'eût pour « agréable et le signa; le mesme jour le « sieur Guichard reconnût par un acte séparé « qu'il n'avait qu'un tiers dans les émolu- « mens, et ensuite ils passèrent eux trois un « contrat qui marqua la vérité de leur société « en tiers ».

Ce nouveau traité annulait ceux du 8 août précédent; on les rendit donc à Perrin, puisqu'ils étaient désormais sans conséquence, avec mission de les anéantir; mais, à ce qu'il paraît, il se garda bien de le faire, et plus tard c'est un des exemplaires de ces contrats qu'il opposera à ses associés comme contre-lettre annulant l'acte d'association dont ils lui réclamaient les bénéfices.

Deux jours après, le 25 novembre, Sablières,

---

(1) Nous prenons cette date dans le Factum de Sablières et de Guichard rédigé six à sept mois après, tandis que ce dernier a imprimé cinq ans plus tard que ce traité fut passé le 25 décembre 1671. Cette différence de vingt-deux jours n'a vraiment aucune importance et nous ne la signalons que pour rester aussi exacts que possible. Les deux dates, du reste, peuvent être bonnes; l'une serait celle de la rédaction du projet et l'autre celle de la signature.

qui, avons-nous dit, avait perdu sa première femme, se remariait à Saint-Germain l'Auxerrois avec Marie de Loison, fille de Gabriel de Loison, écuyer du corps du Roi. Le marié avait quarante-quatre ans, et la mariée seize ans. Jean Aubry, au contrat duquel, quand il se maria avec la belle-sœur de Molière, Sablières signa, fut un de ses témoins, mais Perrin, retenu sous les verrous, ne put assister à la noce.

Sablières et Guichard, s'appuyant sur leur traité signé avec Perrin, s'occupèrent sans retard de l'exploitation du privilége auquel ils étaient désormais associés. Ils avaient remanié leur pièce des *Amours de Diane et d'Endymion,* jouée à la cour le 3 novembre précédent, et faisaient toujours leurs répétitions chez le maître paveur Léonard Aubry. S'ils disent vrai, ils avaient même choisi un local pour y installer leur théâtre; cependant c'est devant le Roi, en février 1672, qu'ils représentèrent le *Triomphe de l'Amour*, l'opéra nouvellement retouché. Voici, du reste, ce qu'on lit en tête de leur œuvre :

« La diligence avec laquelle cette pièce a été com-
« posée, en doit faire excuser les défauts. Elle a esté
« mise en estat de paroistre à Versailles, pour la

« Saint-Hubert, en quatorze jours de temps; et quoy
« que l'augmentation qui en a esté faite la puisse
« faire passer pour une pièce nouvelle, on n'a pas
« néantmoins esté plus de cinq semaines à disposer
« toutes choses pour la Représentation. Si elle n'a
« pas le malheur de déplaire tout-à-fait, on peut
« respondre d'une autre, que l'on exposera volontiers
« à la censure, sans demander l'indulgence qu'on ne
« peut refuser à celle-cy (1). »

La musique de Sablières est vraisemblablement perdue; quant à la pièce, très-faible assurément, elle prouve que si, au dire de Robinet, Guichard « apollonisait » quand il voulait, il n'y a guère mis de bonne volonté cette fois-là.

Nous savons que Marie Aubry et son beau-frère Le Vié, le médecin, et chevalier du Saint-Esprit de Montpellier, continuèrent à chanter dans cet opéra, mais ce sont les seuls exécutants dont nous connaissions les noms (2). Enfin, nous avons encore quelques renseignements sur le *Triomphe de l'Amour*,

---

(1) *Le Triomphe de l'Amour, Opéra ou Pastorale en musique imitée des Amours de Diane et d'Endymion divisée en trois parties; meslées de deux intermèdes, représentée devant Sa Majesté en son château de Saint-Germain-en-Laye, au mois de février 1672.* A Paris, par Robert Ballard, seul imprimeur du Roy pour la musique, rue Saint-Jean de Beauvais, au Mont-Parnasse, 1672, avec privilége de Sa Majesté, in-4°. Cette pièce est excessivement rare; nous en possédons une copie manuscrite.

(2) Nous n'avons pas la preuve que mademoiselle Turpin y

ceux-ci nous viennent de Guichard et Sablières, qui, dans un de leurs factums, reconnaissent qu'ils « mirent en bourse une somme de 9,000 livrés que le Roy leur donna » et ajoutent :

« Qu'on voudroit leur faire perdre 39,000 livres d'avances qu'ils ont faites, ayant assemblé six-vingts personnes qu'ils ont encore sur les bras, fait faire avec de grands frais toutes les répétitions nécessaires pour les instruire, comme aussi quantité de décorations, ustanciles de théâtre, machines, un grand nombre d'habits magnifiques, et enfin composé et mis dans cinq semaines un opéra en estat d'être donné au public; *au lieu qu'ils avaient choisi à cet effet,* ayant mesme, pour satisfaire aux conditions portées par ledit privilége, donné les premières représentations à Sa Majesté *par quatre fois,* tant à Versailles qu'à Saint-Germain, avec son applaudissement et de toute la Cour, nonobstant les traverses et cabales que la jalousie du sieur Lully leur auroit suscitées, lequel ne pouvant souffrir sans chagrin que d'autres que luy fassent aucune entreprise de musique, et que les François ayent fait réussir ce que l'Italie s'attribuoit comme une chose qui luy estoit particulière, et qu'ils nous reprochoient de pouvoir jamais entreprendre, le sieur Lully ayant toujours soustenu que c'estoit une chose impossible à exécuter en notre langue, ne l'ayant jamais osé tenter ny entreprendre, etc. (1). »

---

ait représenté l'*Amour,* comme en novembre 1671, quoique la chose soit possible.

(1) Factum de Sablières et Guichard. (Bibl. nat.)

Pendant ce temps-là, Sourdéac et Champeron, disposant seuls en somme de la salle de la rue des Fossés de Nesles, puisque le bail était en leur nom, que les travaux avaient été commandés par eux et que tous les employés, chanteurs et chanteuses, choristes et danseurs, instrumentistes, et Cambert, leur chef d'orchestre, étaient à leurs gages par actes en bonne et due forme, exploitaient le privilége et l'œuvre de Perrin, malgré les instances introduites en justice par celui-ci. Ils ne pouvaient toutefois s'en tenir à une seule pièce, et quand Perrin, poussé à bout, eut enfin commencé les hostilités, puis fut emprisonné, ils eurent recours à un autre poëte qui n'était pas beaucoup plus fortuné, mais qui avait au moins la pratique du théâtre, car il comptait dans son œuvre un certain nombre de pièces représentées à l'hôtel de Bourgogne et sur le théâtre de Molière.

Ils s'adressèrent à Gabriel Gilbert, « secrétaire des commandemens de la Reyne Christine de Suède et son Résidant en France », et c'est la *Pastorale héroïque des Peines et des Plaisirs de l'Amour* que celui-ci écrivit pour l'Opéra.

Par déférence pour Colbert auquel le nouveau théâtre devait son existence et pour se ménager sa puissante protection, c'est à lui que Gilbert dédia sa *Pastorale*. Comme nous avons eu occasion de le dire, il lui fit honneur d'avoir eu « la pensée d'establir l'Académie de l'Opéra »; et la lecture de cette dédicace ne laisse en effet aucun doute sur la part réelle que le ministre de Louis XIV prit à cette création. Le premier opéra fut dédié au Roi, il était de toute justice que le second le fût à Colbert.

La pièce de Gilbert et la musique de Cambert étaient prêtes bien avant que l'on cessât les représentations de l'opéra de Perrin. Cependant on ne s'empressa guère de la jouer. Voici, du reste, ce que Cambert dit lui-même à ce sujet pour répondre à Sourdéac et Champeron, qui, cherchant des prétextes pour ne pas le payer, lui reprochaient sa lenteur et son inexactitude :

« Pour l'opéra *des Peines et des Plaisirs de l'Amour*, il est constant que toute la musique estoit preste auparavant que *Pomone* cessât, puisque M. de Beauchamps qui a dansé environ deux mois à *Pomone* a entendu la répétition du dit second opéra, le premier jour qu'il entra à l'Opéra, et que M. Desbrosses avoit tous les airs de ballets de ce second opéra auparavant qu'il cédat sa place au dit Beauchamps (1). »

Le retard ne provenait donc ni du poëte, ni du musicien.

On ne sait au juste à quelle date le nouvel opéra fut joué. Les frères Parfait parlent de la fin de novembre ou du commencement de décembre 1671, en contestant la date de 1672 donnée par le *Recueil des opéras* de 1703. Cependant l'édition originale de 1672, copiée plus tard pour ce *Recueil des opéras,* porte bien que la représentation eut « lieu l'an 1672 » (2). De plus, il ressort de l'étude de nombreux mémoires en notre possession que le second opéra de Cambert ne fut chanté que dans le courant de février ou le commencement de mars.

Quant à la date du 8 avril 1672 donnée par

---

(1) Archives de la Comédie française.
(2) *Opéra, pastorale héroïque, des Peines et des Plaisirs de l'Amour, en vers lyriques, par M. Gilbert, secrétaire et résident de la reine de Suède. Représenté en musique à l'Académie royale des opéra, l'an 1672.* A Paris, chez Olivier de Varennes, au palais, en la galerie des prisonniers, au Vase d'Or, 1672, avec permission, in-12. Il y eut une autre édition de cette pièce publiée dans le même format, sous le même titre exactement (sauf une faute d'impression disant que l'opéra fut représenté *l'année 1572*) et avec la rubrique : « A Paris, et se vendent à Grenoble, chez Jean Nicolas, en la rue du Palais. 1672. » (Coll. Er. Thoinan.) Ce libraire de Grenoble édita plusieurs pièces de Gilbert.

de Léris et répétée par La Vallière et autres, elle n'est même pas discutable, puisque le théâtre de Sourdéac et Champeron fut irrévocablement fermé le 1ᵉʳ avril 1672 (1).

Quoi qu'il en soit, le succès de ce second opéra, s'il fut plus court, ne fut pas moindre que celui du premier. Les vers de Gilbert, bien meilleurs que ceux de Perrin, laissaient cependant encore à désirer ; mais l'action dramatique, beaucoup plus intéressante, amenait des scènes pathétiques et émouvantes que l'on ne trouvait pas dans *Pomone*.

Astérie, furieuse de ne pouvoir inspirer de l'amour à Apollon, a fait mourir Climène, sa rivale ; elle voit que son crime, loin de lui profiter, n'a servi qu'à augmenter la passion du dieu Soleil pour celle qui n'est plus. Pendant toute la pièce elle se désespère, tandis qu'Apollon promène sa tristesse langoureuse, chante à tous les échos et ses regrets et son chagrin jusqu'au moment où Astérie se repentant, Mercure fait revivre Climène et la rend à son fidèle amant.

Une scène de cette élégie semble avoir obtenu un succès particulier ; elle se passait

---

(1) Voir plus loin la lettre du Roi à M. de la Reynie.

au second acte devant le tombeau de Climène, entouré de sacrificateurs, de prêtresses et de bergers. Apollon y exhalait ses plaintes, qui alternaient avec les invocations d'une des prêtresses :

Si l'amour d'un mortel essayant l'impossible,
A sur son luth plaintif rendu la mort sensible,
    Destin, écoutez à son tour,
Le soleil qui languit, pâlit et meurt d'amour.

A la sortie d'Apollon, les bergers s'approchent du tombeau; il en sort des spectres formant avec les bergers effrayés un ballet fantastique que l'arrivée de Pan fait cesser, puis les spectres s'évanouissent, et le tombeau disparaît. Au dire de Saint-Évremond, c'est ce tableau et le prologue qui furent les scènes les plus remarquées. « Le prologue, dit-il, était beau, et le *Tombeau de Climène* fut admiré (1). »

---

(1) A l'égard de ce tombeau de Climène, Castil-Blaze, dont il serait puéril de discuter sérieusement les assertions paradoxales, a imaginé de décider que « les tombeaux du même genre se succédèrent ensuite dans la musique. Gautier l'ancien, ajoute-t-il pour appuyer sa belle découverte, publia ses pièces de luth intitulées : *Tombeau de Mesangeau. Tombeau de l'Enclos*, etc., etc... » C'est vraiment dépasser les bornes permises de la plaisanterie envers son lecteur, ou de la prétention à l'érudition et aux inductions ingénieuses, car Ennemond Gaultier, dit le Vieux, qui écrivit ce morceau funèbre pour son émule et ami Mesangeau, décédé par conséquent avant lui,

Comme pour *Pomone,* on ne peut se rendre compte de la musique de Cambert que par un fragment de son opéra des *Peines et des Plaisirs de l'Amour.* L'impression de la partition a été interrompue exactement de même que celle de son précédent opéra, et probablement pour des motifs semblables (1).

La réputation de la scène du *Tombeau de*

---

mourut en 1653. Quant au *Tombeau de l'Enclos,* le père de Ninon, mort en 1649, c'est Denis Gaultier, dit le Jeune, neveu ou cousin d'Ennemond, qui le composa. Il était non moins lié avec l'Enclos que son parent, et celui-ci, retiré depuis longtemps au village de Villette, près de Vienne, lui laissa le soin de rendre un dernier hommage à leur ami commun. Denis mourut à soixante-quinze ans, fin de janvier 1672, et eut, lui aussi, son *Tombeau* en musique écrit par un enfant prodige, son élève, Marianne Plantier, âgée de dix ans.

Fétis, dont l'article sur les Gaultier est un tissu d'erreurs du commencement à la fin, a confondu ces deux artistes, et a surtout, bien à tort, vertement malmené ses prédécesseurs à propos du *Tombeau de l'Enclos,* en faisant une nouvelle confusion entre Ninon et son père. Ce dernier était assez habile luthiste pour qu'un de ses confrères, comme on l'a vu, l'ait pleuré sur son instrument, monté, sans doute pour la circonstance, à cordes *avalées* avec force accords en *verre cassé!* Mais revenant à Castil-Blaze, qui aurait pu tout aussi bien ajouter que le fameux ragoût appelé *Tombeau d'Épicure* prenait son nom de l'opéra de Cambert, on doit s'étonner qu'il ne se soit pas souvenu de ces *Déplorations,* de ces *Tombeaux,* comme on les appelait, pièces de vers louangeuses et attristées, que les poëtes, à peu près de tous les temps, mais surtout du quinzième, du seizième et du dix-septième siècle, consacraient aux morts célèbres et que l'on mettait parfois en musique. Le *Tombeau de Climène,* quel que fût son succès, n'était donc, on l'avouera, absolument pour rien dans toutes ces compositions mortuaires, en usage longtemps avant son apparition à l'Opéra.

(1) M. Weckerlin a publié ces fragments de l'œuvre de Cambert.

Climène, ainsi que la connaissance de quelques autres situations du poëme de Gilbert, ajoutent encore aux regrets de ne pouvoir lire l'œuvre du musicien dans son ensemble. Ne serait-il pas particulièrement intéressant de voir comment Cambert avait traité musicalement des passages dramatiques et vraiment scéniques? On trouverait là les éléments nécessaires pour juger l'artiste et apprécier la valeur de son talent.

« Les voix et les instrumens s'estoient « déjà mieux formés pour l'exécution », nous dit encore Saint-Évremond. On sait à n'en pas douter que le rôle de Climène était rempli par mademoiselle Marie Brigogne, tandis que les renseignements précis manquent pour dire par quels acteurs et actrices furent joués les autres rôles. La partition manuscrite du Conservatoire désigne comme ayant chanté la dernière scène du premier acte : Clédière, Beaumavielle, Taulet et mademoiselle Aubry; mais cette indication, ajoutée récemment, ne saurait faire autorité.

Marie-Madeleine Brigogne était jeune et jolie; elle joua et chanta son rôle d'une façon si touchante et avec tant de charme qu'on ne la nomma plus que « la petite Climène (1) ».

Naturellement, c'est toujours Sourdéac qui se chargea de la direction des décors et des machines. La mise en scène paraît, d'après les indications du livret, avoir été plus noble que celle de l'opéra de Perrin et ne comportait pas des jeux de scène aussi vulgaires, puisque le sujet était tout à fait élégiaque. On y vit encore le palais magnifique de la fin apparaissant par un changement à vue, et un trône d'Amour descendant des nues; Apollon et Climène, couronnés par deux Amours armés de carquois et des flambeaux de l'hyménée, s'y plaçaient, et le trône remontait au ciel, aux acclamations des Grâces, des Jeux, des Ris, de la jeunesse, en un mot, de tous les acteurs de la pièce.

---

(1) Marie Brigogne fit plus tard partie de la troupe de Lully. Au dire de Guichard, elle était née en 1652, et était fille d'un peintre barbouilleur, marqueur dans un jeu de paume.

X

J. B. LULLY. — LES OUVRAGES EN MUSIQUE ONT DE PLUS EN PLUS LA FAVEUR DU PUBLIC. — LULLY, CONFORMÉMENT AUX INTENTIONS DE COLBERT, TRAITE AVEC PERRIN, QUI LUI ABANDONNE SON PRIVILÉGE. — MOLIÈRE A LA PENSÉE DE S'ASSOCIER AVEC LULLY POUR L'OPÉRA. — IL EST JOUÉ PAR LULLY. — CELUI-CI FAIT DÉFENDRE AUX COMÉDIENS D'EMPLOYER PLUS DE DEUX VOIX ET DE DEUX INSTRUMENTS. — SUR LA RÉCLAMATION DE MOLIÈRE, LE ROI ORDONNE QU'IL SERA SURSIS A CES DÉFENSES. — PRIVILÉGE DE LULLY.

N comprendra facilement que devant toutes ces tentatives, menaçant la suprématie musicale qu'il avait à la cour depuis des années, Lully ait cherché à se défendre; il le fit, on l'a vu, par des sarcasmes empreints d'une colère mal contenue, mais comprenant bientôt qu'il faisait fausse route, et mettant tout amour-propre de côté, il renia délibérément ses théories sur la complète impossibilité de faire chanter une pièce entière avec

des paroles françaises. L'opéra français qui, suivant lui, n'était pas viable, et qu'il avait combattu à outrance, plaisait à la foule, faisait de l'argent, comme on dirait maintenant; Lully se convertit promptement. Le succès était là : il marcha au succès! Comme en fait, notre Italien était non-seulement un homme très-adroit, mais encore un véritable artiste, un metteur en scène habile non moins qu'un compositeur hors ligne, ainsi qu'il en avait donné tant de preuves dans les ballets du Roi, il dut avoir conscience, une fois son parti pris, qu'il ferait aussi bien, sinon mieux, que ceux dont il avait pu reconnaître les côtés faibles en s'appliquant à les critiquer, et qu'il réussirait au moins tout autant.

Le public, en effet, par son empressement à se rendre à l'Opéra, donnait raison aux novateurs en remplissant leur salle, et qu'y avait-il d'étonnant à cela, lorsqu'on lui offrait tant de séductions nouvelles : la musique mêlée à l'action du drame, la danse et les figurations amenant des tableaux gracieux et agréables, la richesse des costumes, l'ingéniosité des machines et la splendeur des décorations? Lully n'était pas le seul à s'en apercevoir. Les théâtres rivaux s'en émurent et cherchèrent à satisfaire les désirs des spectateurs charmés par ces nouveaux éléments d'attraction. Les comédiens du Marais qui avaient joué les *Amours de Vénus et d'Adonis,* en 1670, et les *Amours du Soleil,* en 1671, avec machines et musique, demandèrent une nouvelle pièce du même genre à leur auteur Doneau de Visé. Celui-ci, qui leur donna, en 1672, les *Amours de Bacchus et d'Ariane,* nous a laissé dans l'avant-propos de cette pièce une preuve incontestable de l'engouement du public d'alors pour la musique au théâtre, en général, et l'opéra en particulier.

« Comme nous sommes dans un siècle, dit-il, où la
« musique et les Ballets ont des charmes pour tout le
« monde, et que les spectacles qui en sont remplis
« sont beaucoup plus suivis que les autres; l'auteur
« des *Amours du Soleil,* dont les machines pendant
« plus de cinquante représentations qui en ont été
« faites durant deux hyvers, ont surpris tous ceux
« qui les ont veües, a voulu donner, cette année,
« une pièce dont la Musique et les Entrées eussent
« quelque chose d'aussi particulier que les machines
« de son dernier ouvrage, entre lesquelles le Char
« foudroyé a causé tant d'étonnement. Ce n'est pas
« qu'il n'y en ayt dans celui-cy qui puissent plaire
« autant, et qui soient d'une invention aussi nouvelle.

« Le *Mariage de Bacchus* en fait le sujet, et la « matière en est si belle qu'elle peut également four- « nir aux Machines, à la Musique, et aux Balets (1). »

On sait aussi quel succès avait obtenu la *Psyché* de Molière, Corneille et Quinault, musique de Lully, quand elle fut représentée en 1671, sur le théâtre du Palais-Royal, après l'avoir été à la cour quelques mois auparavant. Les comédiens avaient donné le plus grand soin à la mise en scène de cette pièce. Ainsi, dans leur délibération du 15 mars 1671, ils avaient décidé, à propos des réparations à la salle qui allaient commencer le 18 du même mois : « d'avoir doresnavant à toutes sortes « de représentations tant simples que de « machines, un concert de douze violons ». Le mercredi, 15 avril suivant, après leur

---

(1) Doneau de Visé dit encore ceci de son compositeur, qu'il ne nomme pas malheureusement, et de l'ordonnateur des bal- lets : « Si la modestie de celuy qui a fait les airs ne n'empêchoit « de vous parler à son avantage autant que je devrois faire, je « vous dirois des choses qui vous feroient avouer qu'ils ne « peuvent être qu'admirables; mais je me contenteray de dire « qu'il a l'honneur d'appartenir au Roy : qu'il a souvent tra- « vaillé à ses divertissements, qu'il estime son mérite, et en a « souvent parlé avec éloges. Le sieur Desbrosses qui a fait les « balets, a souvent eu l'honneur aussi de travailler pour diver- « tir Sa Majesté, et depuis fort peu de temps, il en a reçu des « louanges devant toute la cour. » — La décoration du second acte, qui fit l'admiration de tout le monde, était d'un peintre nommé Simon. — *Sujet des Amours de Bacchus et d'Ariane*, etc. Paris, Promé, 1672, in-4°. (Bibl. nat., Y, 6051.)

délibération : « de représenter *Psyché* qui « avait été faitte pour le Roy, l'hyver dernier, et représentée sur le grand Théâtre du « Palais des Tuilleries », ils ajoutent : « On « commence à faire travailler tant aux machines, décorations, musique, ballait, et « génerallement tous les ornemens nécessaires pour ce grand spectacle. »

« Jusques icy, continue le registre de « Lagrange, les musiciens et musiciennes « n'avoient point voulu paroître en public; « mais ils chantoient à la Comédie dans des « loges grillées et treillissées, mais on surmonta tous ces obstacles, et avec quelque « légère despance, on trouva des personnes « qui chantèrent sur le théâtre à visage descouvert, habillez comme les comédiens, « savoir :

    Mlle DE RIEUX,
    Mrs FORESTIER,   M^{rs}. RIBOU,
    MOSNIER,   POUSSIN.
    CHAMPENON,
    Mlles TURPIN (1),
    GRANPRÉ, etc. »

C'est Beauchamps qui fit les ballets et

---

(1) Mosnier et mademoiselle Turpin nous sont déjà connus.

battit la mesure pendant les représentations.

Enfin, le succès fut si bien soutenu que l'on joua *Psyché* du 24 juillet au 23 octobre 1671, et qu'on la reprit du 15 janvier au 6 mars 1672 sans préjudice d'une nouvelle reprise qu'on devait en faire plus tard et dont nous parlerons quand le moment en sera venu.

Du reste, la musique au théâtre était alors tellement en faveur qu'il n'était pas jusqu'aux représentations faites chez des particuliers dans lesquelles on ne cédât à ce goût général. Dans les colléges mêmes, chez les Jésuites, comme dans d'autres établissements d'éducation, on se piquait d'introduire la musique et la danse dans les pièces, tragédies ou comédies qu'on faisait jouer par les élèves. On allait plus loin, et l'Opéra était devenu à la mode d'une façon si irrésistible, que même pour les cérémonies religieuses c'est à ce théâtre que l'on venait demander ses chanteurs, ses symphonistes et jusqu'à son chef d'orchestre. Nous avons eu la surprise de constater que Sourdéac et Champeron entreprenaient à la fois des concerts en ville et des exécutions musicales dans les églises, et que de plus, Cambert, par son engagement, était tenu d'y donner ses soins. Comme c'est lui qui, en se défendant contre ses patrons, nous a appris le fait, nous lui empruntons son récit, très-précieux pour les renseignements divers qu'il renferme :

« Quant à ce que Messieurs Sourdéac et Cham-
« peron disent que le sieur Cambert a négligé le ser-
« vice de l'Opéra pour faire une musique aux Jésuites
« de la rue Saint Antoine, au mois de janvier
« soixante et douze :
« Premièrement, il est constant qu'il n'a entrepris
« cette musique que par l'ordre du dit Sieur Marquis,
« les révérends Pères luy en estant venus prier jusques
« dans l'Opéra mesme, et luy-mesme en ayant donné
« l'ordre tant aux voix qu'aux instrumens, et le dit
« Sourdéac estant venu dans l'orgue de l'Eglise des
« révérends Pères, et ayant dict en présence de plus
« de cent personnes, qui luy soutiendront, que c'estoit
« lui qui donnoit cette musique, et mesme mit cette
« clause à la promesse qu'il leur fit, que ny le Sieur
« Cambert ny pas un autre n'y seroit les jours de
« représentations, ce qui s'observa de point en point,
« et c'est pour le faire que je négligeois cette musique,
« et que je fesois mon devoir à l'Opéra, et que jamais
« je n'y ai manqué, m'y estant fait porter tout malade
« et plein d'emplastres que j'estois *d'une chûte que
« j'avois faite dans l'Opéra mesme* (1)...
« Pour ce qui est des Concerts de Chambre et de
« Chapelle que j'estois obligé de faire, je n'ai point
« manqué à obéir à tous les ordres que l'on m'en a

---

(1) Ce passage souligné est biffé dans l'original, et n'a pas été achevé.

« donné, et principalement celuy des Jésuites dès que
« l'on me l'ordonna, car il est expressément dit dans
« mon Escrit, *aux jours et lieux indiqués par les dits*
« *intéressés,* ainsi conclut le dit (Cambert) que ce sont
« pures choses imaginaires que les dits Sieurs expo-
« sent, s'estant si bien précautionnés dans leur escrit,
« qu'ils ont lié le dict Cambert, sans s'obliger eux
« qu'à le payer, ce qu'ils n'ont point fait (1). »

Des directeurs de théâtre occupés de musique sacrée, des Pères Jésuites venant leur demander le concours de leur personnel, et créant ainsi, dès la première heure, entre l'Église et l'Opéra des relations musicales qui ne devaient plus cesser, c'est le côté étrange de ce document. Il offre de plus cet intérêt de nous montrer dans un récit naïf le zèle et la bonne foi de Cambert qui, tout malade qu'il était, n'en faisait pas moins son service, alors que ses directeurs ne songeaient guère à le payer, pas plus du reste qu'ils ne payaient les autres.

En effet, ne veillant qu'à leurs intérêts, Sourdéac et Champeron, en vertu du privilége qu'ils avaient extorqué à Perrin et qu'ils prétendaient leur appartenir, quoique l'infortuné titulaire en demandât « en justice la res-

---

(1) Archives de la Comédie française.

titution comme d'un dépôt et par corps », exploitaient toujours l'Académie de la rue Mazarine. Après y avoir joué *Pomone*, c'est avec les *Peines et les Plaisirs de l'Amour* qu'ils attiraient le public, et d'abondantes recettes continuaient à les enrichir, d'autant plus que ces dignes associés qui semblaient réaliser le type achevé du mauvais payeur, avaient eu cette bonne fortune inespérée de voir fructifier entre leurs mains une des rares industries où l'on ne fait pas de crédit, et qu'ils apportaient un soin égal à faire entrer l'argent dans leur caisse et à ne pas l'en laisser sortir.

Jaloux à bon droit de cet éclatant succès, Sablières et Guichard, ainsi que nous l'avons vu, étaient prêts, ils le disaient du moins, à représenter leur opéra à Paris, en y appelant le public *au lieu qu'ils avaient choisi à cet effet*. La lutte allait donc s'engager.

Et pendant ce temps-là que devenait Perrin? S'occupait-il de remplir les conditions que son privilége lui imposait? Accoutumait-il « les Français au goust de la musique pour les porter insensiblement à se perfectionner en cet art, l'un des plus nobles des libéraux »? Hélas! non. Toujours sous les verrous, sans argent pour poursuivre son action en justice contre ceux qui l'avaient dépossédé, qui lui avaient soustrait ce privilége dont la valeur était désormais indiscutable; réduit à une impuissance à peu près absolue après s'être compromis dans les négociations tortueuses que nous connaissons, il ne pouvait que ronger son frein et se morfondre dans sa prison.

C'est alors que Lully commence à agir, et l'on va voir avec quelle décision, quelle incessante activité et quelle entente parfaite des affaires. Se conformant aux ordres de Colbert, il commence par s'entendre avec Perrin, à qui seul le privilége avait été donné et qu'on ne voulait pas en dépouiller. L'acte qui a dû être passé entre eux a échappé jusqu'ici à nos recherches, mais l'existence de cet accord est incontestable, et nous en connaissons par différents documents les clauses exactes. Nous pouvons même dire que tout fut conclu à la Conciergerie, entre deux guichets, et cela par une excellente raison : le registre d'écrou établit qu'à ce moment Perrin n'était pas visible ailleurs.

Cette fois, il ne s'agissait plus d'une association. Lully prenait tout, sauf à payer en conséquence. Perrin céda, partagé entre le regret de faire les affaires de Lully et le plaisir de déranger celles de Sourdéac et Champeron. La preuve de ce marché résulte d'abord d'un acte passé entre Perrin et La Barroire, dans lequel il est dit, entre autres clauses, que : « Ledit sieur Perrin a, par les « présentes, cédé et transporté avec toute « garantie audit sieur de La Barroire, con- « seiller au Parlement, moitié de la pension « qui luy sera cy-après faicte par le sieur de « Lully, à cause du transport qu'il lui a faict « du droit et permission que ledit sieur Per- « rin a de Sa Majesté de l'establissement « d'une Académie desnommée Opéra de « musique (1). »

Ce fait que Perrin céda volontairement son privilége est encore prouvé surabondamment par un placet qu'il adressa au Roi, et dans lequel il déclarait « consentir de bon « cœur à ce changement sous la condition « de telle récompense que Sa Majesté vou- « droit bien lui donner »; par un inventaire où il conclut à ce que « par l'arrest qui in- « terviendra sur les contestations des parties, « en conséquence de son consentement, les « fins et conclusions prises par le sieur Lully

---

(1) Minutes de M⁰ Garnier.

« luy seront faites et adjugées » ; et enfin, par une procuration qu'il donna pour consentir à la révocation de son privilége, et dans laquelle il exprime même « toute sa joye de « ce que son prince ayt jeté les yeux sur « Lully ». D'ailleurs, l'un des concurrents, Guichard, n'a-t-il pas reconnu que Perrin « fut tout à fait désintéressé par Lully (1) », et le *Mercure galant* n'a-t-il pas assez exactement résumé l'affaire en quelques lignes :

« Cette nouveauté (l'opéra) plust au public, et eust assez de succès, mais enfin MM. Sourdéac et Perrin s'estant brouillez, ce dernier croyant avoir juste sujet de se plaindre, transporta son privilége à M. de Lully avec l'agrément du Roy. On voulut l'inquiester (Lully); mais ayant droit de celuy à qui appartenoit le privilége, la justice se déclara de son costé. Après cela le Roy luy accorda tout ce qu'il put souhaiter pour rendre l'opéra considérable. Ainsi ceux qui ont cru qu'au préjudice du premier privilége le Roy en avoit donné un second qui annuloit ce premier, n'ont pas esté bien instruits. Le Roy garde l'équité en toutes choses, et si M. de Lully ne se fust accom-

---

(1.) *Requeste d'Henry Guichard où l'on va establir l'innocence et la justification des suppliants, en détruisant les impostures et les calomnies de Baptiste Lully, par le seul examen de tout ce qui a esté dit de faux et de vray par tous les témoins que B. Lully a produit contre le suppliant dans l'instance criminelle dont est question.* Imprimé de 211 pages, in fol. (Collection Er. Thoinan.)

modé du privilége avec celuy à qui il avoit esté d'abord donné, il n'en auroit pas obtenu un autre. »

Voilà donc l'affaire terminée avec Perrin. L'acte lui-même, si nous avions réussi à le retrouver, n'eût pu nous apprendre de plus que le chiffre de la pension accordée par Lully, et dont la moitié cédée à La Barroire permettra enfin au poëte infortuné de reconquérir sa liberté.

Tout cela, ainsi que nous l'avons indiqué, se fit si bien sous l'inspiration de Colbert, que dans une lettre de Lully au premier ministre, nous rencontrerons plus tard cette phrase significative : « Vous sçavez, Monseigneur, « que je n'ai pris d'autre route dans cette « affaire que celle que vous m'avez pres- « critte. »

Lully a traité. Le privilége de l'Opéra lui est assuré désormais. Il lui reste à se débattre contre Sourdéac et Champeron, et l'on se doute de quelle façon il saura le faire; mais, si nous avons démontré qu'on ne pouvait, sans injustice, l'accuser de s'être emparé du privilége de Perrin, il est un reproche plus grave qu'il mérite et dont on n'a guère parlé.

Dans cette affaire de l'Opéra où il traita loyalement avec Perrin, Lully a joué indignement Molière !

Chef d'une troupe dont les intérêts lui étaient confiés, toujours préoccupé d'attirer la foule à son théâtre, de chercher et de trouver ce qui pouvait plaire aux spectateurs, Molière n'avait pu méconnaître le goût du public pour les ouvrages en musique. Il avait été frappé de tout ce que les voix et l'orchestre pouvaient ajouter d'attrait aux représentations théâtrales. Le privilége de l'Opéra le tentait lui aussi, et, pour obtenir le succès qu'il pressentait, il eut la pensée de s'associer avec Lully. C'est là un fait aussi intéressant pour l'histoire littéraire que pour la biographie de Molière, et l'on a lieu d'être surpris qu'il ait été négligé, laissé dans l'ombre, et que personne n'ai flétri l'acte de duplicité insigne par lequel l'astucieux Italien se joua de la bonne foi et de la confiance ingénue du grand homme. On avait pourtant, à cet égard, le témoignage d'un contemporain, de Senecé, qui, dans une fiction satirique fort bien tournée, a raconté avec beaucoup de précision certains faits de la vie de Lully, et qui, bien qu'il lui en voulût, est toujours resté dans les limites de la plus exacte vérité comme de la plus stricte justice. Aussi croyons-nous devoir lui laisser la parole. Voici ce qu'il dit après avoir fait accuser Lully tour à tour par Perrin et par Cambert devant le tribunal des Enfers (1) :

« Alors Molière se mit en avant, et après avoir fait à la Reine (Proserpine) une profonde révérence, il se fit entendre en ces termes : …Le grand bruit que faisoient dans le monde les opéras dont on vient de vous parler, excitèrent ma crainte et réveillèrent ma cupidité. J'appréhendai que cette nouveauté ne fît déserter mon théâtre, et je me persuadai que si je pouvois m'en rendre le maître, rien ne pourroit désormais me troubler dans la qualité que je prétendois m'attribuer d'arbitre des plaisirs et du bon goût de ce siècle galant où j'ai vescu. Comme j'avois besoin d'un musicien pour exécuter ce projet, je jetai les yeux sur Lulli et lui communiquai ma pensée, persuadé que j'étois que la liaison que nous avions depuis longtemps en concourant ensemble aux plai-

---

(1) Lettre de Clément Marot à M. de S*** touchant ce qui s'est passé *à l'arrivée de Jean-Baptiste de Lulli aux Champs Élysées*. A Cologne, chez Pierre Marteau, 1688, in-12. Nous le répétons, quoiqu'il s'agisse ici d'une satire écrite pour se venger de Lully, il y règne la plus grande impartialité, et la preuve, c'est que l'auteur finit par proclamer hautement le mérite de son justiciable. A propos de Perrin seulement Senecé a un peu trop accentué les regrets que celui-ci devait éprouver en se voyant privé du fruit de son idée fixe ; regrets bien naturels toutefois, et qu'il ne pouvait oublier, quoiqu'il eût consenti à la cession de son privilége et qu'il en eût reçu le prix.

sirs du Roy, et le succès merveilleux qu'avoit eu depuis peu de temps le charmant spectacle de *Psyché* où tous deux nous avions eu notre part au plaisir et à la gloire, m'estoient des garants infaillibles de notre future intelligence. Je m'en ouvris donc à luy, il applaudit à mon dessein, *il me promit une fidélité et même une subordination inviolable. Nous fîmes nos conventions, nous réglâmes nos emplois et nos partages,* et nous prîmes jour pour aller ensemble mettre la faux dans la moisson d'autrui, en demandant au Roy le privilége de la représentation des opéras. Voilà ma faute, Madame! En voici la punition, punition anticipée qui dès l'autre monde en a effacé la plus grande partie. Je dormois tranquillement sur la bonne foi de ce traité quand Lulli, plus éveillé que moi, partit de la main deux jours avant celui dont nous étions convenus; il alla au Roi demander le privilége pour lui seul, il l'obtint à la faveur des belles couleurs qu'il scût donner à sa requête, et il l'obtint même avec des conditions rigoureuses, qui me donnèrent beaucoup à courir pour conserver pendant ma vie quelques ornements à mon théâtre (1). »

Les relations entre Molière et Lully, amenées par leur collaboration aux divertissements de la cour, avaient dû être fréquentes. Toutefois il est permis de supposer qu'elles s'étaient bornées à de simples rapports de

---

(1) On apprendra un peu plus loin en quoi consistaient ces conditions rigoureuses contre lesquelles Molière eut à se défendre.

camaraderie, sans un caractère d'intimité très-prononcé. La vie toujours digne du poëte comique, sa sobriété bien connue, ne pouvaient guère s'allier, en effet, aux mœurs relâchées et à l'intempérance incorrigible du bouffon-compositeur. Si Molière prêta de l'argent à Lully pour la construction d'une de ses maisons de la rue Neuve des Petits-Champs, celle qui fait le coin de la rue Sainte-Anne (1), c'est un bon et solide placement garanti par une hypothèque parfaitement en règle qu'il fit, et non un service qu'il rendit à son emprunteur. Les placements de cette sorte, donnant tout repos au prêteur, étaient alors d'autant plus recherchés que les moyens de se créer des revenus

---

(1) Cette maison est doublement historique, car, comme on l'a dit, il y a de l'argent de Molière dans les fondations, et elle fut construite par Lully. Nous y avons vu, il y a quelques années, un des derniers vestiges des ornementations intérieures du temps, un plafond peint qui a été enlevé depuis peu. A l'extérieur, outre les instruments de musique sculptés au-dessus d'une des fenêtres donnant sur la rue Sainte-Anne, on voit encore les armes du premier propriétaire. En effet, la boutique placée à l'angle de la maison fut toujours occupée par un marchand de vin, comme l'atteste la grille de l'époque surmontée de l'écusson de Lully, qui était d'azur à une épée d'argent, la pointe en bas, la garde d'or, tortillée à la pointe par une couleuvre d'argent languée de gueule et une bande d'argent chargée de deux quintefeuilles de gueule brochant sur le tout. Il ne reste plus maintenant que l'épée. Les autres signes héraldiques, disparus avec le temps, n'ont pas été remplacés.

assurés étaient fort rares. Enfin Molière, aussi bien pour le théâtre que pour les affaires, était déjà en relation avec Lully. En pensant à l'Opéra, c'est à lui qu'il devait tout naturellement penser en même temps. Lully se montre de prime abord disposé à s'entendre avec Molière, mais ce n'est que pour l'empêcher d'agir de son côté. Il savait fort bien à ce moment ce qu'il voulait faire lui-même, il avait déjà en main la cession et le transfert de Perrin, et néanmoins il laissait un collaborateur de dix ans, qui, toutes les fois qu'il en avait eu l'occasion, avait vanté, en vers et en prose, son talent de musicien, lui dévoiler ses plans et ses idées, sans l'arrêter, sans le prévenir que lui aussi était tenté par l'Opéra et qu'il manœuvrait pour en obtenir le privilége. Son silence en pareil cas était déjà une impardonnable fourberie, mais il y a plus : en même temps qu'il prenait l'Opéra pour lui seul, il s'appliquait à entraver les autres entreprises théâtrales. Il avait pensé à tout, ou plutôt il ne pensait qu'à lui. Par le texte des lettres patentes qui devaient répéter à peu près textuellement les termes de sa demande au Roi, on peut juger avec quelle habileté il accaparait les prérogatives, et dès le début prenait ses précautions en vue de toutes les éventualités et surtout de la concurrence qu'il redoutait dans l'avenir.

En effet, les théâtres, comme nous l'avons vu, ayant suivi l'exemple de l'Opéra, et cela leur ayant réussi, il était utile, dans l'intérêt de l'entreprise, de bien définir jusqu'à quelles limites les autres scènes pourraient introduire la musique dans leurs pièces. Lully trancha la question sans hésitation, et, naturellement enclin à se réserver dans tous les genres des immunités excessives, il eut de ce côté des exigences qui n'allaient à rien moins qu'à la suppression presque complète de l'élément musical dans les représentations théâtrales autres que celles de l'Opéra. Ainsi, non-seulement Lully garde tout et s'approprie entièrement le bénéfice d'une affaire qui devait être commune avec Molière, mais dans sa prévoyante avidité il dépouille les comédiens de droits qu'ils avaient eus jusqu'alors. Enfin on fit comme il voulut, et l'heureux possesseur du privilége de l'Académie royale de musique revint de Versailles à Paris, où il put montrer les lettres patentes considérées désormais comme le gage assuré d'une fortune certaine.

Le tour était joué. Grâce à la faveur royale, grâce à l'avantage inappréciable qu'il avait de pouvoir approcher le maître, Lully, entre deux lazzi, avait obtenu tout ce qu'il souhaitait. Mais Molière aussi pouvait parler au Roi, et c'est alors qu'entre ces deux hommes, tous deux bien en cour, tous deux ayant leurs entrées, commence une lutte rapide, pleine d'intérêt, dans laquelle il semble que Louis XIV ait pris à tâche de n'affliger ni l'un ni l'autre de ces deux serviteurs dont la bonne humeur n'était pas inutile à ses plaisirs.

Molière, à son tour, part pour Versailles. Il voit le maître et réussit à faire effacer du privilége de Lully l'interdiction rigoureuse imposée, relativement à la musique, à lui et aux autres théâtres. Cette clause fut retirée, « sur la plainte, disent Sablières et Guichard, « que le sieur de Molières fit au Roy de la « part de tous les comédiens de ce que le « sieur Lully y avait fait insérer (dans ses « lettres) des défenses contre toutes per- « sonnes non-seulement de faire chanter « aucune pièce entière en musique, mais « mesmes de faire aucunes représentations « accompagnées *de plus de deux airs et de*

« *deux instruments* sans sa permission par
« escrit (1) ».

Sourdéac et Champeron, en prétendant
que Lully n'avait obtenu son privilége que
par surprise, ont raconté, eux aussi, le même
fait. « Une autre surprise, disent-ils, a esté
« d'avoir fait mettre dans les lettres que
« deffenses estoient faites à toutes personnes
« non-seulement de faire chanter aucune
« pièce entière en musique, mais mesme de
« faire aucunes représentations accompa-
« gnées de plus de *deux airs et de deux*
« *instruments* sans la permission par escrit
« du sieur de Lully. Assurément cette clause
« portoit le caractère de la jalousie et de
« l'intérêt du sieur de Lully afin qu'il n'y
« eust aucune composition de musique ni
« aucun chant qui ne fust de sa dépendance,
« et que partout où il se trouveroit plus de
« deux airs ou de deux instruments il fallut
« que la musique fut son esclave et sa tribu-
« taire, et l'on ne persuadera jamais que
« cette clause eust été approuvée par le
« Roy. Aussi ceux qui tiennent les théâ-

---

(1) Factum de Sablières et Guichard. (Bibliothèque nationale.)

« tres de Paris s'en estant plaints comme
« d'une chose qui alloit à les captiver et à
« défigurer les divertissements qu'ils don-
« nent au public, la chose a esté réformée
« dans de secondes lettres, marque indubi-
« table qu'il y avait eu surprise dans les
« premières, et il y est encore resté des
« vestiges (1). »

Tout cela est parfaitement exact. Seulement, ce que ne disent pas Sourdéac et Champeron, tandis que Senecé, Sablières et Guichard le constatent, et ce que nous aurons bientôt occasion de démontrer, c'est que ces restrictions au privilége de Lully lui furent imposées uniquement en considération de Molière, et non pas des comédiens en général. C'est pour cette seule raison que Lully dut rapporter ses lettres patentes afin qu'elles fussent modifiées ; mais il ne céda pas sans se défendre, et comme la solution se faisait attendre alors qu'il avait hâte d'être en possession de son privilége pour commencer à organiser ses représentations, on le lui délivra sans rien stipuler, pour le

---

(1) Causes et moyens pour Sourdéac et Champeron. (Archives de la Comédie française.)

moment, de définitif à l'égard du nombre de voix et d'instruments que l'on permettrait aux autres théâtres.

Nous insérons ici les lettres patentes de Lully, en soulignant les passages importants comme nous l'avons fait pour le privilége de Perrin. Ce document a souvent été reproduit, mais avec des erreurs et des changements de mots qui en rendent certaines phrases incompréhensibles. Nous avons eu soin d'en prendre copie sur le registre même du secrétariat de la maison du Roi (1).

« *Privilége en faveur du Sieur Jean-Baptiste Lully,*
« *surintendant et compositeur de la musique de la*
« *chambre du Roy, pour tenir Académie Royale de*
« *musique.*
« Louis, par la grâce de Dieu, roy de France et de
« Navarre, à tous, présents et à venir, salut. Les sciences
« et les arts estant les ornements les plus considérables
« des Estats, Nous n'avons point eu de plus agréables
« divertissements depuis que Nous avons donné la paix
« à nos peuples, que de les faire revivre en appelant
« prez de Nous tous ceux qui se sont acquis la répu-
« tation d'y exceller, non seulement dans l'estendue
« de nostre royaume, mais aussi dans les païs estran-

---

(1) Archives nationales, O¹, 16. — Ce privilége, daté seulement de mars, sans indication de jour, aurait été signé le 13, d'après M. de Boislisle. L'article qui le suit sur le registre du secrétariat porte la date du 16 mars. Celle du 13 nous paraît donc très-vraisemblable.

« gers; et pour les obliger davantage à s'y perfec-
« tionner, Nous les avons honorez des marques de
« nostre estime et de nostre bienveillance; et comme
« entre les arts libéraux, la musique y tient un des
« premiers rangs, Nous avions dans le dessein de la
« faire réussir avec tous ses avantages, par nos lettres
« patentes du 28 juin 1669, accordé au sieur Perrin
« une permission d'établir en nostre bonne ville de
« Paris et autres de nostre royaume, des Académies
« de musique pour chanter en public des pièces de
« théâtre, comme il se pratique en Italie, en Alle-
« magne et en Angleterre, pendant l'espace de douze
« ans. *Mais ayant esté depuis informez que les peines*
« *et les soins que le dit sieur Perrin a pris pour cet*
« *établissement n'ont pu seconder pleinement nostre*
« *intention, et élever la musique au point que Nous*
« *Nous l'étions promis, Nous avons crû pour y mieux*
« *réussir qu'il était à propos d'en donner la con-*
« *duite à une personne dont l'expérience et la capa-*
« *cité Nous fussent connues, et qui eust assez de*
« *suffisance pour former des eslèves, tant pour bien*
« *chanter et actionner sur le théâtre qu'à dresser*
« *des bandes de violons, flûtes et autres instruments.*
« A ces causes, bien informez de l'intelligence et
« grande connoissance que s'est acquis nostre cher
« et bien-aimé Jean-Baptiste Lully, au fait de la
« musique, dont il Nous a donnez et donne journel-
« lement de très-agréables preuves depuis plusieurs
« années qu'il s'est attaché à nostre service, qui Nous
« ont convié à l'honorer de la charge de surintendant
« et compositeur de la musique de nostre chambre;
« Nous avons au dit sieur Lully, permis et accordé,
« permettons et accordons par ces présentes signées
« de nostre main, d'establir une Académie *Royalle*
« de musique dans nostre bonne ville de Paris, qui

« sera composée de tel nombre et qualité de personnes
« qu'il avisera bon estre, que Nous choisirons et arres-
« terons sur le rapport qu'il Nous en fera, pour faire
« des représentations devant Nous, quand il Nous
« plaira, des pièces de musique qui seront com-
« posées, tant en vers françois, qu'autres langues
« estrangères, pareilles et semblables aux Académies
« d'Italie; *pour en joüir sa vie durant, et après luy*
« *celuy de ses enfants qui sera pourveu et receu*
« *en survivance de la dite charge de Sur-Intendant*
« *de la musique de nostre chambre, avec pouvoir*
« *d'associer avec luy qui bon luy semblera*, pour
« l'establissement de la dite Académie et pour le
« dédommager des grands frais qu'il conviendra faire
« pour les dites représentations, tant à cause des
« théâtres, machines, décorations, habits, qu'autres
« choses nécessaires, Nous luy permettons de donner
« au public toutes les pièces qu'il aura composées,
« mesme celles qui auront esté représentées devant
« Nous, sans néantmoins qu'il puisse se servir pour
« l'exécution des dites pièces des musiciens qui sont
« à nos gages : Comme aussi de prendre telles sommes
« qu'il jugera à propos, et d'establir des gardes et
« autres gens nécessaires aux portes des lieux où se
« feront les dites représentations : *Faisant très-*
« *expresses inhibitions et défenses à toutes per-*
« *sonnes, mesme aux officiers de nostre maison*
« *d'y entrer sans payer. Comme aussi de faire*
« *chanter aucune pièce entière en musique soit en*
« *vers françois, ou autres langues, sans la permis-*
« *sion par escrit du dit sieur Lully*, à peine de
« *dix mille livres d'amendes et de confiscation des*
« *Théâtres, machines, décorations, habits* et autres
« choses applicable un tiers à Nous, un tiers à
« l'Hospital général, et l'autre tiers au dit sieur

« Lully; *lequel pourra aussi establir des Escoles*
« *particulieres de musique en Nostre bonne ville*
« *de Paris et partout où il jugera nécessaire* pour
« le bien et l'avantage de la dite Académie *Royalle* :
« Et d'autant que Nous l'érigeons sur le pied de
« celles des Académies d'Italie, où les gentilshommes
« chantent publiquement en musique sans déroger,
« Voulons et Nous plaist que tous gentilshommes et
« damoiselles puissent chanter aux dites pièces et
« représentations de notre dite Académie *Royalle*
« sans que pour ce ils soient censez déroger au dit
« titre de noblesse et à leurs privilèges, charges,
« droits et immunitez : Révoquons, cassons et
« annulons par ces dites présentes, toutes permis-
« sions et priviléges que Nous pourrions avoir
« cy-devant donnez et accordez, *mesme celuy du dit*
« *Perrin*, pour raison des dites pièces de théâtre en
« musique, sous quelques noms, qualitez, conditions
« et prétextes que ce puisse être. Si donnons en Man-
« dement, à nos amez et féaux conseillers, les gens
« tenant nostre cour de Parlement à Paris et autres,
« nos justiciers et officiers qu'il appartiendra, que
« ces présentes ils ayent à faire lire, publier et enre-
« gistrer, et du contenu en icelles faire jouir et user
« le dit exposant plainement et paisiblement, cessant
« et faisant cesser tous troubles, et empeschements
« au contraire : Car tel est nostre plaisir; et afin
« que ce soit chose ferme et stable à toujours, Nous
« avons fait mettre notre scel à ces dites présentes.
« Donné à Versailles, au mois de mars, l'an de grâce
« mil six cens soixante-douze et de nostre règne le
« vingt-neuvième. — Signé LOUIS. Et à costé : *Visa*,
« LOUIS. Et plus bas : *Par le Roy*, Colbert. »

On remarquera que la qualification de

Royale, donnée à l'Académie des opéras, apparaît ici pour la première fois. Le mot ne ne se trouvait pas dans le privilége accordé à Perrin, quoique celui-ci l'eût employé dans sa première édition de *Pomone.* A cette époque le fait n'est pas sans importance.

Il faut remarquer encore que le rédacteur du nouveau privilége, qui n'était pas tenu de parler des actes intervenus entre Perrin et Lully, n'en prit pas moins le soin de justifier la révocation du premier privilége de 1669 en faisant dire au Souverain que s'il en agissait ainsi, c'est que le cessionnaire n'avait pu *seconder pleinement ses intentions et élever la musique au point qu'il s'estoit promis.* Il n'était que trop vrai, en effet, que le malheureux directeur de l'Opéra n'ayant jamais rien dirigé, ne put avoir, surtout du fond de sa prison, aucune influence artistique. Aussi mauvais poëte que mauvais administrateur, passant sous les verrous la meilleure partie de son temps et recourant pour reconquérir sa liberté à des expédients peu avouables, Perrin était bien évidemment dans l'impossibilité de remplir le mandat qu'il avait accepté en échange des droits que son privilége lui concédait. Il méritait certes d'être révoqué purement et simplement, et il est probable que sans la protection de Colbert, Lully n'eût pas eu de peine à obtenir cette révocation, au lieu de traiter avec lui et de lui servir une pension.

XI

SOURDÉAC, CHAMPERON, GUICHARD ET SABLIÈRES FORMENT OPPOSITION A L'ENREGISTREMENT DU PRIVILÉGE DE LULLY. — MOLIÈRE EN FAIT AUTANT. — LA SALLE DE L'OPÉRA EST FERMÉE PAR ORDRE DU ROI. — INTERVENTION DES CRÉANCIERS. — ARRÊT DU 27 JUIN 1672. — LULLY LOUE LE JEU DE PAUME DE BÉQUET RUE DE VAUGIRARD. — IL EST DÉFENDU PAR ORDONNANCE A TOUS COMÉDIENS DE LOUER LA SALLE DE LA RUE MAZARINE. — PERMISSION AUX COMÉDIENS DE SE SERVIR DE SIX MUSICIENS ET DE DOUZE VIOLONS.

Voici donc Lully en possession de son privilége. Mais Sourdéac et Champeron, qui n'étaient pas pour s'effrayer d'un procès de plus et qui se trouvaient bien de l'exploitation fructueuse de l'Opéra; mais Sablières et Guichard qui avaient un traité avec Perrin et qui s'étaient bercés de l'illusion d'en tirer profit, ne pouvaient ni les uns ni les autres lâcher prise dès le premier jour. C'est une nouvelle campagne qui commence, dans laquelle toutefois les plaideurs auront affaire à un adversaire plus redoutable que Perrin, et ils ne vont pas tarder à s'en apercevoir.

Dès le 19 mars, Sourdéac et Champeron mettent opposition à l'enregistrement des lettres patentes de Lully, se bornant à se dire propriétaires du privilége et remettant à « déduire en temps et lieux les causes et raisons de leur opposition ».

Nous n'avons ni la date ni les termes de l'opposition formée par Sablières et Guichard, mais nous savons par leur très-long factum, et aussi par le document suivant, que cette opposition fut signifiée avant le 24 mars. A cette date Colbert écrivait donc à M. de Harlay, procureur général au Parlement de Paris :

« Le Roy ayant accordé au sieur Lully, intendant de la musique de sa chambre, le privilége des Opéras en musique que Sa Majesté avait donné auparavant au sieur Perrin, ledit sieur Lully a représenté à Sa Majesté que les sieurs marquis de Sourdéac et de Champeron et les sieurs de Sablières et Guichard se sont opposés à l'enregistrement de ces lettres, quoyque les sieurs de Sourdéac et de Champeron *n'ayent aucun droit* dudit Perrin et que les autres soyent porteurs d'un escrit fait entre Perrin et eux, qui ne leur donne aucune part en ce privilége et est mesme détruit par une contre-lettre.

« Le Roy estant persuadé que, si le sieur Lully veille à la conduite de cette Académie, Sa Majesté et le public en pourront avoir de la satisfaction, m'a ordonné de vous faire savoir qu'il souhaite que cette affaire soit jugée le plus tost qu'il sera possible et que vous donniez des conclusions favorables, *autant que la justice vous le pourra permettre.* »

Quelques jours plus tard, Molière, dont les réclamations, accueillies en principe, n'avaient pas amené, comme on l'a vu, un règlement immédiat, forme à son tour opposition au nom des comédiens de la troupe du Roi. — Rien de ce qui concerne Molière n'est indifférent pour les admirateurs du grand homme; nous sommes donc très-heureux de la bonne fortune qui nous a permis de découvrir et de publier ce précieux document.

« Le 29 mars 1672.

« Aujourd'hui est comparu au greffe de la cour,
« maistre Charles Rollet (1), procureur en icelle,
« lequel, en vertu du pouvoir à luy donné par Jean-
« Baptiste Poquelin, sieur de Molière, François
« Lenoir, sieur de la Thorillière, Charles Varlet,
« sieur de la Grange, Philbert Gassiot, sieur du

---

(1) Celui à qui Boileau devait donner un fâcheux renom.

« Croissy, Pierre Villequain, sieur de Brie, André
« Hubert et Jean Pithol, sieur de Beauval, et leurs
« femmes, tous comédiens de la troupe du Roy,
« lequel a déclaré et déclare qu'il s'est opposé comme
« de fait il s'oppose à ce qu'il ne soit vérifié aucunes
« lettres patentes de Sa Majesté portant permission à
« Baptiste, sieur de Lully, ou autres, *de faire seul*
« *des dances, ballets, concerts de luth, théorbes,*
« *violons et toutes sortes d'instruments de musique*
« *et autres choses*, et défendre à tous autres d'en faire
« faire, ni en jouer pour les causes et raisons qu'il
« déduira en temps et lieu, et a eslu domicile en sa
« maison scize rue de la Vieille Monnoie, paroisse
« de Saint-Jacques de la Boucherie, dont il a requis
« acte (1). »

Il est permis de supposer que les comédiens du Marais suivirent l'exemple de leurs confrères du Palais-Royal pour sauvegarder leurs intérêts. Cependant nous n'avons pas trouvé trace de leur opposition dans les registres du Parlement. Peut-être nous a-t-elle échappé, peut-être aussi, appréciant l'influence de Molière, s'en rapportèrent-ils à lui pour suivre cette affaire dans l'intérêt commun. Il ne paraît pas du reste que la justice ait statué sur l'opposition même de Molière. Le plus vraisemblable est que le

---

(1) Archives nationales. Parlement. Plaidoyers. X. 6058.

privilége de Lully ayant été modifié, il ne fut pas donné suite à cette procédure.

La lutte s'engagea donc avec Sourdéac et Champeron. Lully ne dédaigne pas de les suivre sur le terrain qu'ils ont choisi; il plaide, mais, en même temps, l'autorité administrative, de qui cette affaire dépendait, lui épargne les lenteurs interminables de la voie judiciaire, et lui vient en aide en portant à ses adversaires des coups rapides et décisifs.

Quinze jours environ après la signature des lettres patentes, le Roi écrit au lieutenant de police pour faire fermer le théâtre de la rue Mazarine où l'on continuait à jouer les *Peines et les Plaisirs de l'Amour* de Cambert.

A Versailles. 30 mars 1672.

M. DE LA REYNIE,

Ayant révoqué le privilége des opéra que j'avois cy-devant accordé au sieur Perrin, je vous fais cette lettre pour vous dire que mon intention est qu'à commencer du premier jour du mois d'avril prochain, vous donniez les ordres nécessaires pour faire cesser les représentations que l'on continue de faire des dits *Opéra en vertu de ce privilége*. A quoy me promettant que vous satisferez bien ponctuellement, je prie Dieu qu'il vous ait, M. de la Reynie, en sa sainte garde.

Écrit à Versailles le 30 mars 1672, signé LOUIS, et plus bas : COLBERT.

Voilà donc le théâtre fermé le 1ᵉʳ avril 1672. Cette mesure était la conséquence naturelle de la révocation du premier privilége et des défenses insérées dans le second; Sourdéac s'y était exposé en continuant ses représentations. Toutefois la fermeture, laissant son personnel sans emploi, amène de nouvelles parties au procès.

C'est le compositeur Robert Cambert engagé par Sourdéac et Champeron aux appointements de deux cent cinquante livres par mois, et qui, on le sait, n'a rien reçu depuis l'ouverture de l'Opéra; ce sont les chanteurs François Beaumavielle, Bernard Clédiere, Pierre Rossignol, Pierre Taulet, Jean Bourel-Miracle et le nommé Lespinal, qui réclament, les premiers mille six cent cinquante livres chacun, et le dernier onze cents livres, car eux non plus n'ont rien touché depuis que l'Opéra a commencé ses représentations. C'est enfin un créancier personnel de Perrin, le généreux hôtelier chez lequel il trouvait bon accueil à ses sorties de prison, Jean Laurent, sieur de Beauregard, qui demande à être payé par préférence (ce à quoi Perrin consentit par-devant notaire) (1) de deux mille neuf cents livres d'une part et de sept cent quinze livres en solde d'autre part pour frais de nourriture et de logement.

L'intervention de tous ces créanciers s'explique, comme on le verra, par l'appât des dommages-intérêts réclamés à ceux qui ont usurpé et exploité sans droit le privilége, soit à Sourdéac et Champeron, par Perrin en son nom personnel, et par Sablières et Guichard pour le compte de leur association avec Perrin. En effet, peu confiants dans le résultat de leur revendication, Sourdéac et Champeron aussi bien que Sablières et Guichard, avaient réservé dans leurs conclusions leur droit à une indemnité. De toutes façons il pouvait revenir à Perrin une part quelconque dans ce que ses associés ou soi-disant tels recevraient, et c'est pourquoi Beauregard se fait inscrire des deux côtés pour la préférence que Perrin a consentie en sa faveur. Quant aux artistes impayés, ils n'avaient rien à demander ni à Sablières et

---

(1) Minutes de Mᵉ Garnier.

Guichard, ni à Perrin, qui ne les avaient pas engagés; leur opposition ne visait donc absolument que la part qui serait attribuée à leurs directeurs Sourdéac et Champeron.

Toutes ces oppositions furent admises par arrêt du 11 avril 1672 (1).

Mais l'examen d'une affaire à laquelle tant d'intérêts divers se trouvaient mêlés menaçait de s'éterniser, et Lully n'était pas d'humeur à attendre. Il adressa donc une requête au Roi dans laquelle il lui expose que plusieurs particuliers avaient formé des oppositions à l'enregistrement de son privilége afin « d'apporter du retardement à son exé-
« cution par plusieurs procédures dont la
« suite et la longueur pourroient le rendre
« inutile, ce qui l'engageoit dans un procès
« dont l'instruction pourroit consommer
« beaucoup de temps ». Lully obtint en conséquence, le 14 avril 1672, un arrêt du conseil par lequel Sa Majesté ordonnait qu'en attendant le jugement des oppositions, « le privilège de Lully pour establir une
« Académie Royale de musique, seroit exé-

---

(1) Arch. nat. Parlement, X. 6058.

« cuté aux clauses et conditions y portées, et
« que cet arrêt seroit exécuté par provision,
« nonobstant oppositions (1) »; de plus, dès
le 24 avril, Colbert écrit à M. de Lamoignon, premier président, et à M. de Harlay,
procureur général, pour qu'ils aient à soutenir Lully dans l'exécution de cet arrêt, s'il
en était besoin. Voici la lettre adressée à
M. de Lamoignon :

A M. le premier Président.

A Saint-Germain, le 24 avril 1672.

Monsieur,

Le Roy m'ordonne de vous faire sçavoir qu'en attendant le jugement des oppositions que les sieurs de Sourdéac et de Sablières ont formé à l'enregistrement des lettres de privilège des ouvrages de théâtre en musique, accordées par Sa Majesté au sieur Lully, Elle luy a ordonné d'en commencer les représentations, et comme Sa Majesté vous a fait sçavoir qu'Elle avoit voulu mettre ce privilège entre les mains du dict sieur Lully afin que *ces ouvrages estant en de meilleures mains qu'en celles qu'ils ont esté jusqu'à présent,* Elle pust en tirer du secours pour ses divertissements et pour ceux du public, Elle ne doute pas que vous ne donniez au dit sieur Lully toute la protection que l'autorité de vostre charge vous donne.

---

(1) Arch. nat., E. 1766.

Je m'acquitte de l'ordre que j'ai receu de Sa Majesté sur ce sujet, vous asseurant que je suis, etc., etc. (1).

La lettre adressée à M. de Harlay dit exactement la même chose en termes différents. Nous ne la reproduisons pas ici, parce qu'elle a déjà été publiée.

Sourdéac et Champeron ne se tiennent pas pour battus, et résistent de leur mieux. Outre leur opposition déjà formulée et en dehors des indemnités qu'ils réclament, ils engagent une nouvelle instance et demandent au Parlement, par une requête en date du 30 mai, de débouter Lully de l'enregistrement de son privilége et d'ordonner au contraire l'enregistrement de celui du 28 juin 1669 qui, prétendent-ils toujours sans la moindre vraisemblance, leur aurait été accordé sous le nom de Perrin.

Lully ne pouvant solliciter le Roi, alors en Hollande, adressa à Colbert la supplique suivante (2) :

MONSEIGNEUR,

Depuis que j'ai eu l'honneur de vous entretenir de l'Académie royale de Musique l'on me fait journelle-

---

(1) Arch. de la Marine, Reg. G., 5, f° 124.
(2) La requête de Sourdéac et la lettre de Lully conservées

ment de nouvelles chicanes, dont je prends la hardiesse de vous envoyer la dernière, par laquelle vous connoistrez, Monseigneur, qu'ils exposent *faux* en tout, et en premier lieu quand ils disent qu'ils ont obtenu les lettres patentes par le Roy soubs le nom de Perrin ; et en second lieu en exposant que j'ay surpris le Roy, eux qui ont présenté plusieurs placets à Sa Majesté et qui sçavoient mieux que moy ses intentions. Vous sçavez, Monseigneur, que je n'ay pris d'autre route dans cette affaire *que celle que vous m'avez prescritte,* et que dans le commencement je croiois qu'ils prendroient la mesme. Cependant ils n'ont eu garde de se soubmettre à vostre jugement, sçachant bien que *vous ne souffririez aucune imposture de celles qu'ils supposent* et qu'ils prétendent imposer au Parlement, *et dont vous avez la connoissance plus que personne du monde.*

Vous me fistes la grâce de me faire espérer un mot en ma faveur à M. du Coudray Géniers, mon rapporteur. Si j'osois vous supplier, Monseigneur, par mesme moyen de le détromper de tout ce qu'ils exposent dans leur requeste, vous me fairiez la plus grande charité du monde, estant enfin dans la dernière désolation de me voir condamné à combattre contre des faussetez, pendant que je devrois travailler à ce que le Roy m'a commandé, et que vous me faites la grâce d'honorer de votre protection.

J'espère, Monseigneur, que par vostre bonté le Roy m'accordera la salle du Louvre, dans laquelle je ferois incessemment travailler, non obstant les chicanes du procès, et aurois l'honneur de vous voir avec M. Qui-

---

à la Bibl. nat., *Mélanges,* 36, fol. 206, ont été imprimées dans la *Revue des documents historiques* d'Étienne Charavay, d'octobre 1874. N° 19.

nault pour vous montrer quelque projet pour le retour du Roy, que je ne doute point qu'il ne réussisse lorsqu'il aura votre approbation.

Je suis avec tout le respect que je dois, Monseigneur, vostre très-humble et très-obéissant serviteur.

Jean-Baptiste LULLY.

De Paris, ce 3e juin 1672.

Lully, on le voit, n'hésite pas à invoquer le témoignage du ministre sur une affaire qui lui est si bien connue; on trouve de plus dans cette requête la première allusion à un expédient dont Lully tirera le plus grand parti. Avec son instinct pratique des affaires, il veut avant tout ouvrir son théâtre. Le grand avantage de Sourdéac et de Champeron, qui ne pouvaient compter sérieusement sur le maintien du privilége, c'était d'être en possession de la salle de l'Opéra, l'une des plus belles qu'on eût faites, et qui leur semblait indispensable aux représentations des opéras. Bien qu'elle eût été fermée par ordre, il n'en fallait pas moins traiter avec eux pour s'y installer; c'était du moins leur espérance. On voit que Lully s'applique à se passer d'eux, et qu'il songe déjà à demander au Roi la salle du Louvre qu'il aura gratuitement sans aucun doute. Tout cela, on ne peut en disconvenir, est mené de main de maître, et au milieu de tant d'affaires, le compositeur trouve encore le temps de s'entendre avec le poëte Quinault qu'il a déjà choisi et de travailler à quelque partition.

Du reste, grâce à l'impulsion donnée de haut, la cause ne tarde pas à venir à l'audience. On plaide devant le Parlement, et avec un véritable acharnement, surtout de la part de Sourdéac et Champeron.

Les archives de la Comédie française possèdent le manuscrit d'un de leurs factums n'ayant pas moins de trente-quatre pages in-4°. Ce document d'une phraséologie abondante et interminable peut donner une idée de ce que dut être la plaidoirie de leur avocat. En somme, les prétentions des demandeurs sont que le privilége de Perrin leur appartient parce que, disent-ils, celui-ci l'a obtenu en leur nom, ou parce qu'il le leur a donné en pur don pour en disposer comme bon leur semblerait, ou encore parce qu'ils en sont porteurs, ou enfin parce qu'ils ont en main une quittance de deux cents livres de Perrin, à la suite de laquelle il est dit qu'il aurait accepté pour tout salaire une pension de deux mille quatre cents livres par an.

A cela Perrin répond que cette mention *a été ajoutée après coup*.

L'indignation de l'auteur de *Pomone* devant cette supercherie qu'il traite de *faux en écriture*, et surtout devant cette dépréciation méprisante de ses droits d'inventeur et d'auteur, n'a plus de bornes. « De même, s'écrie-
« t-il du fond de sa prison, qu'on lui avait
« volé son privilége, on veut de plus lui
« voler le fruit de son talent... Sourdéac
« parle de musique, mais il ne se cognoist
« qu'en menuiserie, et est le héros d'une
« trentaine de compagnons dont il conduit le
« rabot et le ciseau à sa fantaisie, et le moin-
« dre desquels en sçait plus long que luy...
« Estre bon machiniste ne suffit pas pour
« estre le chef d'une Académie aussi fa-
« meuse que celle de l'Opéra où les élèves
« ne doivent point apprendre à faire des
« machines... il y a assez de menuisiers en
« France (1). »

Envisageant l'affaire à un autre point de vue, Sourdéac et Champeron soutiennent encore qu'il s'agit d'une donation royale, et

---

(1) Archives de la Comédie française.

que comme les dons des rois sont irrévocables, « maxime convenable à la dignité souveraine », le Parlement doit la maintenir. Enfin ils s'égarent dans des allégations puériles, sans consistance aucune comme sans preuves. S'ils varient dans les raisons qu'ils donnent pour expliquer la façon dont ils se trouvaient porteurs du privilége de Perrin, ils persistent en revanche à demander que Lully soit débouté de ses requêtes en enregistrement, et que les lettres patentes qu'ils disent leur appartenir soient enregistrées pour être exécutées suivant leur forme et teneur. Ils finissent ensuite par fixer les dommages et intérêts qu'ils réclament au chiffre de cent cinquante mille livres.

Sablières et Guichard sont moins prolixes, mais abandonnant quelque peu la question de droit, ils entrent dans des considérations générales qui, quoique fort intéressantes, n'en sont pas moins étrangères au principal point du débat.

La partie de leur factum (1) relative aux avantages excessifs accordés à Lully par son privilége, soit la création d'une Académie

---

(1) Factum pour Sablières et Guichard. Bibl. nat.

de musique sans autre académicien que lui seul, la survivance de cette Académie assurée dans sa famille, et cette espèce de monopole pour ouvrir les écoles de musique, n'offrait pas grand intérêt dans le procès. La discussion ne portait que sur leur traité signé avec Perrin dans sa prison et en conséquence duquel ils formulaient leurs conclusions. D'après celles-ci ils demandent qu'il soit sursis à l'enregistrement des lettres de Lully jusqu'au retour du Roi (il ne revint de Hollande que le 1er août), pendant lequel temps ils consentent à ce que Lully établisse son Académie et donne des représentations par forme de provision seulement, si mieux il n'aime dès à présent rembourser aux demandeurs :

« Les frais et dépenses qu'ils ont été obligés de faire pour parvenir à la construction, représentation et establissement de ladite Académie des Opéra en musique suivant et conformément l'arresté qui en seroit fait par les controlles du Roy en présence dudit Lully sur le pied des prix fixés dans la maison dudit seigneur, la somme de neuf mille livres préalablement déduite et précomptée qu'ils ont reçue du Roy tant à Versailles qu'à Saint-Germain, et dans le cas où ledit sieur Lully se trouveroit dans l'impuissance de faire ledit remboursement, ordonner que lesdits Granouillet et Guichard jouiroient chacun d'une loge qui serait la troisième de chaque côté du premier rang, de l'estendue de quatre personnes chacune. »

Sablières et Guichard, pour le cas où la demande ci-dessus ne serait pas admise, fixaient à cinquante-deux mille livres l'indemnité leur revenant, et voulaient de plus qu'on leur accordât une part dans les profits réalisés par Sourdéac et Champeron depuis la signature de l'acte par lequel ils s'étaient associés avec Perrin.

Les interventions des créanciers, Laurent de Beauregard, Robert Cambert et les acteurs de l'Opéra dont nous avons fait mention plus haut, sont des incidents secondaires. Ce qu'ils veulent, c'est être payés de ce qui leur est dû; que ce soit par Sourdéac, que ce soit par Lully, peu leur importe, pourvu qu'on les paye.

Quant à Pierre Perrin, il reconnaît *qu'il a donné son consentement* à ce que les conclusions prises par Lully lui soient adjugées; mais pour le passé, il veut que Sourdéac et Champeron soient condamnés à *lui rendre et restituer tous les deniers* qu'ils avaient reçus des représentations pour lesquelles il se restreint à la somme de cent cinq mille livres, aux dommages-intérêts, et que la salle et les machines lui demeureraient comme à lui appartenant au moyen de son privilége.

Perrin, on le voit, n'y va pas de main morte; il ne faut retenir de ces conclusions exagérées que le chiffre de cent cinq mille livres qui paraît être la somme à laquelle étaient évalués alors les bénéfices de l'Opéra, somme bien suffisante pour expliquer l'ardeur des luttes auxquelles nous assistons.

Si Sourdéac et Champeron, Sablières et Guichard crurent devoir formuler leurs réclamations en style de palais embelli de force considérations puisées, plus ou moins à propos, dans des généralités ou des arguties, il n'en fut pas de même de Lully. Ses requêtes ou ses factums sont précis, sans déductions inutiles; fort de son droit, il dédaigne les finesses de procureur et poursuit son raisonnement sans s'écarter du but à atteindre. Écoutons du reste avec quelle dialectique serrée et quelle habileté il réfute les prétentions de ses adversaires, et comme, plaçant les choses sur leur véritable terrain, il ne manque jamais d'invoquer l'autorité royale :

« L'enregistrement des lettres ne peut être contesté.

« C'est la volonté du Roy qui s'en est expliqué par la déclaration qu'il a faite que le sieur Perrin à qui il avait accordé des Lettres pour la représentation des pièces de musique, appelez des Opéra, *n'a pas secondé ses intentions*.....

« Le Roy *a expressément révoqué* le privilège accordé au sieur Perrin, après quoi les oppositions sont *inutiles,* parce que ce privilège *estant révoqué, il ne subsiste plus.*

« Les opposans n'ont qu'un mesme titre qui est le privilège accordé au sieur Perrin, qu'ils prétendent respectivement.

« Les sieurs de Sourdéac et de Champeron qui *n'ont ny société ny transport* du sieur Perrin ne fondent leur droit dans ce privilège que parce qu'ils en sont porteurs.

« Les sieurs de Sablières et Guichard prétendent avoir une cession de ce privilège du sieur Perrin.

« Le sieur Perrin se défend contre les derniers par une contre-lettre qu'il rapporte, et à l'esgard des premiers il dit que Sa Majesté luy ayant accordé ce privilège en considération des grands services qu'il luy a rendus, *c'est un privilège personnel,* dans lesquels les dits sieurs de Sourdéac et de Champeron ne peuvent avoir de droits qu'en vertu d'une subrogation faite dans les formes, qu'ainsi, *estant le maître absolu* de son privilège, *il en consent la révocation* suivant la volonté du Roy.

« Le sieur Lully n'a pas intérest de prendre connoissance, qui des sieurs de Sourdéac ou de Sablières ou autres, a effectivement le droit du sieur Perrin; s'il estoit obligé d'y défendre, il montreroit que les uns ny les autres n'y ont point de droits, que leurs dommages et intérests sont imaginaires.

« Le sieur de Sablières n'a jamais fait de préparatifs

et à diverses fois a touché 4000 escus, que Sa Majesté lui a fait bailler pour deux mauvaises représentations qu'il a faites devant Elle, après les avoir préparées pour la feste du mariage de Monsieur frère unique de Sa Majesté.

« Si le sieur de Sourdéac a fait quelques despenses, il en est plus que remboursé par les gains qu'il a faits.

« Si les uns ou les autres des opposans ont quelque action, *c'est contre Perrin qu'ils doivent l'intenter, duquel ils prétendent tenir le privilège.*

« Le sieur de Lully ne paroist dans la cause que pour obéir à la volonté du Roy.

« Il n'a jamais demandé ny requis Sa Majesté de luy accorder ses Lettres; ce n'est donc pas par son fait, que la dépossession alléguée par les opposans arrive, et le sieur de Lully, qui ne les a pas impétrées, n'en demanderoit point l'enregistrement s'il falloit payer des dommages et intérêts, parce que l'intention du Roy n'est pas que le sieur Lully engage ses biens et sa fortune pour exécuter ses ordres et travailler à l'accomplissement d'un ouvrage que Sa Majesté s'est proposé par son divertissement.

« Enfin la dépossession actuelle du sieur de Sourdéac *est partie de la mesme autorité qui avoit permis la représentation des Opéra.* Le sieur Lieutenant de police, par ordre du Roy, lui a fait la défense, laquelle étant un coup de la volonté et de l'autorité royale, *elle les met hors d'estat de faire aucune représentation à l'avenir, supposé mesme que les Lettres du sieur Lully ne fussent pas enregistrées;* de là s'infère que ce ne sont pas ces Lettres qui causent ce changement.

« Et conséquemment la cour, sans avoir esgard aux dites oppositions, ne doit faire aucune difficulté d'enregistrer les lettres du dit sieur Lully et condamner les dits opposans en tous les despens, dommages et intérest (1). »

Lully termine encore une autre de ses très-brèves requêtes en disant simplement :

« Mais au fond il ne s'agit pas de savoir à qui appartient le privilège, *puisqu'il est révoqué* pour tous les prétendants également.

« Et quand mesme il vaudroit pour quelqu'un, la cour du parlement n'y doit avoir nul esgard, puisqu'elle ne l'a pas vérifié. Ainsy, sans connoistre au fond à qui appartient le privilège, du sieur Perrin ou des demandeurs en restitution d'avances, *les renvoyer au Roy* pour leur dédommagement prétendu, puisque c'est lui qui a révoqué le privilège sur la foy duquel ils ont fait leurs prétendues avances, lesquelles d'ailleurs sont plus que remboursées, particulièrement à l'esgard des sieurs de Sourdéac et Champeron (2). »

Il est facile de se figurer ce que durent être les débats oratoires devant la cour. On parla beaucoup et longtemps, surtout contre Lully; quant à l'avocat de celui-ci, s'il suivit la marche que le procureur de son client avait adoptée dans la rédaction de ses factums et mémoires, il fut sans aucun doute laconique et concis, se bornant à plaider

---

(1) Archives de la Comédie française.
(2) *Ibid.*

l'application du droit et l'exécution de la volonté souveraine aussi clairement justifiée que nettement formulée dans ces lettres patentes dont l'enregistrement était la question en litige.

Enfin le Parlement rendit son arrêt le 27 juin 1672, et voici dans quels termes :

« ...Après conclusions du Procureur Général, tout considéré, LA COUR faisant droit sur le tout sans s'arrester aux oppositions et requestes desdits Granouillet, Guichard, de Rieux et de Bersac des 17 mars derniers, 20 et 21 du présent mois, a ordonné et ordonne que les dittes Lettres patentes du mois de mars dernier seront registrées au greffe d'icelle pour estre exécutées et jouir par ledit Lully impétrant de l'effet et contenu en icelles suivant leur forme et teneur en deschargeant ledit de Sourdéac des conventions et du prix du bail du Jeu de paulme où se tient l'Académie des Opéra pour le temps qui reste à expirer d'iceluy et le rembourceant des impenses par luy faites au dit Jeu de paulme qui sont encore en nature, ensemble du prix des machines et autres choses servant à la représentation desdits Opéra suivant l'estimation faite dans quinzaine par devant Mᵉ Dulaurens conseiller rapporteur ; autrement seront par lui nommés d'office et se transporteront à cet effet lesdits experts sur les lieux et dresseront leur procès-verbal et sur la somme à laquelle ladite estimation se trouvera monter ordonner que ledit Perrin sera payé de la somme de mil livres laquelle du consentement dudit Perrin sera baillée et délivrée au dit de Beauregard, sur et en déduction de son deub,

Cambert, Clédière, Beaumaviel, Rossignol, Tollet, Bourel et Lespinal payés des sommes a eux deubs jusqu'au jour des deffenses qui ont esté faites de représenter les dicts Opera, suivant les conventions faites entre les parties, despens compensés (1). »

Voilà l'arrêt.

Avant de continuer notre récit, il ne nous semble pas inutile, maintenant que les faits sont bien connus, de rappeler les rôles de chacun et d'insister sur ce qu'il y a d'inexact dans une sorte de tradition, trop longtemps respectée : Lully, a-t-on dit souvent, grâce à la protection de madame de Montespan, aurait audacieusement dépouillé Perrin, et avec lui Sourdéac, Champeron, Cambert, Sablières, Guichard, tous ceux enfin qui avaient été mêlés plus ou moins à cette affaire de l'Opéra.

On a vu de quelle façon Sourdéac et Champeron avaient agi : évitant de passer avec Perrin aucun traité régulier, profitant de l'espèce de consentement tacite que celui-ci semblait leur donner en les laissant exploiter son œuvre, l'opéra de *Pomone*, ils se disaient impudemment les propriétaires du privilége; ils variaient sans scrupules, et suivant l'inspi-

---

(1) Arch. nat. Parlement, X, 2665.

ration du moment, sur la façon dont ce privilége était devenu leur propriété, et ne donnaient en réalité aucune preuve admissible à l'appui de leurs prétentions. En tout ceci leur conduite n'était que l'application d'un système d'usurpation combiné dès le début, qui leur était propre et qu'ils chercheront encore plus tard à faire prévaloir en s'immisçant dans la troupe de Molière, où l'on eut tant de peine à s'en débarrasser! Ils n'avaient aucun droit sérieux sur le privilége de l'Opéra. Lully n'eut donc pas à les consulter lorsqu'il s'entendit avec Perrin, et encore moins à traiter avec eux. On sait quels hommes ils étaient. Ils avaient abusé de l'inexpérience et de la faiblesse de Perrin. Ils trouvèrent leur maître dans Lully; à cela il n'y a rien à dire. C'était justice.

Cambert n'était pas l'associé de Perrin. Nous avons dit que cette association, qui aurait dû être la conséquence naturelle de leur ancienne collaboration, ne fut pas réalisée. Nous savons aussi que, de son plein gré, par un écrit signé de sa main, Cambert s'était mis aux gages de Sourdéac et Champeron; il n'avait donc aucun droit sur le privilége de l'Opéra, et ne prétendit jamais du reste en avoir, puisqu'il ne réclama qu'une seule chose : être payé de ses appointements par ceux qui l'avaient engagé. Quand Lully traita avec Perrin de son privilége, il n'avait pas à demander le consentement de Cambert. La spoliation dont il se serait rendu coupable vis-à-vis de son confrère est donc du pur domaine de l'imagination, et les accusations fulminées en termes indignés par quelques auteurs tombent entièrement d'elles-mêmes.

Dans un autre ordre d'idées, si Lully, en devenant le maître de l'Opéra, se réserva la composition des ouvrages qu'il représentait, il agit en cela comme Cambert eût agi pour lui-même, à l'exclusion de tout autre musicien, si son projet d'association avec Perrin eût réussi. On ne saurait donc encore reprocher à Lully d'avoir fait ce que Cambert eût fait à sa place.

Enfin, à voir les choses telles qu'elles se passèrent, il faut reconnaître qu'étant donné son caractère, qui le portait à se renfermer presque exclusivement dans l'exercice de son art, l'auteur de la *Muette ingrate,* de la *Pastorale,* de *Pomone,* abandonnant Perrin, s'était résigné dès le premier jour à n'être dans l'affaire qu'un simple compositeur à appointements fixes. Lorsque la chute de l'établissement en la solidité duquel il avait eu confiance arriva, il lui fallut s'incliner devant la mauvaise fortune et subir le sort commun à tous les autres artistes de l'Opéra.

Sablières et Guichard, on l'a vu, n'avaient de leur côté qu'un droit incontestable : celui de poursuivre Perrin. En le faisant, qu'auraient-ils obtenu? Absolument rien! Ils s'abstinrent donc et disparurent de la lutte. De ce qu'ils eurent assez de confiance en un homme tel que Perrin pour former une association avec lui, presque au lendemain de l'acte de stellionat dont il s'était rendu coupable vis-à-vis l'un d'eux, et de ce que leur associé, fort peu scrupuleux, fut de plus insolvable, on ne saurait vraiment en faire retomber la faute sur Lully.

Quant à Perrin, l'intervention de Lully, loin de lui être fatale, fut pour lui un véritable bienfait.

Sans argent, sans crédit, toujours poursuivi, souvent incarcéré, il se trouvait dans l'impossibilité la plus absolue d'exploiter son privilége; une pénible expérience ne l'avait-elle pas convaincu qu'il était incapable de lutter contre Sourdéac et Champeron? Ce n'en est pas moins à lui seul que le privilége avait été accordé. Colbert, qui le lui avait fait obtenir et qui se connaissait en hommes, s'il croyait encore son protégé animé des meilleures intentions et toujours dévoué au perfectionnement de la musique, ne devait assurément voir en lui que le plus médiocre des administrateurs. Pourtant il n'en avait pas moins conservé quelque bienveillance pour l'homme qui le premier avait eu l'idée d'établir un opéra français. Quand l'infortuné était harcelé par ses créanciers, le ministre lui avait fait accorder à deux reprises des lettres de répit. Si Lully avait tenté de le déposséder, comme on l'a dit si légèrement, Colbert l'eût encore défendu, et ce n'est que lorsque Lully eut obtenu le transport des droits de Perrin, et à la suite des placets et déclarations de celui-ci à cet égard, par lesquels il *se démettait formellement,* que l'ancien privilége fut révoqué et le nouveau signé.

Perrin vendit donc à Lully ce bien dont on a voulu qu'il ait été dépouillé; il en reçut le prix, et c'est cet argent qui, en le rendant à la liberté, lui permit enfin de clore une fois pour toutes cette longue odyssée que l'on pourrait si bien nommer sans trop d'ironie : *les Prisons de Pierre Perrin*.

L'indigne conduite de Lully envers Molière n'en subsiste pas moins; elle est pour l'habile Italien une tache ineffaçable, et personne, c'est certain, n'osera prendre sa défense.

Voyons maintenant ce qu'il advint de l'arrêt du Parlement. Outre l'enregistrement des lettres patentes de Lully, cet arrêt ordonnait que Sourdéac serait déchargé du prix du bail du jeu de paume pour le temps qui restait à courir, puis qu'il serait remboursé des dépenses « qui estoient encore en nature », du prix des machines et autres choses servant aux représentations, après estimation faite dans la quinzaine et à dire d'experts.

Reconnus sans droit sur le privilége, Sourdéac et Champeron n'en avaient pas moins fait les dépenses nécessaires à son exploitation, et cela du consentement de Perrin. C'est pourquoi on trouvait juste que le nouveau titulaire du privilége en subît quelques conséquences. De part et d'autre on semble se disposer à exécuter, et le 4 juillet Sourdéac et Champeron choisissent pour experts des maçonneries, charpenteries, menuiseries, serrureries et couvertures, Louis Goujon, bourgeois de Paris, et de Lanouc, maître peintre, pour l'estimation des ouvrages de peinture. Lully choisit de son côté le même Louis Goujon pour les constructions, ce qui suffirait à montrer combien il se souciait peu de l'expertise, et pour la peinture Lebrun, de l'Académie Royale de peinture et de sculpture. Les experts, moins Lebrun, qui fit défaut, prêtèrent serment le surlendemain 6 juillet; ce même jour ils se transportèrent sur les lieux, avec les parties, et là, changeant de système, Sourdéac et son associé déclarent qu'ils préfèrent tout garder à leurs risques et périls, à moins que Lully ne consente à leur payer la somme de soixante mille livres, chiffre que, disaient-ils, ils avaient dépensé (1). Là-dessus protestation de Lully dont il lui est donné acte, et il n'est plus question de l'expertise. Nous devons, pour ne rien omettre, mentionner l'intervention de Perrin, de son hôtelier Beauregard, de Cambert, de Beaumavielle et des autres acteurs, et aussi celle d'un nouveau créancier du marquis de Sourdéac, M. Nicolas de Flexelles, chevalier, comte de Bregy.

---

(1) Plus d'un an après, ils traiteront pour 30,000 livres avec la troupe de Molière.

Enfin la cour, à la date du 20 juillet, rend un nouvel arrêt qui, en conséquence de la déclaration de Sourdéac et de Champeron, décharge Lully du remboursement de leurs impenses, auquel il était obligé par l'arrêt du 27 juin précédent, « ordonnant que le dit « Lully jouira pleinement et paisiblement de « l'effet des Lettres par lui obtenues, et que « les dits de Sourdéac et Champeron dispo- « seront à qui et ainsi qu'ils adviseront du « dict jeu de paulme et des impenses qu'ils « y ont faites et machines ».

La Cour statuait ensuite à l'égard des créanciers saisissants dont les droits étaient réservés (1).

Par ce nouvel arrêt, on le voit, Lully n'a rien à payer, et ses adversaires gardent leur théâtre qu'ils paraissent toujours considérer comme indispensable à l'exploitation du privilége de l'Opéra. Les événements vont montrer à quel point ils se trompaient!

Lully qui avait prié Colbert de demander au Roi la salle du Louvre, n'ayant pu l'obtenir, prend rapidement son parti. Le 12 août il loue à Étienne le Gaigneur, docteur en médecine, François le Gaigneur, avocat au

---

(1) Arch. nat. Parlement, X, 2667, f° 161, 2.

Parlement, et demoiselle Patru, veuve de Pierre Adam, avocat, le jeu de paume de Béquet attenant à l'hôtel de la Trémouille, grande rue de Vaugirard. C'est, comme on le voit, le même local qui avait d'abord été choisi par Perrin, et dont l'Opéra avait été expulsé avant la fin des travaux d'installation. Cette fois, les difficultés élevées par le lieutenant de police furent aplanies. On doit remarquer aussi que le premier bail avait été fait pour huit cents francs; et celui de la rue Mazarine pour deux mille quatre cents francs, tandis que Lully traite, pour huit mois seulement, moyennant la somme de dix-huit cents livres, plus cinq cents livres de pot-de-vin. Il est dit au bail que le sieur de Lully établira dans ce jeu de paume l'Académie Royale de Musique, « et devra pour ce sujet faire « faire tout théâtre, amphithéâtre, loges, « machines, et autres choses qu'il jugera à « propos pour raison de ce, même faire les « démolitions qu'il conviendra, à la charge « par luy de faire rétablir le tout à la fin de « ses huit mois en pareil état qu'il lui sera « baillé en entrant (1) ».

Un bail de huit mois! ce délai si court

---

(1) Minutes de Me Charles.

peut surprendre, quand il s'agit de l'établissement d'une salle et d'un théâtre. Mais Lully a son plan. Ces huit mois sont ce qui reste de la saison théâtrale. Avant la rentrée de Pâques il sait qu'il aura eu raison de ses adversaires. Il se presse, il indemnise un marchand de vin nommé Jean Simon afin qu'il ait à quitter immédiatement les lieux qu'il occupait dans une partie de la propriété. Pour le reste il est prêt, et ce qui le prouverait, c'est que le jour même où le bail du jeu de paume de Béquet est signé, le 12 août 1672, le Roi rend une nouvelle ordonnance dont voici le texte :

« Sa Majesté ayant accordé au sieur Baptiste Lully,
« surintendant de la musique de sa chambre, le pri-
« vilége des ouvrages de théâtre en musique, et vou-
« lant lui donner moyen de s'en bien acquitter et
« lever tous les empeschements qui pourroient estre
« formés à l'exécution de ce qui est en cela des inten-
« tions de Sa Majesté, tant pour ses divertissements
« que pour ceux du public, Sa Majesté deffend très-
« expressément à toutes les troupes de comédiens
« françois et estrangers qui représentent à présent
« dans Paris *de louer la salle qui a servy jusques à
« présent aux représentations des dits ouvrages en
« musique,* ny d'y représenter aucunes comédies
« soubs quelque prétexte que ce soit, leur deffend
« pareillement Sa Majesté de se servir dans leurs repré-

« sentations de musiciens *au delà du nombre de six*
« *et de violons et joueurs d'instruments de musique*
« *au delà du nombre de douze*, comme aussi de
« prendre et recevoir de ce nombre aucuns des musi-
« ciens et violons qui auront esté arrestés par le dit
« Lully et qui auront joué deux fois sur le théâtre,
« sans le congé exprès et par écrit du dit Lully, ni se
« servir d'aucun des danseurs qui recoivent pension
« de Sa Majesté, le tout à peine de désobéissance.
« Veut Sa Majesté que la présente ordonnance soit
« signifiée au chef des dites troupes à la diligence du
« dit Lully, etc... Faict à Saint-Germain-en-Laye le
« 12 août 1672 (1). »

Ceci, comme dirait Baptiste, est un nouveau coup de l'autorité royale, et le plus terrible de tous. Lully en s'établissant rue de Vaugirard prouve qu'il peut se passer de la salle de la rue Mazarine. En même temps, Sourdéac et Champeron, à l'égard de qui l'arrêt du 20 juillet vient de dire qu'ils disposeront « à qui et ainsi qu'ils adviseront » de leur salle et de leurs machines, sont mis dans l'impossibilité de les louer à aucune troupe de comédiens, c'est-à-dire d'en tirer le seul parti auquel elles soient propres et d'exploiter les lieux selon la destination spéciale qu'ils leur ont donnée à grands frais.

---

(1) Archives nationales. Registres du secrétariat de la maison du Roy, o¹, 16.

De plus, contrairement à l'usage, cette ordonnance du 12 août statue sur deux objets bien différents, qui se trouvent réunis comme s'il y avait là une sorte de contrat administratif et si, des deux décisions, l'une était la conséquence de l'autre.

La première partie est en faveur de Lully.

La seconde partie est en faveur de Molière.

On se souvient que d'après la première rédaction des lettres patentes, rédaction presque immédiatement modifiée, il était défendu aux comédiens de donner aucune représentation accompagnée de plus de deux airs et de deux instruments. C'est cette clause excessive et tout au profit de l'Académie Royale de musique qui avait motivé les réclamations et l'opposition de Molière, après lesquelles la question du nombre de voix et d'instruments fut réservée. Par sa nouvelle ordonnance le Roi permit aux comédiens de se servir de six musiciens (c'est-à-dire de six voix) et de douze violons.

En dépit de l'influence toute-puissante de Baptiste, le poëte a réussi à se faire écouter et a du moins obtenu satisfaction pour sa troupe et pour ses confrères, grâce qui, comme on ne tardera pas à le voir, lui est absolument personnelle. Lully a dû céder pour le moment, et par une sorte de réparation, c'est lui qui, aux termes de l'ordonnance, est chargé de faire connaître à Molière la volonté du Roi.

Malgré cela on peut remarquer que Molière n'oublia pas le procédé perfide de son ancien collaborateur. La rupture avait été immédiate ; il n'eut plus d'autres rapports avec Lully que ceux qui furent amenés par les représentations données à la cour. Si *Psyché*, musique de Lully, jouée pour la première fois sur le théâtre du Palais-Royal le 24 juillet 1671, soit avant l'affaire de l'Opéra, figura longtemps au répertoire, il n'en est pas moins vrai qu'après la rupture, Molière voulant reprendre le *Mariage forcé*, du même compositeur, en fit refaire la musique et les ballets par Charpentier et par Beauchamps (1).

On voit combien tout ceci est conforme au récit de Sénecé. Il était, mieux que per-

---

(1) Cette pièce ainsi remaniée et jouée au Palais-Royal le 8 juillet 1672 avait donné lieu à cette remarque consignée par La Grange sur le registre de la troupe : « Nota. Encore que le *Mariage forcé* qui a été joué avec la *Comtesse d'Escarbagnas* a esté accompagné d'ornemens dont M. Charpentier a faict la musique, et M. de Beauchamps les ballets, M. Baraillon les habits, et M. de Villiers avoit employ dans la musique des intermèdes. »

sonne, à même d'être bien informé, en sa qualité de premier valet de chambre de Marie-Thérèse, femme de Louis XIV. Sous une forme badine il nous a laissé des renseignements plus exacts que ceux de beaucoup d'écrits très-sérieux, et dans les événements qui vont suivre nous en trouverons encore la confirmation.

XII

P. PERRIN, SIX FOIS MIS EN PRISON POUR DETTES, EST ÉLARGI DÉFINITIVEMENT. — REQUÊTE DE SOURDÉAC ET CHAMPERON. — LULLY S'ASSOCIE AVEC VIGARANI, QUI CONSTRUIT LA SALLE DE L'OPÉRA RUE DE VAUGIRARD. — LULLY FAIT REPRÉSENTER LES *Festes de l'Amour et de Bacchus*. — LOUIS XIV VA A L'OPÉRA. — MORT DE MOLIÈRE. — LE ROI DONNE A LULLY LE THÉATRE DU PALAIS-ROYAL.

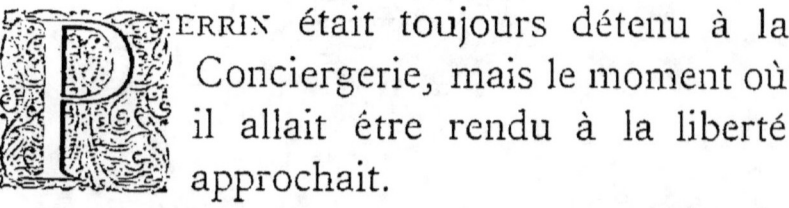ERRIN était toujours détenu à la Conciergerie, mais le moment où il allait être rendu à la liberté approchait.

Le 27 août 1672, un des créanciers incarcérants, Jacob, radouci dans ses exigences, probablement parce qu'il voit qu'il n'y a plus rien à espérer de la vente du matériel de l'Opéra, consent à ce que son débiteur soit élargi moyennant un à-compte de 300 livres; ce payement fut fait des deniers de la duchesse de Guise, qui, paraît-il, avait été touchée par la détresse du poëte. Quant au surplus de la dette, Jacob accorde à Perrin un délai de cinq ans pour s'acquitter (1).

Le 2 septembre suivant, Perrin traite avec La Barroire, qui reconnaît avoir reçu deux mille livres du duc d'Orléans pour les gages d'introducteur des ambassadeurs, et qui, pour le reste de sa créance, accepte, ainsi que nous l'avons dit déjà, le transport de moitié de la pension qui sera servie à Perrin par Lully, à cause de la cession qu'il lui a faite de son privilége. Une fois cet acte fait et passé entre les deux guichets, *comme en lieu de liberté*, Pierre Perrin franchit le dernier guichet et se trouve réellement libre enfin, après plus de quinze mois de séjour à la Conciergerie.

Il put rentrer dans la vie commune, désenchanté sans doute à tout jamais des directions de théâtre et juste à temps pour voir avec quelle activité Lully, le vengeant de Sourdéac et de Champeron, procédait à l'organisation du nouvel Opéra.

Les travaux étaient menés vivement rue de Vaugirard, car Vigarani, le célèbre déco-

---

(1) Minutes de Me Garnier.

rateur et machiniste avec lequel Lully avait fait un traité le 23 août, (1), s'occupait sans relâche de la construction de la salle et des décors de la pièce d'ouverture, qui devait être une *Pastorale* composée de divers fragments d'œuvres déjà représentées. Quinault, puis, dit-on, le président de Périgny et Benserade, s'étaient chargés de quelques scènes nouvelles, et les ballets devaient être réglés par le danseur Desbrosses. On avait engagé la plupart des chanteurs de Cambert, et les répétitions marchaient avec l'entrain que Lully savait communiquer à tout son monde.

La question artistique ne lui faisait point négliger les questions d'intérêt, et le 20 septembre il obtint du Roi une permission :

« De faire imprimer par tel libraire ou imprimeur, en tel volume, marge, caractère et autant de fois qu'il voudra, avec planches et figures, tous et chacuns des airs de musique qui seront par lui faits; comme aussi les vers, paroles, sujets, desseins et ouvrages sur lesquels les dits airs de musique auront été composez, sans en rien excepter, et ce, pendant le temps de trente années consécutives à commencer du jour que chacun des dits ouvrages seront achevez d'imprimer, iceux vendre et débiter dans tout notre royaume, par luy ou par autre ainsi que bon luy semblera sans

---

(1) Minutes de Mᵉ Charles.

qu'aucun trouble ni empeschement quelconque luy puisse estre apporté, mesme par ceux qui *prétendent* avoir de nous privilége pour l'impression des airs de musique et de ballets, etc., etc. (1). »

Lully agissait désormais sans se préoccuper de Sourdéac et de Champeron. Ceux-ci, empêchés par l'ordonnance du 12 août de disposer de leur propriété, présentèrent une requête à la chambre des vacations. Ils exposaient, non sans infiniment de raison, qu'ils ne pouvaient traiter de leur théâtre et de leurs machines qu'avec des comédiens, que cependant c'est sur le prix de ce matériel qu'ils devaient payer leurs créanciers, « que le dit lieu et les dites machines ne « peuvent se séparer, ni estre vendues sépa- « rément pour estre le tout construit avec « les murs et charpentes, ni servir à autres « personnes qu'à des comédiens ; que défenses « leur aïant esté faites de s'en servir, c'étoit « faire défense de les vendre, et par ce « moyen empescher l'exécution de l'arrest ». En attendant qu'ils pussent trouver moyen

---

(1) Cette dernière phrase est à l'adresse de Ballard. En somme ce privilége est rédigé avec le plus grand soin au point de vue de la défense des intérêts de Lully, qui certainement le libella lui-même. On l'a souvent réimprimé, et il se trouve reproduit dans presque tous les livrets originaux des opéras du maître.

de représenter au Roi leurs justes raisons et faire révoquer l'ordonnance du 12 août, ils demandaient une prorogation d'un an du délai imposé aux créanciers pour exiger la vente. Sur cette demande ils obtinrent par arrêt du 21 octobre 1672 une prorogation de trois mois (1).

Ce délai écoulé, payèrent-ils Cambert et les chanteurs qu'ils avaient entraînés dans cette procédure interminable, dont nous avons raconté les péripéties ? Le charitable hôtelier de Perrin, créancier non moins intéressant, reçut-il le faible appoint de mille livres accordé à son client ? Nos recherches à ce sujet ne nous ont donné que des probabilités. Si les uns et les autres reçurent ce qui leur était dû, ce ne fut toutefois qu'après de nouvelles poursuites, et au plus tôt un an après l'arrêt du 27 juin, ainsi qu'il résulte d'une note écrite sur une des pièces de la procédure.

Pendant ce temps, Vigarani achevait la transformation du local de la rue de Vaugirard, en conservant du reste toute la construction du jeu de paume, où il ne faisait que

---

(1) Archives nationales. Parlement. X¹B, 2433.

des travaux d'aménagement d'un caractère essentiellement provisoire. On comprend que Lully, tenant compte de l'obligation de rétablir à sa sortie les lieux dans l'état où il les prenait, ait cherché à éviter des dépenses hors de proportion avec la très-courte durée de sa location (1).

D'après le bail cité plus haut, ce théâtre remplaçait donc le jeu de paume de Béquet, dit de Bel-Air, attenant à l'hôtel de la Trémouille, à côté du Luxembourg (2).

---

(1) Il y eut un commencement de procès au Châtelet lorsque Lully rendit le jeu de paume aux propriétaires; mais il s'exécuta, et, le 30 novembre 1673, par acte passé dans l'étude de Mᵉ Charles, les héritiers Patru déclaraient, après expertise faite la veille, « que les lieux estoient en bon estat de toutes réparations et restablissement que Lully estoit tenu de faire... et recognoissoient pareillement qu'il leur avoit deslivré toutes les clefs dudict jeu de paulme et lieux en dépendant, etc. »

(2) Dans le plan ci-joint nous reproduisons l'ancien et le nouvel état de cette partie de la rue de Vaugirard; le premier tracé en noir, le second en rouge. Nous avons supprimé le jeu de paume non couvert qui avait cessé d'exister avant 1670, et nous nous sommes servi pour indiquer exactement l'emplacement de l'Opéra de Lully d'un plan géométral conservé aux Archives nationales (Seine, 3ᵉ classe, 109).

A la fin de 1673, la salle où se jouèrent les *Fêtes de l'Amour et de Bacchus* et *Cadmus* revint à sa destination première et reprit le nom de jeu de paume de Béquet, ou de Bel air, jusqu'au jour où Robichon, sieur de la Guérinière, y établit une Académie d'équitation. Les exercices équestres remplaçant la balle et la raquette donnèrent à ce local autant de notoriété comme manége qu'il en avait eu comme jeu de paume. En effet, sa situation indiquée sur quelques plans de Paris du dix-huitième siècle prouve que cet établissement était généralement connu. Nous avons lu dans un contrat de 1734 que

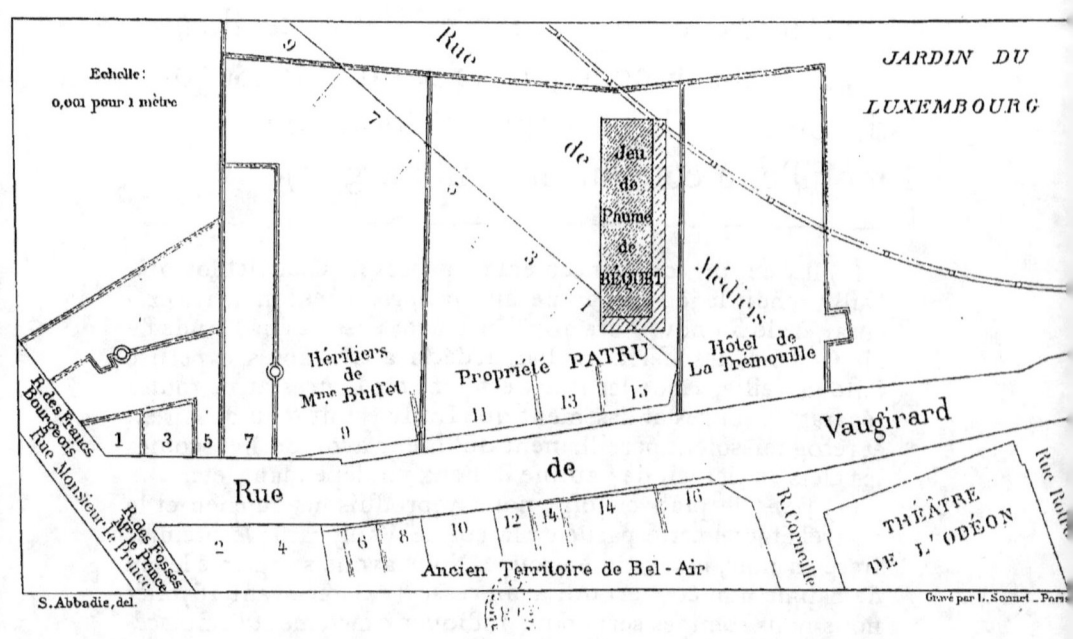

Les *Festes de l'Amour et de Bacchus* qui allaient inaugurer la direction de Lully n'étaient, nous l'avons dit, qu'un arrangement d'œuvres dejà jouées. Depuis quelques mois le nouveau directeur avait eu assez d'occupations pour ne pas trouver le loisir d'écrire une pièce nouvelle. Le prologue de ce pastiche présenté sous forme de pastorale était le divertissement du 5ᵉ acte du *Bourgeois gentilhomme*; l'acte Iᵉʳ était le divertissement des *Amants magnifiques*; l'acte II, la *Pastorale comique* insérée dans la nouvelle édition des œuvres de Molière comme lui étant attribuée; l'acte III, le *Ballet de la Fête de*

---

l'hôtel de la Trémouille « touchait une maison où il y avait, *en dernier lieu*, une Académie tenue par le sieur de la Guérinière, à la place de laquelle Académie il y avait un jeu de paume dit de Bel air », tandis que dans une autre pièce datée de 1782 l'ancienne propriété Patru est toujours désignée comme celle « où était cy-devant l'Académie de la Guérinière ». (Arch. nat. S., 870-871.)

Les enfants et petits-enfants de Patru restèrent longtemps propriétaires indivis de cet immeuble, qui, au commencement du dix-huitième siècle, appartenait à Tarade, conseiller au Châtelet. Vendu en 1755, par licitation, à Pierre-Marc Héron, conseiller au Parlement, il fut par lui laissé en héritage en 1786 à son neveu, Achille-Pierre Dionis du Séjour, conseiller au Parlement et grand'chambre, et de plus mathématicien et astronome distingué.

Aujourd'hui la moitié environ de cette propriété fait partie de cinq maisons différentes, tandis que l'emplacement de l'ancien jeu de paume, ancien Opéra, ancien manége, se trouve en plein sur les trottoirs et la chaussée de la rue de Médicis.

Versailles et le divertissement du 3ᵉ acte de *Georges Dandin*. Le spectacle, on le voit, aurait pu n'être pas autrement composé si Molière, comme il en avait eu la pensée, eût été l'associé de Lully. Celui-ci, du reste, dans son avant-propos, prend soin d'expliquer que l'Académie de musique « a rassemblé ce « qu'il y avoit de plus agréable dans les « divertissements de Chambord, de Ver- « sailles et de Saint-Germain, et qu'elle a « cru devoir s'assurer que ce qui a pu diver- « tir un MONARQUE infiniment éclairé ne « sçauroit manquer de plaire à tout le « monde (1) ».

Si Lully se pressait, Molière, qui semble avoir voulu lutter avec lui, préparait de son côté avec la plus grande activité une troisième reprise de *Psyché*, et faisait, au dire de la Grange, « des frais extraordinaires qui se sont montez à cent louis d'or, pour remettre toutes choses en estat et remettre des

---

(1) Ce fait que tous les fragments représentés faisaient partie d'ouvrages composés pour le service de la cour, peut expliquer pourquoi Molière ne réclama pas. Sans doute, il savait, mieux que personne, défendre ses intérêts et ceux de sa troupe; de plus, il avait de bonnes raisons pour ne pas tenir à obliger son ancien collaborateur; mais pouvait-il s'opposer à la représentation d'œuvres qui peut-être ne lui appartenaient plus, ayant été payées par le Roi?

musiciens, musiciennes et danseurs à la place de ceux qui avoient pris parti ailleurs ». Évidemment cet *ailleurs* discret veut dire : chez Lully !

Psyché fut jouée le vendredi 11 novembre 1672 ; c'est dans le même mois qu'eut lieu l'ouverture du nouvel Opéra, mais la date n'en est pas connue au juste ; on ignore donc lequel des deux directeurs arriva le premier (1).

Les frères Parfait prétendent dans leur histoire manuscrite de l'Académie royale de musique que les *Fêtes de l'Amour et de Bacchus* furent représentées vers le mois de mai

---

(1) On peut être certain que Robinet, toujours prodigue de nouvelles des théâtres, a parlé de cette représentation. Malheureusement nous n'avons pu retrouver la lettre qu'il a dû y consacrer, et qui nous aurait permis de fixer une date. Cette lettre n'existe ni à la Bibliothèque nationale, ni à la Bibliothèque Mazarine, ni à l'Arsenal. Elle ne se trouve pas davantage dans le manuscrit préparé pour la publication des *Gazettes en vers*, par les soins de M. le baron de Rothschild, que M. Picot a eu l'extrême obligeance de nous communiquer. Il y a pour cette époque et pour le mois de novembre 1672, entre autres, des lacunes considérables dans toutes les collections. La Bibliothèque Mazarine possède la lettre du 26 novembre où Robinet raconte que le 20 il a vu *Psyché*, dont il exalte le succès, en disant que ce spectacle

Surpasse tous les Opéra
Qu'on void et, je crois, qu'on verra.

Cette allusion paraît indiquer que l'Opéra était ouvert avant le 26 novembre. Les dates du 13 et du 15, que rien ne contredit absolument, n'ont été données que par des historiens du dix-huitième siècle, auxquels on ne peut se fier sans preuves.

ou de juin 1672; or, le bail du jeu de paume de Béquet ne fut signé qu'en août. Ils affirment aussi que le Roi aurait vu cette Pastorale dans la salle de la rue de Vaugirard, « au retour de cette fameuse campagne de 1672 », alors que le Roi revint le 1ᵉʳ août et que Lully n'ouvrit son théâtre qu'en novembre. Ceci prouve déjà l'inexactitude de l'assertion des frères Parfait, mais, il y a plus : à la mort du duc d'Anjou, arrivée le 4 du même mois, la cour prit le deuil, ce qui par conséquent retarda encore la visite du monarque au théâtre de l'Opéra (1). La vérité, c'est que ce fut longtemps après son retour à Saint-Germain, et seulement quand le deuil de cour eut cessé, soit à la fin d'avril 1673, que Louis XIV daigna venir à l'ancien jeu de

---

(1) Le manuscrit original des frères Parfait a été égaré, mais il en existe une copie fidèle de la main de Beffara à la Bibliothèque nationale (Mss. fr. 12355). Les auteurs, après avoir annoncé dans leur préface qu'ils avaient le projet de donner dans un supplément les mémoires qui leur auraient été communiqués, ajoutent ceci : « C'estoit bien notre dessein de consulter des personnes au fait de cette matière, mais, en cherchant des faits, l'ouvrage se répand, cela fait naître des idées, et après un travail pénible on a le chagrin de voir paroître un livre qui, sans être précisément le vôtre, en emporte une partie et a toujours le mérite de la nouveauté. » On comprend qu'avec de pareils scrupules, les frères Parfait, s'étant privés de sources d'informations très-précieuses et se contentant d'à peu près, ne puissent être consultés sans contrôle.

paume de Béquet. Ce ne fut pas pour y entendre des fragments arrangés à la hâte et qu'il connaissait déjà, mais pour assister à la représentation du premier grand opéra vraiment digne de ce nom, le modèle du genre que Lully devait adopter : *Cadmus et Hermione.* La *Gazette de France,* dont l'autorité n'est pas discutable, nous renseigne ainsi sur ce fait très-digne de remarque à cette époque : « Le 27 avril 1673, Sa Majesté, accompagnée « de Monsieur, de Mademoiselle et de Made- « moiselle d'Orléans, alla au faubourg Saint- « Germain, prendre le divertissement de l'o- « péra, à l'Académie royale de musique « établie par le sieur Batiste Lulli, si célèbre « en cet art; et la compagnie sortit extraor- « dinairement satisfaite de ce superbe spec- « tacle, où la tragédie de *Cadmus et Her-* « *mione,* fort bel ouvrage du sieur Quinault, « est représentée avec des machines et des « décorations surprenantes dont on doit l'in- « vention et la conduite au sieur Vigarani, « gentilhomme modenois (1). »

---

(1) Il nous paraît certain que cette représentation, qui, par la présence du Roi, devenait une solennité, fut la première de *Cadmus.* Quand on joua cet opéra à la cour, tous les exécutants appartenaient à la musique du Roi, à l'exception d'un seul, Clédière, qui n'en faisait pas encore partie.

Le Roi n'était venu voir aucun des deux opéras de Cambert. C'était un grand événement que cette première représentation de *gala* au théâtre de l'Opéra, cette présence dans une salle de spectacle de Paris, du monarque accoutumé à faire venir les comédiens et les chanteurs dans ses palais. Combien il est regrettable de n'avoir pu découvrir la *Gazette* en vers de Robinet qui a dû raconter en détail une telle solennité, décrire la salle et peut-être même nommer les spectateurs! Parmi ceux-ci Perrin avait-il sa place? Perrin libre alors grâce à l'argent de Lully et qui, n'ayant pu voir ni la *Pastorale*, ni *Diane et Endymion*, ni le *Triomphe de l'Amour*, ni les *Peines et les Plaisirs de l'Amour*, ne connaissait, lui, le créateur du genre, d'autre opéra français que *Pomone!* Cambert eut-il le courage d'assister, perdu au milieu de la foule, au triomphe de son heureux rival? Cambert, qui, sous le coup de la perte de sa place et de la ruine de ses plus chers projets, se bornait, sans récriminations passionnées et sur un ton de tristesse résignée vraiment touchant, à regretter d'être la victime du succès de l'Opéra, qui, moins éclatant, eût été moins envié, et ne l'eût pas laissé sans emploi pour avoir trop bien réussi!

Sablières et Guichard virent sans doute avec quelque amertume l'habile Florentin en possession de ce succès auquel eux-mêmes s'étaient efforcés d'arriver; mais ceux qui durent en ressentir le plus d'envie et de colère, ce furent Sourdéac et Champeron, honteusement déçus dans tous leurs calculs.

Quant à l'heureux Lully, il triomphait doublement : non-seulement le Roi était là dans sa salle, faveur insigne et jusqu'alors sans précédent, mais encore il savait qu'une décision royale ne tarderait pas à combler ses désirs. En effet, un événement imprévu était venu le servir au delà de ses espérances : Molière étant mort subitement le 17 février 1673, Lully se trouvait désormais débarrassé du seul homme dont l'influence auprès du Roi avait pu contre-balancer la sienne. Manœuvrant avec autant d'adresse et de bonheur que d'ordinaire, il avait réussi à obtenir que l'Académie royale de musique vînt occuper cette salle d'où Molière avait été emporté défaillant. La permission en fut signée le 28 avril, le lendemain du jour où le Roi, son frère, sa nièce et sa cousine étaient venus au théâtre de la rue de Vaugirard.

Grâce à la munificence royale, le rêve de Lully est donc réalisé. Il jouira gratuitement de la salle du Palais-Royal; il n'a plus à convoiter la salle du Louvre, et encore moins celle de Sourdéac, dont celui-ci pourra dès lors se servir à son gré. Mais ce n'est pas tout : on se hâte de revenir sur la décision prise en faveur de Molière, et Lully, qui semble faire et défaire à son gré les ordonnances, en obtient une nouvelle à la date du 30 avril; cette ordonnance défendait à Sourdéac, qui, le 21 février 1673, l'avait fait condamner par défaut à des dommages-intérêts, « de plus jamais le troubler », et interdisait aux comédiens de se servir de plus de *deux* voix et de *six* violons.

Les comédiens ont perdu leur chef, Molière n'est plus là pour les défendre. Ils n'auront que six musiciens, ils n'auront plus de salle gratuite, ils payeront celle de la rue Mazarine, rouverte pour eux, et c'est moyennant 14,000 francs et deux parts dans les bénéfices qu'il leur faudra subir Sourdéac et Champeron, avec lesquels ils vont passer de longues années à plaider et replaider à leur tour.

Pendant ce temps Lully est maître de la salle du Palais-Royal; il n'a pas de loyer à payer; s'il y a des réparations à faire, il les demande à Colbert, et le ministre écrit de sa main en marge de la requête : « Prendre les ordres de Sa Majesté, cela presse. » Ses opéras seront représentés à la Cour, le Roi fera les frais des décors et des costumes, qui, sans avoir rien coûté, serviront ensuite à Paris. L'homme d'affaires a triomphé de tous les obstacles, profité de toutes les circonstances; maintenant le compositeur va produire chaque année un de ces chefs-d'œuvre incontestés que l'on jouera pendant près d'un siècle; une ère de prospérité sans exemple commence pour son théâtre; l'Opéra est fondé.

L'établissement définitif de l'Opéra est la limite que nous nous étions fixée; toutefois, nous croyons devoir compléter en peu de mots l'histoire des principaux personnages qui y ont pris part.

Si les renseignements abondent sur Molière et sur Lully, il n'en est pas de même pour les hommes moins illustres qui ont tenu tant de place dans notre récit. La fin de leur existence n'est pas mieux connue que le commencement ne l'était avant nos recherches. Il nous semble donc qu'il y aura quelque intérêt à savoir ce que devinrent, après la fondation de l'Académie royale de musique, Pierre Perrin, Robert Cambert, Sourdéac et Champeron, Sablières et Guichard, et même aussi La Barroire et la veuve van Mol.

PIERRE PERRIN.

IBÉRÉ désormais de la contrainte par corps, jouissant de la pension que lui servait Lully, Pierre Perrin ne fit plus parler de lui. Nous n'avons pas recherché quelle fut la suite de l'instance engagée par lui, contre Sourdéac et Champeron, pour le règlement de la part qui devait lui revenir comme propriétaire du privilége de l'Opéra et comme auteur de *Pomone*. Perrin ne survécut que deux ans aux événements que nous venons de raconter, et ce n'est pas en si peu de temps que pouvait se terminer un procès avec de tels plaideurs.

Ce qu'il y a de certain, c'est qu'il continua à écrire, sans succès, des poëmes d'opéras, et qu'il ne parvint pas à payer tous ses créanciers.

La preuve de ce double fait résulte d'un curieux placet, découvert par M. de Boislisle aux Archives du ministère des affaires étrangères.

On se souvient de l'hôtelier, Jean-Laurent de

Beauregard, qui avait toujours hébergé le poëte, et lui donnait asile et crédit. Perrin était déjà mort depuis six ans, lorsque Beauregard chercha à rentrer au moins dans une partie de ce que son hôte restait lui devoir,—plus de dix mille livres, à ce qu'il prétend;—il présenta au Roi un placet dans lequel il le suppliait d'ordonner à Lully de représenter quatre opéras que son débiteur lui avait laissés pour tout payement. Il demandait qu'on le fît participer aux bénéfices, à moins que Lully ne l'autorisât à faire lui-même des représentations de ces opéras, sur les recettes desquels il lui réserverait la part fixée par Sa Majesté (1).

Cette supplique avait trait aux opéras suivants : *Ariane, ou le Mariage de Bacchus,* que nous connaissons; *Diane amoureuse, ou la Vengeance d'amour, la Reyne du Parnasse, ou la Muze d'amour,* et *la Nopce de Vénus.*

Voilà trois titres nouveaux, et trois ouvrages non représentés, dont Perrin n'eût pas manqué de parler dans quelqu'un des Avant-propos ou des Mémoires que nous avons cités, s'ils eussent été déjà composés. Ayant en lui-même un peu de cette confiance qu'il avait su inspirer à Beauregard, il espérait sans doute que, infidèle quelque jour à Quinault, Lully consentirait à écrire la

---

(1) Voyez les *Débuts de l'Opéra français à Paris,* par M. DE BOISLISLE. Paris, 1875, in-8°.

musique de ses nouveaux ouvrages. En tout cas, il mourut deux ans et demi après l'ouverture de l'opéra de Lully. On a longtemps ignoré à quelle époque il avait cessé de vivre, et les historiens qui se sont occupés de lui ont donné tour à tour les dates les plus diverses. Jal a retrouvé son extrait mortuaire sur les registres de la paroisse de Saint-Germain l'Auxerrois, où eut lieu son enterrement. « Le vendredi, 26 avril 1675, fut
« inhumé Pierre Perin (sic) cy-devant introduc-
« teur des ambassadeurs et princes étrangers de
« feu Monseigneur le duc d'Orléans, aagé de
« cinquante-cinq ans, pris rue de la Monnoye.
« *Signé :* Laurent, Desimoy. »

Ce Laurent n'était autre que Laurent de Beauregard qui hérita des manuscrits du poëte, gardés précieusement par lui en souvenir de son débiteur insolvable et qu'il qualifiait de *productions admirables de son esprit,* dans ce placet au Roi demeuré, comme on le pense bien, sans réponse.

Il nous reste à examiner une particularité assez curieuse concernant Perrin : nous voulons parler de ce titre d'abbé que beaucoup d'historiens lui ont donné, en se copiant les uns après les autres, sans qu'aucun d'eux ait jamais pu fournir à cet égard une explication plausible.

Nous avons eu entre les mains, comme on a pu le voir, un nombre très-considérable d'actes authentiques relatifs à Pierre Perrin : priviléges, lettres de répit, brevets, contrats ou autres actes passés par-devant notaires; exploits d'huissier, assignations, requêtes, oppositions, sentences et arrêts; mentions d'écrou ou de mise en liberté; placets, factums, etc., et pas un de ces documents, sources les plus sûres d'informations sur l'état des personnes, ne lui donne le titre d'abbé. Ce titre ne se trouve pas davantage dans ses publications imprimées ni dans ses œuvres manuscrites, y compris ses *Leçons des Ténèbres* et son volume *Cantica pro Capella Regis,* alors que ses qualités de Conseiller du Roi et d'Introducteur des ambassadeurs y sont toujours complaisamment indiquées. Son acte mortuaire enfin, que nous venons de transcrire, est également muet à cet égard.

C'est seulement après sa mort que l'on trouve son nom accompagné du titre d'abbé.

Guichard, qui pourtant le connaissait bien, et qui dès lors dut avoir quelque raison pour le qualifier ainsi, l'appelle à plusieurs reprises « *le sieur abbé Perrin* », dans quelques-uns de ses nombreux factums de 1676, publiés à l'occasion de son procès avec Lully.

Charles Perrault, de son côté, le qualifie aussi d'abbé dans ses Mémoires.

Ni Perrault, ni Guichard surtout, dont les factums sont écrits au courant de la plume et avec une grande liberté de langage, n'étaient tenus à autant d'exactitude qu'un notaire ou un greffier. Faut-il voir dans ce terme d'*abbé Perrin* une désignation familière et moqueuse employée dans l'intimité ? Pierre Perrin, le poëte assez léger qui dans ses écrits ne ménage pas toujours les allusions trop libres, composa, comme nous venons de le rappeler, pour la chapelle royale, des psaumes, des motets, des cantiques, des leçons pour les ténèbres; ne peut-on pas admettre que ce mélange de sacré et de profane ait amené ses amis à l'appeler *l'abbé,* par une sorte d'épigramme, et que le surnom lui en soit resté ?

C'est là toutefois une pure hypothèse, et, dans l'impossibilité où nous nous trouvons de fournir une explication plus certaine, nous ne pouvons que l'indiquer sans y insister autrement.

ROBERT CAMBERT.

Bien avant l'ouverture de l'Opéra de Lully, Cambert comprit que sa carrière de compositeur dramatique était finie à Paris; aussi s'exprimait-il à ce sujet sans aucune illusion dans la pétition dont nous avons donné plusieurs extraits.

Ayant conscience de ce qu'il avait fait pour le

succès des représentations en musique, il lui semblait juste que celui qui « resteroit maistre « de l'Opéra lui donnât un emploi, quelque pen- « sion ou quelque dédommagement ». C'était trop présumer de Lully, et le compositeur de *Pomone* ne dut pas tarder à comprendre qu'il devait s'en rapporter à lui-même pour se créer une situation. Tout ce que lui et ses camarades obtinrent, ce fut d'être payés par Sourdéac vers le mois de juin 1673, ainsi que nous l'avons dit et qu'il résulte d'une des pièces du dossier conservé à la Comédie française. En effet, un nouveau procès avait dû être engagé depuis le 16 novembre 1672.

Pendant que Cambert plaidait encore, il put croire qu'il avait réussi à se faire une position convenable. Sablières lui offrit de partager avec lui sa charge d'intendant de la musique du duc d'Orléans. D'après un traité passé entre eux pardevant Me Levasseur, le 21 mars 1673, Cambert, si l'on obtenait l'agrément du prince, prenait le semestre de juillet et se constituait, avec sa femme, débiteur envers Sablières d'une somme de quatre mille cinq cents livres, exigible en plusieurs payements dont les deux derniers seraient faits à André de Vinançay, seigneur de Bussy, « à valoir sur plus grande somme à lui due par Sablières ». Un acte mentionné plus loin nous apprendra que ce projet de cession n'eut pas de suites.

Nous arrivons à une époque de la vie de notre musicien qui présente un très-grand intérêt. Il s'agit de son séjour à Londres. Par malheur, malgré nos recherches faites même en Angleterre, nous n'avons pu jusqu'ici ajouter que peu de chose aux vagues renseignements donnés à cet égard par les auteurs anglais ou français.

Charles II, qui avait passé en France une partie de sa jeunesse, aimait la musique française. Le succès de l'Opéra de Paris lui avait inspiré, dit-on, l'idée de faire venir Cambert à Londres pour le créer surintendant de sa musique et lui confier le soin d'établir une Académie de musique. Ce que nous savons de positif, c'est que le 19 août 1673, Cambert, qui demeurait alors rue des Bons-Enfants, donna à sa femme une procuration générale, par laquelle, entre autres clauses, il l'autorisait à poursuivre l'instance intentée ou à intenter par les sieurs Sablières et Bussy (1). Le traité du 21 mars précédent, concernant la demi-charge chez le duc d'Orléans, ne s'était donc pas réalisé.

Très-probablement, Cambert ne donna cette procuration à sa femme qu'au moment de son départ. Toutefois, c'est seulement le lundi 3 septembre 1674 que le chapitre de Saint-Honoré le remplaça dans ses fonctions d'organiste par

---

(1) Minutes de Mᵉ Levasseur.

Simon Lemaire (1). Les chanoines, il est vrai, incertains de la durée du séjour de leur organiste à l'étranger, et en considération de ses bons services, ont bien pu attendre une année avant de lui donner un successeur définitif.

Cambert, arrivé à Londres, dut s'occuper de faire représenter *Ariane, ou le Mariage de Bacchus*, de Pierre Perrin, mais ce ne fut qu'après avoir fait subir au poëme de tels changements, qu'on pourrait le considérer comme entièrement nouveau. Au dire de quelques-uns, ce serait en 1674 que l'ouvrage fut exécuté, et le poëme en aurait été imprimé sous ce titre : *Ariadne, or the Marriage of Bacchus. Opera by P. P.* 1674, in-4° (2). On dit encore qu'à la Cour on joua *Pomone* en français, tandis qu'*Ariane* aurait été chantée en anglais sur le théâtre de Covent Garden. Mais d'après Burney, ce théâtre n'existait pas alors. Dibdin dit qu'il fut ouvert en 1733, et nous donne les renseignements suivants sur les théâtres de Londres au dix-septième siècle : « En 1660, sir William Davenant, le poëte lauréat, et Thomas Killigrew, esq., un des valets de chambre du roi Charles, obtinrent permission de construire deux nouveaux théâtres et de constituer deux compagnies séparées, à l'exclusion

---

(1) Arch. nat. LL. 80.
(2) *Biographia dramatica* de David Erskine Baker. London, 1782, in-8°.

de toutes autres, dans les cités de Londres et de Westminster ou leurs faubourgs. Pendant l'interrègne (1654), Davenant avait inventé un nouveau genre de spectacle, composé de récitatif, de chant et de scènes parlées, qui fut exécuté à Rutland-House; en 1658 il donna des représentations semblables dans l'arène des combats de coqs de Drury Lane. Ces tentatives étaient imitées des opéras italiens et peuvent être considérées comme l'introduction de ce genre de spectacle sur la scène anglaise (1). »

Cambert, en arrivant à Londres, trouva donc le terrain préparé. Si nous n'avons pas de renseignements précis sur les représentations de ses œuvres, il existe du moins des copies de l'*Ariane* de Perrin corrigée. Une, entre autres, est conservée à la Bibliothèque nationale (manuscrits, fonds La Vallière, 24352), et on lit, en tête, la curieuse dédicace à Charles II, dont voici le texte :

AU ROY.

Sire,

Tandis que le reste de l'Europe gémit sous le faix d'une cruelle guerre, et voit de tous costez saccager ses villes, désoler ses campagnes et épuiser ses États de sang et de richesses, la seule Angleterre jouit par votre soin

---

(1) Dibdin, *History and illustrations of the London theatres, comprising an account of the origin and progress of the drama in England.* 1826, in-4°.

d'une heureuse tranquillité, et voit régner dans ses Provinces la paix et l'abondance. Il semble que cette Isle fortunée soit un Port de salut, une Arche nouvelle qui recueille les débris du naufrage de l'univers; que c'est un raccourcy de la Terre, qui renferme dans son enceinte tout ce qu'il y a de riche et de précieux: un Rocher immobile au milieu des tempestes; un Paradis terrestre environné de sablons déserts; enfin que c'est la favorite du Ciel, les délices de la Terre, la souveraine de la Mer, l'œil, le cœur et la perle du Monde. Mais, Sire, ce n'est pas assez pour Vostre Majesté de l'avoir rendue victorieuse, vous achevez la gloire de son triomphe, en établissant dans sa ville capitalle l'Académie des Opéra, le plus charmant des spectacles : Vous faites que la Reyne de la Beauté devient aussi la mère des Amours et des Plaisirs; vous accomplissez l'ouvrage de Sa Grandeur, vous la comblez d'honneur et de joie, et la mettez en estat de ne rien envier désormais à ses voisins les plus galans, de plaisant et de magnifique. Sans doute, Vostre Majesté trouvera beaucoup de défauts dans ces premières représentations : Mais, Sire, elle aura la bonté de considérer que l'Académie qui les exécute est une beauté naissante, dont les traits sont à peine formez, et qui ne manquera pas de croistre et de s'embellir, si Votre Majesté daigne en faire sa créature et l'honorer de ses soins et de sa protection. Elle vous les demande, Sire, avec une vénération profonde, et vous proteste en eschange, que son unique application sera celle de travailler à vos divertissemens, et de faire de vos myrthes et de vos lauriers des guirlandes et des couronnes pour en couronner votre tête sacrée, comme estant, Sire,

De Vostre Majesté,

La très-humble, très-obéissante, et très-fidèle servante et sujette.

Vostre Académie de Musique.

Nous ignorons quel est l'auteur qui se chargea de corriger, de refaire pour ainsi dire l'*Ariane* de Perrin, et quel fut le rédacteur de cette épître hyperbolique. Si c'eût été l'œuvre de Saint-Évremond, qui habitait Londres depuis plusieurs années, il nous semble qu'il s'en trouverait quelque trace dans ses écrits, et il n'en est rien. Il dut connaître Cambert cependant, et c'est ce qui expliquerait l'origine des notes très-intéressantes qu'il nous a laissées sur les premiers opéras français, sans avoir pu jamais les voir, puisque, ainsi que nous l'avons dit, il ne revint pas en France. Ce qu'il nous apprend aussi du caractère de Cambert indique bien qu'il y eut des relations entre eux. Il est tout naturel, en effet, que le compositeur français arrivant à Londres ait eu l'occasion d'être présenté à un compatriote, homme d'un goût distingué et jouissant de quelque considération dans la haute société anglaise.

Les renseignements que nous possédons sur la carrière musicale de Cambert à Londres se bornent à ce que nous venons de dire de son *Ariane*. C'est peu, car, arrivé dans cette ville à la fin de 1673 ou au plus tard en 1674, il dut y exercer ses talents d'une façon quelconque jusqu'en 1677, époque de sa mort. Le *Mercure galant* du mois d'avril de cette année lui consacra un article nécrologique dans lequel il est dit que « son génie estoit fort estimé à Londres, qu'il avoit reçeu force biensfaits du Roy d'Angleterre et des plus grands seigneurs de la Cour, et enfin que tout ce qu'on avoit veu de ses ouvrages n'avoit point démenti ce qu'il avoit fait en France ».

La cause de sa mort, que l'on peut placer en mars, a donné lieu à diverses versions : les uns veulent qu'il soit mort de chagrin, alors cependant que sa position, ses succès et la grande estime dont il jouissait au dire du *Mercure*, pouvaient atténuer amplement les regrets de ne plus être le chef d'orchestre de Sourdéac et Champeron. Les *biensfaits* du Roi valaient mieux sans doute que les deux cent cinquante livres par mois, dont il attendit si longtemps le payement. D'autres prétendent qu'il fut assassiné par des musiciens anglais, jaloux des succès d'un étranger. Enfin, il en est qui accusent son valet de l'avoir tué pour le voler.

La mort violente de Cambert est confirmée par Sénecé, qui, dans sa fiction satirique, le fait intervenir « encore tout défiguré des blessures dont il fut assassiné en Angleterre ». Il va toutefois trop loin, en faisant dire à l'ombre ensanglantée de Cambert : « Mais de quelque main que partent les coups qui m'ont privé de la vie, je ne les imputerai jamais qu'à Lully, que je considère comme mon véritable assassin. » Ceci revient à dire que si Lully n'avait pas eu le privilége de l'opéra, Cambert, restant à Paris, pour composer de nouveaux opéras et continuer à battre la mesure, n'aurait pas été assassiné à Londres; car Sénecé n'a pu vouloir insinuer que le meurtre ait été commis à l'instigation de Lully! En laissant de côté des exagérations permises aux auteurs satiriques, nous nous contenterons de dire qu'il paraît très-probable que Cambert fut assassiné en 1677. Il était âgé, dit-on, de quarante-neuf ans.

La mort de Cambert, alors qu'il n'avait pas eu l'occasion de donner toute la mesure de son talent, fut certainement une perte pour l'art lyrique. Les louanges unanimes qui lui furent adressées, la renommée dont il jouissait prouvent qu'il était un compositeur de mérite et que ses productions eurent du succès. Il ne reste de lui que le trio de *Cariselli*, le premier acte de *Pomone*, une partie du premier acte des *Peines et des Plaisirs de l'amour* et la basse seule des chansons à boire (1). C'est trop peu pour formuler une appréciation définitive et raisonnée sur son œuvre, qui, c'est certain, porte toutefois l'empreinte d'une science musicale réelle. Quant à prétendre établir avec de pareils éléments un

---

(1) Le *British Museum* ne possède rien de Cambert.

parallèle entre son talent et celui de Lully dont l'œuvre considérable existe en entier, c'est risquer de se méprendre et tomber dans le domaine de la divination.

Pour dire tout ce que nous savons de relatif à Cambert, il ne nous reste plus qu'à ajouter que sa fille Marie-Anne épousa un nommé Michel Farinel ou Farinelly, qui fut intendant de la musique de la reine d'Espagne (1). Il y eut à Paris un Farinel « violon de Grenoble », dont Carissimi, musicien romain, avait été le maître de composition (2). Un Farinel, violoniste français, peut-être le même, eut du succès à Londres, à la cour de Charles II. Vers 1684, le directeur de la musique de l'Électeur de Hanovre se nommait Farinel. Enfin, nous avons vu une cantate imprimée, « musique de Farinel l'aisné », et le catalogue de La Vallière cite deux autres cantates, musique du sieur Farinel, publiées à Lyon en 1704, dans le format in-douze, et intitulées : *les Chants de la Paix* et *l'Union de la France et de l'Espagne*.

Nous regrettons de ne pouvoir indiquer lequel de ces musiciens fut le gendre de Cambert;

---

(1) *Dictionnaire* de JAL, p. 565.
(2) *Raisons qui prouvent manifestement que les compositeurs de musique... n'ont jamais esté et ne peuvent estre de la communauté des anciens Jongleurs et Ménestriers de Paris*, etc., in-4°, p. 32. (1695.)

quoi qu'en aient dit plusieurs auteurs anglais et allemands, les Farinel n'étaient pas le moins du monde parents du célèbre chanteur Carlo Broschi, dit Farinelli.

SOURDÉAC ET CHAMPERON.

Nous avons montré Sourdéac et Champeron toujours en instance au Châtelet, au Parlement, au Conseil du Roi; impassibles devant les sentences, arrêts ou ordonnances qui les condamnaient presque toujours, et n'attendant pas la fin d'un procès pour en recommencer un autre. On connaît leurs débats avec Perrin, avec Cambert et avec Lully; nous allons les voir aux prises avec de nouveaux adversaires.

La troupe du Palais-Royal ayant dû faire place à l'Opéra, traita « soubs le bon plaisir du Roy », avec Sourdéac et Champeron pour leur salle. Le 23 mai 1673, par acte passé par-devant Mes de Beaufort et Gigault, ils cédaient à l'ancienne *troupe du Roy,* qui se reforma plus tard des débris de celle de Molière et de celle du Marais, le droit au bail qui avait encore deux ans et demi à courir, et lui vendaient 30,000 francs « le théâtre, orquestre, machines, mouvemens, cordages, contrepoids, peintures et généralement toutes choses dépendantes et servant à l'usage des théâtres et représentations ». Aux termes d'autres actes successifs passés chez divers notaires le même jour, il ne fut versé comptant que 14,000 francs, et le payement des 16,000 francs restants fut remplacé par un prélèvement, en faveur des bailleurs, de 50 francs par jour de représentation, lequel fut transformé par un dernier acte en une part à chacun d'eux leur vie durant, sauf pour Champeron, dont la part, en cas de décès, devait passer à son frère l'ancien recors.

Les nouveaux intéressés figuraient dans la troupe en qualité de *machinistes*. On se doute de ce qu'ils allaient machiner. Ils cherchèrent d'abord à jeter la désunion parmi les comédiens en suscitant l'opposition de quelques acteurs et en faisant cause commune avec eux. Voilà les procès commencés. Tenus de diriger le service des décorations, ils faisaient tout pour l'entraver. Se souvenant des beaux jours de *Pomone,* où, leurs petites balances en main, ils encaissaient les louis d'or, ils prétendaient de même se rendre maîtres de la caisse et du contrôle. Ils s'emparaient des registres, et, sur le premier de ceux qui furent ouverts après leur entrée, il est écrit par la Grange : « Resté entre les mains du sieur de Champeron, — *depuis rendu.* » Ils essayèrent d'imposer le frère de Champeron au bureau de la recette; on ne le leur permit pas, mais, pour avoir la paix, deux contrôleurs furent nommés.

Cela ne donna qu'un répit de peu de temps, car il fallut bientôt plaider de nouveau, et cette fois pour leur exclusion définitive. Les sentences, les oppositions, les appels, les arrêts, quoique toujours en faveur des comédiens, se succèdent pendant des années, jusqu'au jour enfin où, le 21 août 1681, un arrêt du Parlement condamna en dernier ressort le marquis et son associé. Les pauvres acteurs étaient à bout; aussi la Grange écrivit-il ce jour-là, en grosses lettres, sur son registre : *Fin du Procez,* trois mots après lesquels on semble entendre comme un soupir de soulagement poussé par toute la troupe.

La part revenant aux deux expulsés fut transformée en cinq cents livres de rentes viagères pour chacun, reversibles à l'égard de Champeron sur la tête de son frère.

Les archives de la Comédie française conservent un volumineux dossier relatif à ces longs procès, et ce dossier se trouve considérablement accru par des pièces de procédure entièrement personnelles au marquis de Sourdéac. Des oppositions, des arrêts lui étaient signifiés chez les comédiens; on y opérait même des saisies contre lesquelles ils furent parfois obligés de se défendre. On sait de reste qu'il ne payait que contraint et forcé, et quand ses créanciers avaient plaidé devant toutes les juridictions, et usé du papier timbré sous toutes ses formes.

Ces grimoires de procureurs et d'huissiers n'ont aucun rapport avec l'histoire de l'Opéra. Nous dirons toutefois que, parmi ces pièces de procédure ayant trait presque toujours à des poursuites de créanciers, il en est qui appartiennent à un procès que son fils, le chevalier René de Sourdéac, eut à soutenir contre lui en 1688. Ce n'était pas le premier, car lors du mariage de ce fils en 1682, son père avait élevé contre cette union des contestations qui ne cessèrent qu'en vertu d'un arrêt de la Tournelle. En cherchant bien, on trouverait aussi sans doute quelques mémoires relatifs au procès de Sourdéac avec sa malheureuse femme, qui finit par obtenir la séparation judiciaire.

On a dit que le marquis « se ruina entièrement à l'Opéra et mourut pauvre et malheureux pour avoir trop aimé les arts ». Le lecteur sait maintenant ce qu'il faut penser de cette explication beaucoup trop honorable donnée à une chute aussi honteuse que le fut celle de Sourdéac. Cette prétendue ruine par l'Opéra, nous la connaissons, aussi bien que cet amour excessif des arts que Perrin réduisait simplement à un goût particulier pour la menuiserie. La vérité est que le genre de vie, le désordre en tout et la manière de comprendre les affaires du seigneur de Neufbourg étaient bien faits pour déranger la plus grande et la plus solide fortune; les désastres arrivèrent donc, et les embarras contre lesquels il avait à se débattre finirent par devenir inextricables.

Nous possédons un mémoire de la marquise, expliquant que dès 1687 ou 1688, tous les biens de son prodigue époux étaient sous séquestre, qu'il avait des curateurs judiciaires et que ceux-ci « ayant les mains pleines », étaient accusés de chercher à éterniser les débats. La chose ne leur était que trop facile, vu le grand nombre de créanciers à satisfaire, la multiplicité des opérations de toute nature à démêler, et la quantité des procès à soutenir; le gaspillage continua donc après comme avant.

Madame de Sourdéac, qui était intervenue dans cette liquidation si embrouillée, pour sauver sa dot et un douaire assez considérables, demandait qu'il lui fût versé 12,000 livres par provision et démontrait qu'il était possible de les lui donner d'après les revenus des terres de Neufbourg, de Landivisiau, de Sourdéac, de Bourg-Lévesque, de l'île d'Ouessant, y compris la valeur de l'hôtel de la rue Garancière. Le mémoire ajoute : « Au temps que la dame de Sourdéac n'estoit pas séparée, qu'elle n'avoit de pain quasi que par grâce, et que toutes ses prétentions vrayes ou fausses, nouvelles ou anciennes contre le sieur de Sourdéac luy faisoient obstacle, la Cour lui a toujours donné six mille livres par an jusques et y compris le 6 septembre 1686... Elle n'a aucune terre ni maison de campagne où elle puisse aller faire quelque épargne... en un mot, elle est sans pain. »

La branche Sourdéac de la maison de Rieux fut complétement ruinée.

Le marquis mourut le 7 mai 1695; il laissait un fils et quatre filles, dont deux étaient entrées en religion.

En 1710, ce fils, le chevalier René, dont nous avons parlé, présenta un mémoire au Roi pour obtenir le maintien de quelques droits qui lui revenaient sur l'île d'Ouessant. Il appuyait sa demande en établissant par plusieurs tableaux généalogiques que la maison de Rieux de Sourdéac était au quatrième degré de parenté avec Henri IV; qu'elle avait toujours été aux troisième, quatrième, cinquième et sixième degrés de parenté avec tous nos rois; qu'elle descendait par les femmes de toutes les têtes couronnées de l'Europe, et qu'elle tirait son origine des anciens rois de Bretagne. Mais il n'en avouait pas moins fort tristement qu'après le « désordre de sa famille », la maison de Sourdéac était « une maison chancelante qui n'osoit quasi plus se montrer; qu'elle avoit perdu ses dignités, ses honneurs et ses biens, et que ce qui lui en restoit estoit plustôt un triste souvenir qui lui représentoit sa perte, qu'un secours pour se relever (1) ».

Trois ans après, le signataire de cette supplique mourut, et avec lui s'éteignit la branche de Rieux de Sourdéac.

A l'égard de Champeron, nous n'avons à ajouter ici que quelques renseignements relatifs à ses dernières années.

Sa première femme, dont il était séparé, étant morte, il contracta en 1690 un second mariage, qui, d'après les circonstances dont il est entouré, offre les apparences d'une régularisation. La femme qu'il épousait, Nicolle-Marie Duval, demeurant comme lui rue du Petit-Bourbon, était veuve d'Olivier le Troyn, bourgeois de Paris; elle avait déjà deux filles, Marie-Thérèse, femme de Jean Malingre, marchand de vin à Paris, et Jeanne, femme de Christophe Mauron, suisse de M. le Prince. Le contrat de mariage, passé le 10 janvier 1690, par-devant Desnotz et Henry, notaires (2), stipulait le régime de la communauté suivant la coutume de Paris, modifié par les clauses suivantes : les futurs époux ne devaient pas être tenus l'un de l'autre de leurs dettes. Le tiers des biens de la future épouse

---

(1) Mémoire de René, sire de Rieux, prince de la maison de Bretagne, marquis d'Oüessant, présenté au Roy, et la généalogie de sa maison. Paris, s. d., in-4°.
(2) Arch. nat. Insinuations. Y. 253, p. 426.

entrait dans la communauté, les deux autres tiers lui restant propres. Elle était dotée par le futur de deux cents livres de rente; les époux se faisaient en outre donation de leurs biens au dernier vivant, à la réserve d'une somme de trois mille livres.

Rien, on le voit, dans ces clauses, ni dans la profession des gendres de Nicolle Duval, n'indique une bien brillante situation de fortune; ceci prouve une fois de plus que Champeron, quoi qu'on en ait dit, ne fut pas un *financier fort riche*.

Il ne survécut pas longtemps à ce mariage. L'inventaire dressé après son décès est des premiers jours de mai 1691. On trouva un testament scellé trois fois d'un cachet aux armes du défunt. (Trois fleurs de lys sans branches, surmontées d'un lambel à cinq pendants.) Par ce testament, en date du 1er septembre 1689, il léguait aux filles de celle qui devait devenir sa femme, quatre mille livres à prendre sur pareille somme qu'elle lui devait par obligation du 2 août précédent. Il léguait en outre à la même Nicolle Duval tous ses meubles et effets mobiliers lui appartenant, soit de son chef, soit comme légataire d'Antoine de Bersac, prêtre, son frère (1), « sans en excepter le fonds de la métairie de

---

(1) D'après une transaction du 2 août 1690, on voit qu'en outre de Lalande, l'ancien recors, et du Bénédictin qui plaçait

Périgaux et ce qui me reviendra des parts et portions que j'ai en la terre du Pin-Trimouillois (1), à moi deues par Jean Demay, et tout ce qu'il me doit et devra par le jugement du procès que j'ai présentement et *aurai à l'avenir* contre luy ». Il prenait la peine de déclarer dans son testament que ses procureurs avaient été par lui « entièrement payés jusqu'à présent de tout ce qu'ils pouvaient prétendre, et qu'il en avait les quittances générales ». Ses créanciers ordinaires et les acteurs de l'Opéra, entre autres, avaient été moins heureux avec lui, mais il faisait passer avant tout le goût des procès, allant même jusqu'à en léguer à sa future femme, pour les poursuivre après sa mort.

Ses funérailles, d'après son expresse recommandation, devaient être faites « avec le plus de modestie que se pourra, surtout que les frais du total ne passent pas cent livres à Paris et vingt-cinq livres hors de Paris ». Il donnait à l'Hôtel-Dieu cent livres et aux pauvres « que ladite Duval voudra choisir, surtout les honteux, cinq cents livres ».

---

les spectateurs rue Mazarine, Champeron eut encore deux frères, l'un, Antoine l'aîné, prêtre, et l'autre, François, religieux Capucin.

(1) Cette seigneurie avait été adjugée par sentence des requêtes de l'hôtel du 17 août 1678, à messire Antoine de Bersac de Fondant, prêtre, moyennant la somme de six mille quatre cents livres, par saisie sur le baron de la Poupardière. — Tous ces actes font partie des minutes de Mᵉ Ch. Henry.

Parmi les nombreux titres et papiers décrits à l'inventaire, pas un n'était relatif, de près ou de loin, aux affaires de l'Opéra.

SABLIÈRES ET GUICHARD.

Tous les deux, avons-nous dit, se tinrent pour battus et se retirèrent de la lutte. Sablières n'ayant pu traiter avec Cambert de la moitié de sa place d'intendant de la musique du duc d'Orléans, resta seul titulaire de cette place. Nous croyons que c'est lui qui, lors d'un voyage dans son pays, y fit représenter, en 1679, un opéra composé à l'occasion des réjouissances pour la paix d'Espagne. « On a préparé à Montpellier, dit le *Mercure galant* de février de cette année, une manière d'opéra très-agréable, et M. de Sablières, qui en est l'autheur, en a donné le divertissement pendant la tenue des États du Languedoc, à M. le cardinal de Bonzi, etc. » Trente pages du volume sont consacrées à la description et à des extraits de cette pièce.

Vers 1690, Sablières revint à son idée de partager sa place d'intendant, et y réussit cette fois, avec un nommé Charles Laloüette, sur lequel nous n'avons que des données incertaines.

Était-ce le frère de Jean-François Laloüette, violon, puis chef d'orchestre de l'Opéra, de plus secrétaire de Lully, et qui, brouillé avec lui, se vit refuser par le Roi, en 1681, l'autorisation de faire représenter un opéra qu'il avait composé ? S'agit-il, comme c'est probable, du Laloüette qui, chez le duc d'Orléans, en 1677, au dire du rimeur de gazettes J. Laurent,

> . . . . . .si bien chanta
> Que le cercle s'en contenta?

Toujours est-il que les *États de la France* de 1692 et 1699 indiquent à la maison de Monsieur pour l'intendance de la musique, « le sieur de Sablières, Jean Granouillet, qui a traité de la moitié de sa charge avec Charles Laloüette ».

La date du décès de Sablières est inconnue, mais nous savons qu'en 1700, le maître de la musique du duc d'Orléans était Charles-Hubert Gervais. (Arch. nat., Cour des aides. Z^{1A} 516.)

Nous allons maintenant parler de Guichard. Il ne cessa de montrer le même goût pour le théâtre en général et l'opéra en particulier, s'en occupant toujours d'une façon ou d'une autre, comme auteur ou comme directeur. D'après Sébastien Aubry, il aurait donné « quelques comédies aux farceurs de la foire St Germain », et il affirme lui-même « avoir composé, avec madame de Villedieu, deux projets d'opéra qu'il montra à Lully, sur les sujets de *Céphale et Procris,* et de *Circé et Ulysse* ».

Il se piquait encore d'avoir quelque talent pour les feux d'artifice et feux de joie, alors en très-grande vogue. « M. Guichard, dit le *Mercure* (juin 1673), est un gentilhomme ordinaire de Monsieur, dont les ouvrages ont fait du bruit, et qui a beaucoup d'invention. La feste de St Cloud en est une preuve; jamais l'on n'avoit fait de pareilles illuminations; et les clartez redoublans par la réflexion des miroirs opposez qu'il avoit placez en mil endroits, on eût dit que les torrens d'eau couloient avec ceux de feux. » On parla beaucoup aussi « des feux d'artifice et de joye qu'il avoit fait faire dans la place du Palais-Royal au mois de juin 1674, en réjoüissance de la conqueste de la Franche-Comté, à huit jours l'un de l'autre ». Très-fier de son succès, il s'en souvint plus tard et plaisanta cruellement Baptiste à propos du feu de joie qu'il avait allumé vis-à-vis de sa maison dans les mêmes circonstances. « Ce feu de joye, disait-il, avoit exposé Lully à la risée publique et donné sujet à tous les spectateurs de dire hautement que s'il n'avoit pas bien réussi dans ce feu, on réussiroit mieux à celuy qu'il avoit mérité en Grève. »

Cependant, la direction d'un théâtre lui tenant toujours au cœur, Guichard profita de ce que le Roi, revenu de l'armée, se fit lire à Versailles en juillet 1674 « ses livres sur le sujet tout héroïque de ces deux feux de joye et d'artifice du Palais Royal », pour lui demander et en obtenir le privilége d'une *Académie royale des spectacles*.

Ce privilége, daté d'août 1674, lui permettait « de faire construire des cirques et des amphithéâtres pour y faire des carrousels, des tournois, des courses, des joustes, des luttes, des combats d'animaux, des illuminations, des feux d'artifice et généralement tout ce qui peut imiter les anciens jeux des Grecs et des Romains ». Les feux d'artifice et les illuminations restaient cependant permis à tout le monde comme auparavant, de même que le titulaire de ce privilége était dans l'obligation de donner des représentations gratuites au peuple de Paris, un certain nombre de fois dans l'année. Mais il lui était rigoureusement interdit de faire « chanter aucune pièce de musique ».

Guichard prétend que Lully lui fit demander une part dans ce privilége, et qu'il y consentit, mais à la condition qu'il ferait une démarche en personne; ce à quoi le directeur de l'Académie royale de musique ne voulut pas se soumettre. Il dit aussi lui avoir offert dix mille livres par an, en lui proposant les conditions d'un traité pour avoir l'autorisation « de faire chanter en musique ». Enfin, si on l'en croit, un acte d'association par moitié aurait été signé, le 18 février 1675, entre lui et Vigarani.

Jusque-là, Guichard et Lully étaient en rapport, puisque ce dernier, au milieu de ce même mois de février, « envoya offrir une chaise à l'architecte du duc d'Orléans, pour venir chez luy examiner les plans et les devis d'une nouvelle maison qu'il faisoit bastir ». Guichard emporta obligeamment les plans, « réduisit les devis à un rabais considérable », et donna les meilleurs conseils dans un mémoire « escrit de sa main et cacheté de son cachet, pour conduire ce bastiment au plus haut point de sa perfection et le faire avoir à très-bon marché ». Mais lorsque le directeur de la nouvelle *Académie royale des spectacles* en présenta le privilége au Parlement, en avril 1675, pour l'enregistrement, Lully commença à s'inquiéter; il craignait de perdre Vigarani qu'il aurait eu alors beaucoup de peine à remplacer, et résolut de se débarrasser d'un homme qui, s'il n'était pas encore son rival, pouvait très-bien, par son caractère entreprenant, le devenir un jour.

Il imagina un complot pour l'exécution duquel il s'assura le concours d'auxiliaires dévoués; c'étaient, entre autres, Marie Aubry, sa pensionnaire à l'Opéra, l'ancienne maîtresse de Guichard, résolue à se venger de l'amant qui l'avait quittée; le frère de celle-ci, Sébastien

Aubry, un bretteur, homme de sac et de corde, qui naturellement épousa la querelle de sa sœur, et deux autres témoins, Du Creux et Huguenet, tout à sa dévotion. Lully, alors, alla se plaindre au Roi de ce que Guichard, prétendit-il, avait voulu l'empoisonner « avec du tabac meslé d'arsenic ». Il comptait, par ce moyen, empêcher qu'il fût donné suite à l'établissement des nouveaux spectacles, dont le titulaire, déshonoré par une telle infamie, aurait perdu la bienveillance du Roi. Mais le duc d'Orléans, sur la prière de Guichard, qui avait déjà porté plainte au lieutenant criminel, obtint de Louis XIV « que l'affaire fût retenue par la justice ordinaire, afin que l'on pût connoistre la vérité d'avec l'imposture ». Lully regretta d'avoir été aussi loin. Il avait cru que sa plainte aurait suffi pour éloigner de la Cour celui qu'il accusait; aussi essaya-t-il, mais sans y réussir, de faire revenir le souverain sur sa décision.

Guichard se constitua prisonnier en mai 1675, dans les prisons du Châtelet, et ainsi commença un procès qui devait, pendant plus de trois ans, faire le sujet de toutes les conversations à la Cour et à la ville. Ce fut une vraie cause célèbre!

Nous avons tous les documents nécessaires pour bien connaître ce procès dans ses plus petits détails; rien que les Mémoires publiés forment un ensemble de plus de mille pages in-folio et in-4°, tandis que les jugements et arrêts, incidents et au fond, sont aussi en très-grand nombre. Ce serait donc une étude spéciale à faire, dépassant le cadre de ces simples notes; aussi nous bornerons-nous à résumer ces curieux débats le plus succinctement possible.

Lully fut moins heureux que Guichard dans le choix des rédacteurs de ses factums; son accusation est soutenue sans assurance et dans un style confus, alors que la défense, très-supérieure en argumentation, est entraînante et passionnée. Les mémoires du Florentin se lisent péniblement; sa méchanceté, qui va jusqu'à inventer les faits et les crimes les plus invraisemblables à la charge de son adversaire, s'y montre sous son plus vilain jour. Ceux de Guichard, à la rédaction desquels il paraît avoir eu grande part, sont écrits presque tous avec une véritable habileté et beaucoup d'esprit. On veut qu'en démontrant les mensonges et les contradictions des témoins complaisants invoqués par Lully, il ait dépassé les bornes à l'égard de quelques-uns, qu'il attaqua dans leur vie privée; cela est possible, quoique la chose demande à être étudiée de plus près qu'elle ne l'a été jusqu'ici. Mais pendant qu'il passait de longs mois en prison, Lully, qui, outre cette accusation d'empoisonnement, l'avait chargé d'infamies et de crimes reconnus aussi faux qu'ils étaient absurdes, jouissait de sa liberté. Ne doit-on pas comprendre que le malheureux prisonnier se soit laissé aller, sans trop mesurer ses paroles, à toute son indignation ?

Il faut voir avec quelle verve l'accusé fustige son accusateur ; il y met parfois un entrain et une vérité d'accent vraiment remarquables. Sans chercher l'éloquence, il tient surtout à être mordant et caustique, ce à quoi il réussit toujours et avec une telle finesse d'à-propos que tout le monde s'en amusa et l'applaudit en riant, sauf Baptiste, bien entendu !

Enfin, sans parler de tous les jugements incidents qui intervinrent pendant ce procès et le prolongèrent si longtemps, il nous suffira de dire que Lully, qui gagna d'abord, perdit en appel devant la Chambre de la Tournelle.

J. Laurent s'empressa d'écrire dans sa gazette rimée :

> Guichard a trouvé bon succès
> Pour son honneur dans son procès,
> Et la calomnieuse envie
> N'a pas pu mordre sur sa vie.
> Le Mardy saint, de la Prison,
> Il fut élargi par raison,
> Avec un Arrêt autentique
> Qui ses ennemis beaucoup pique (1).

---

(1) Bibl. nat., L² C 30. L'arrêt est du 12 avril 1677 ; le mardi de la semaine sainte tombait le 13.

Le *Mercure,* qui annonçait dans son numéro d'avril la mort de Cambert et celle de Le Camus, se borne à cette simple réflexion : « Disons que la musique est malheureuse cette année de toutes les manières, et que si quelques musiciens ont perdu leur procès, d'autres ont perdu la vie. »

Sébastien Aubry, principal témoin de Lully, qui avait poussé le dévouement jusqu'à consentir à se laisser juger comme complice de Guichard, était lieutenant du lieutenant criminel de robe courte au Châtelet de Paris. Il n'en fut pas moins poursuivi pour un grand nombre d'assassinats, remontant à 1663, 1667, 1668, 1670 et 1674. Ce fut Guichard qui, ayant connu le frère lors de sa liaison avec la sœur, se vengea de l'appui déloyal qu'il avait prêté à Lully et fit revivre, en les dénonçant à la justice, des crimes restés jusqu'alors impunis. Aubry fut condamné au bannissement par arrêt du 8 juin 1678. Il put sortir de prison, grâce à l'intervention de son père qui paya les amendes et les indemnités, et un nouvel arrêt du 23 juin lui permit « de demeurer dans les lieux de son bannissement, pendant trois mois, et ledit temps passé, luy enjoignit de garder son ban, etc. »

Ces procès avaient eu un retentissement énorme. Guichard, dont la vie privée n'était pas des plus régulières, ne se respecta guère en se faisant le dénonciateur d'un misérable dans l'intimité duquel il avait vécu longtemps. Il ne craignit pas non plus de dévoiler certains détails secrets de l'existence des témoins qu'on lui opposait, et de crier bien haut ce que l'on disait tout bas des mœurs honteuses du Florentin. A se faire l'écho de tant de scandales, il devait forcément en rejaillir sur lui quelque chose ; aussi lui fallut-il subir la peine d'avoir dit, sans le moindre ménagement, une foule de vérités. Il perdit ses places chez le duc d'Orléans, et l'enregistrement de son privilége, que, de sa prison, il n'avait pu exploiter. fut défendu par décision royale du 14 juin 1678.

Tant de malheurs ne le dégoûtèrent cependant pas du théâtre, et il partit pour Madrid, dans le but d'y créer un Opéra. Ses entreprises théâtrales en Espagne, sur lesquelles nous n'avons pas de détails, ne nous sont connues que par cette note du *Mercure galant* de janvier 1680 : « Le sieur Guichard, dont la passion dominante estoit de mettre tout en usage pour faire des opéras, et en establir en quelque lieu du monde que ce fust, est mort à Madrid, après avoir crû estre venu à bout de son dessein. »

Mais la nouvelle était fausse, et le volume du mois suivant insérait cette rectification : « Je vous manday la dernière fois que le sieur Guichard qui estoit allé en cette cour pour y establir un Opéra, avoit esté surpris à Madrid d'un mal violent dont il estoit mort. L'accident qui donna lieu de le croire, luy dura plus de deux heures, et après l'avoir tué sur ce qui en avoit esté escrit à Paris, il me semble que je dois le ressusciter. Je croy que je ne seray pas dans la mesme obligation pour la demoiselle Beaucreux qui estoit allée avec luy, et qu'on dit estre morte effectivement. C'est la mesme que vous entendîtes dans l'opéra d'*Alceste,* quand vous en vistes icy la première représentation (1). »

Si nous perdons de vue Guichard pendant longtemps, nous le retrouvons en 1703, toujours occupé d'opéra. Malgré ses soixante-neuf ans, c'est encore comme librettiste qu'il nous revient et comme auteur d'*Ulysse,* tragédie lyrique en cinq actes et un prologue, musique de Jean Ferry Rebel, fils de Jean Rebel, chanteur de la Cour et père de François Rebel, l'ami et le collaborateur inséparable de François Francœur.

Représenté le dimanche 21 janvier 1703, *Ulysse* tomba, et il n'en reste qu'une anecdote

---

(1) Mademoiselle Beaucreux, ex-artiste de l'Opéra de Lully, avait témoigné dans le procès d'empoisonnement en faveur de Guichard.

Fétis veut que ce soit *quelques années* après 1703, que Guichard suivit Philippe IV en Espagne pour y établir un théâtre d'opéra. Il n'est guère admissible qu'âgé alors de plus de soixante-dix ans, l'adversaire de Lully ait cherché à recommencer ce qu'il avait essayé de faire en 1680; mais il y a mieux : Philippe IV mourut en 1665. La fin de la vie de Guichard a déjà été racontée par l'un de nous dans le n° 14 de la *Semaine musicale,* du 6 avril 1865.

assez piquante que nous raconterons sans la garantir, car, on le pense bien, nous n'en avons vérifié l'authenticité dans aucune étude de notaire. Guichard ayant lu son poëme à des amateurs, en reçut l'assurance du plus grand succès; ces amateurs étaient même si enthousiastes, que pour combattre les doutes de l'auteur, ils lui proposèrent de prendre son opéra à leur compte, en lui garantissant une somme fixe. Un notaire passa l'acte. La chute fut complète, et, ajoute un contemporain, « jamais opéra n'a été plus généralement proscrit du public ». Loin de s'en affecter, Guichard se frottait les mains et plaisantait avec ses critiques en leur disant : Vous ne pouvez pas vous prononcer en toute connaissance de cause; vous n'avez pas vu le *sixième* acte; et il riait à part en pensant à l'acte du notaire qui lui assurait une somme de mille livres.

Nous ignorons la date de la mort de Guichard, mais, vu son âge, il est probable qu'*Ulysse* fut sa dernière tentative d'opéra.

GABRIEL BIZET DE LA BARROIRE.

Il y a déjà quelque chose de singulier dans ce fait qu'un président au Parlement se soit trouvé, ne fût-ce qu'un instant, cessionnaire du privilége de l'Opéra. C'est ce qui résultait pour La Barroire du contrat passé avec Perrin, le 17 août 1671. Ce qui n'est pas moins étrange, c'est que ce magistrat qui, en plaidant contre Perrin, ne manqua pas de lui reprocher d'avoir épousé une vieille femme à cause de sa fortune, en fit tout autant de son côté.

A l'âge de quarante et un ans il épousa, le 29 septembre 1674, « dame Marie Guilbert, veuve de M. Nicolas Josse, vivant conseiller du Roy en sa cour des Aydes ». Beaucoup plus âgée que lui, la mariée était fort riche (1), et les clefs des *Caractères* de La Bruyère s'accordent à indiquer ce mariage comme ayant inspiré le passage suivant du chapitre XIV : « Ce n'est pas une honte ni une faute à un jeune homme que d'épouser une femme avancée en âge ; c'est quelquefois prudence, c'est précaution. L'infamie est de se jouer de sa bienfaitrice par des traitements indignes et qui lui découvrent qu'elle est la dupe d'un hypocrite et d'un ingrat. » D'après une clef manuscrite, citée par M. Servois, le dernier éditeur de La Bruyère, notre président se serait réellement rendu coupable envers son

---

(1) En parcourant l'*Estat et partition de la ville de Paris* (Bibl. nat. mss.), nous avons noté huit maisons du quartier des Prouvaires désignées comme appartenant à M. de La Barroire.

épouse de ces traitements indignes. Ceci est plus grave que tout ce qu'il put relever à la charge de Pierre Perrin, le troisième mari de sa mère, la veuve La Barroire.

La présidente mourut à la fin d'août 1691, et le *Mercure galant* de septembre mentionne « qu'elle n'eut point d'enfants et qu'elle laissa de grands biens auxquels son mari eut beaucoup de part, à cause des avantages qu'elle luy avoit faits par leur contrat de mariage ». Ses héritiers, en dehors de son époux, furent M. de Mardilly, la marquise de la Terrière et madame Chevalier, veuve d'un conseiller au grand conseil, ses cousines et cousin germains.

Gabriel Bizet de La Barroire ne survécut pas longtemps à sa femme, car le numéro suivant du *Mercure* (octobre 1691) annonça également sa mort, arrivée en septembre, en lui donnant les titres de seigneur de la Cour et de Senlis, bailly de Soissons, président en la cinquième chambre des enquêtes et premier conseiller d'honneur au conseil du duc d'Orléans. Il avait cinquante-huit ans environ. Par son testament, il légua à un de ses amis, M. Sévin, conseiller de sa chambre, quatre cent mille livres, et à M. de Harlay, premier président, « deux mille louis d'or neufs avec un fort beau cheval ». Harlay n'accepta que le cheval et partagea les louis d'or entre l'Hôtel-Dieu et l'Hôpital général.

ANNE VAN MOL.

Si la veuve du peintre van Mol paraît avoir été pour Perrin une amie dévouée, elle lui rendit un très-mauvais office en l'aidant à conclure le mariage qui fut la source de ses malheurs. Aussi, malgré tous les services qu'il en reçut, notre poëte dut-il parfois regretter amèrement d'avoir suivi ses conseils.

Nous croyons avoir dit sur cette complaisante veuve tout ce qui pouvait se rapporter à nos recherches, en offrant quelque intérêt pour la biographie de Perrin. Nous ajouterons seulement que, comme la plupart des personnages de notre récit, elle eut à subir la contrainte par corps. Ce fut à l'occasion d'une dette de cinq cents livres tournois contractée envers une dame Charlotte Blaye, veuve de feu M. Delahaye. L'emprisonnement eut lieu à la geôle de Saint-Germain des Prés, le 7 décembre 1663. Ce ne fut du reste que pour quelques jours, la créancière ayant consenti à son élargissement. (Arch. nat., Z? 3619.)

La veuve van Mol mourut la même année que Perrin, sept mois après lui, ainsi que le constate son acte mortuaire : « Le dimanche 24ᵉ novembre 1675, fut inhumée Anne Vandrebeurcht (van der Beurch), aagée de cinquante-six ans, décédée hier à onze heures du soir, veufve de feu Pierre van Mol, peintre du Roy, prise rue Saint-Germain. *Signé :* Louis Van Mol, N. Van Mol. » L'enterrement d'Anne van Mol se fit à Saint-Germain l'Auxerrois, où, peu de temps avant, s'étaient célébrées les obsèques de son ami, l'infortuné Pierre Perrin.

TABLE

Préface.. VII

LES BALLETS DU ROI ET LES OPÉRAS ITALIENS REPRÉSENTÉS A LA COUR AVANT L'ÉTABLISSEMENT DE L'OPÉRA FRANÇAIS. . XIII

I

Pierre Perrin. — Ses poésies. — Sa traduction de l'*Énéide*. — Il épouse la dame La Barroire déjà deux fois veuve. — Son mariage est déclaré nul comme clandestin. — Ses dettes et le commencement de ses procès avec le conseiller La Barroire. 3

II

Perrin écrit des paroles pour être mises en musique. — Il publie la seconde partie de l'*Énéide*. — Robert Cambert. — Son premier essai de musique dramatique, l'élégie de la *Muette ingrate*. — Perrin et Cambert composent la pastorale. — Emprisonnement de Perrin à Saint-Germain des Prés. — Représentation de la pastorale à Issy. 27

III

Élargissement de Perrin. — Il est de nouveau incarcéré à Saint-Germain des Prés pendant deux jours. — *Ariane et Bacchus.* — *La Mort d'Adonis.* — Perrin emprisonné au For l'Évêque. — Ses œuvres de poésie. — Satire contre Boileau. — Ses Psaumes et Cantiques pour la Chapelle du Roy. — Son traité de l'*Art lyrique*. — Airs à boire de Cambert. —

Son Trio de *Cariselli*. — Perrin entre à la Conciergerie. — Son élargissement.................. 59

IV

Perrin adresse à Colbert le recueil manuscrit de ses œuvres, et sa théorie des vers lyriques, en proposant l'établissement d'une Académie de poésie et de musique. — Colbert lui accorde sa protection. — Perrin forme sa troupe d'Opéra. — Le privilége des Académies d'Opéra lui est donné le 28 juin 1669. — Perrin s'associe d'abord avec Cambert. — On répète *Ariane*........................ 89

V

Apparition du marquis de Sourdéac et du sieur Champeron. — Nouvelle association pour l'exploitation du privilége de l'Opéra formée entre eux, Perrin et Cambert. — Ils engagent d'autres acteurs. — Monier va en Languedoc à la recherche de belles voix. — Les répétitions et les exécutions privées d'*Ariane* continuent. — Rupture de l'association. — Convention verbale et association de fait entre Perrin, Sourdéac et Champeron. — Cambert n'est plus que compositeur et chef d'orchestre à gages.................... 105

VI

On abandonne l'opéra d'*Ariane* pour celui de *Pomone*. Perrin loue le jeu de paume de Béquet, première salle projetée d'Opéra. — Répétitions et exécutions de *Pomone* chez Sourdéac à Sèvres et au jeu de paume de Béquet, à Paris. — Continuation des procès avec les acteurs. — La Barroire poursuit encore Perrin, qui obtient des lettres de répit. — La salle louée par Perrin est fermée par ordre. — Sourdéac et Champeron louent en leur nom le jeu de paume de la Bouteille. — Chanson sur Lully. — Publication de l'argument de *Pomone* avec un avant-propos de Perrin....... 129

VII

Ouverture de l'Opéra par la première représentation de *Pomone* le 3 mars 1671. — Les vers de Perrin; les critiques dont ils sont l'objet. — Les seuls fragments qui nous restent de la musique de Cambert. — Les exécutants de *Pomone*. — La mise en scène. — Les gazettes de la Gravette de Mayolas et de Robinet 155

VIII

Résultats financiers de l'Opéra. — Perrin, ne pouvant se faire rendre des comptes, attaque en justice Sourdéac et Champeron. — Les acteurs de l'Opéra non payés en font autant. — La Barroire recommence ses poursuites et fait emprisonner Perrin à la Conciergerie. — Sablières vient en aide à Perrin, qui traite avec lui de son privilége. — Perrin cède ce même privilége à La Barroire, qui par suite le fait sortir de prison. — Le stellionat commis par Perrin étant découvert, La Barroire le fait réintégrer à la Conciergerie, où il reste pendant plus d'une année. 173

IX

Le duc d'Orléans charge Guichard d'écrire un opéra pour les fêtes de son mariage. — Guichard fait représenter à Versailles son opéra des *Amours de Diane et d'Endymion*, musique de Sablières. — Nouveau traité passé à la Conciergerie entre Perrin, Sablières et Guichard. — Ceux-ci transforment leur premier opéra en un nouveau sous le titre du *Triomphe de l'Amour*. — Il est représenté à la cour en février 1672. — Sourdéac remplace *Pomone* par les *Peines et les Plaisirs de l'Amour*, paroles de Gilbert, musique de Cambert. 197

X

J. B. Lully. — Les ouvrages en musique ont de plus en plus la faveur du public. — Lully, conformément aux intentions de Colbert, traite avec Perrin, qui lui abandonne son privilége. — Molière a la pensée de s'associer avec Lully pour l'Opéra. — Il est joué par Lully. — Celui-ci fait défendre aux comédiens d'employer plus de deux voix et de deux instruments. — Sur la réclamation de Molière, le Roi ordonne qu'il sera sursis à ces défenses. — Privilége de Lully.   215

XI

Sourdéac, Champeron, Guichard et Sablières forment opposition à l'enregistrement du privilége de Lully. — Molière en fait autant. — La salle de l'Opéra est fermée par ordre du Roi. — Intervention des créanciers. — Arrêt du 27 juin 1672. — Lully loue le jeu de paume de Béquet rue de Vaugirard. — Il est défendu par ordonnance à tous comédiens de louer la salle de la rue Mazarine. — Permission aux comédiens de se servir de six musiciens et de douze violons. . . 243

XII

P. Perrin, six fois mis en prison pour dettes, est élargi définitivement. — Requête de Sourdéac et Champeron. — Lully s'associe avec Vigarani qui construit la salle de l'Opéra rue de Vaugirard. — Lully fait représenter les *Festes de l'Amour et de Bacchus*. — Louis XIV va à l'Opéra. — Mort de Molière. — Le Roi donne à Lully le théâtre du Palais-Royal. . 279

PIERRE PERRIN 297
ROBERT CAMBERT. 301
SOURDÉAC ET CHAMPERON. 311
SABLIÈRES ET GUICHARD 320
GABRIEL BIZET DE LA BARROIRE 331
ANNE VAN MOL 334

PARIS. TYP. E. PLON, NOURRIT ET Cie, RUE GARANCIÈRE, 8.

PARIS. TYPOGRAPHIE DE E. PLON NOURRIT ET Cie, 8, RUE GARANCIÈRE.